쐐기문자에서 훈민정음까지

"이 저서는 2007년 정부(교육과학기술부)의 재원으로 한국학술진흥재단의 지원을 받아 수행된 연구임"
(KRF-2007-361-AM0059)

쐐기문자에서 훈민정음까지

-옛 문자를 판독한 사람과 새 문자를 만든 사람-

조두상 지음

한국문화사

.

쐐기문자에서 훈민정음까지

초판 인쇄 2009년 2월   5일
초판 발행 2009년 2월 15일

지 은 이 / 조 두 상
펴 낸 이 / 김 진 수
편   집 / 하 경 민
펴 낸 곳 / **한국문화사**
등   록 / 1991년 11월 9일 제2-1276호
주   소 / 서울특별시 성동구 구의로3 두앤캠B/D 502
전   화 / (02)464-7708 / 3409-4488
전   송 / (02)499-0846
이 메 일 / hkm77@korea.com
홈페이지 / www.hankookmunhwasa.co.kr

값 18,000원

ISBN 978-89-5726-624-3   93700

서문

부산대학교 언어정보학과 학생들에게 문자학을 가르치면서 준비한 자료들을 책으로 엮어 학생뿐만 아니라 문자에 관심이 있는 일반인에게도 문자지식에 보탬이 되었으면 하는 바람에서 이 책을 쓰게 되었다.

2007년 9월부터 1년간 안식년을 얻어서 집필에 임했다. 특히 2007년에 졸저 '영어의 역사를 알면 영어가 보인다'를 펴낸 것이 다행히도 문광부 우수 학술도서로 선정되어 이 책을 쓰는데 큰 보탬이 되었다. 원래 안식년을 받으면 외국에 나가서 여러 가지 자료도 모으고 또한 신진 지식을 터득해 오는 것이 보통인데 이제 나이도 회갑을 지냈고 외국의 의식주가 청년시절에는 새로운 추억 만들기에 좋았지만 이제는 오히려 두렵기도 하고 건강이 허락할까 겁도 나서 가끔 외국에 다녀오는 정도였다. 주로 한국에 머물면서 이때까지 책을 쓰기 위해 모아온 자료를 정리하고 인터넷 '구글'의 자료를 찾아 보태어서 이 책을 펴내게 되었다.

책의 내용으로 제 1부에는 총론으로 문자의 발생과 판독에 관련된 연대와 세계의 문자창제자들을 살펴보았다. 제 2부에는 메소포타미아의 쐐기문자를 판독한 사람과 그 판독 과정, 이집트의 상형문자를 해독한 과정, 마야문명의 마야문자의 판독 과정, 미노스문명의 글자판독 과정, 히타이트문자의 판독 과정, 인도의 아소카석주 문자판독 과정, 중남미의 올멕문명의 올멕문자 판독 과정에 대한 설명이 있다. 제 3부는 자국 국민의 문자생활을 할 수 있도록 문자를 창제한 사람들 중에서 그 업적이 뛰어난 5명을 선정하여 그들의 문자 창제 과정을 정리하였다. 조선의 세종대왕, 아메리카 인디언의 세쿼이아, 티베트 승려 파스파, 태국의 람캄행대왕, 아르메니아의 성 메스로프 마시토츠 등이다. 제 4부는 몽고문자와 만주문자의 생성과정을 구체적으로 조사 연구한 것을 실었다.

이 책이 문자에 관심이 있는 이들에게 도움이 되었으면 한다.

2009. 1.
조 두 상

제 1부 총론

제 2부 옛 문자를 판독한 사람들

제3부 새 문자를 만든 사람들

제4부 문자 생성과 발달에 관한 연구의 예

제 1부 총론

01. 옛 문자의 판독과 새 문자 창제

옛 문자의 판독과 새 문자 창제

1) 문자의 발생과 전파, 새김, 판독에 관련된 연대

지구상에 문자가 언제부터 존재했을까? 이것은 인류가 풀어야하는 문제이지만 사실 정확하게 연대를 알기가 쉽지 않다. 인간이 최초로 말을 발명함으로써 비로소 야생동물과 구별할 수 있게 되었고, 그 다음 문자를 발명하여 의사소통을 함으로써 문명인으로 행세를 하게 되었다. 파일즈(Pyles:1982)에 의하면 적어도 5000년 동안 문자를 사용해오고 있다는 견해다. 문자를 사용함으로써 기록을 남길 수 있었기에 옛날에 일어난 일들을 기록을 통해 알 수 있게 되었다. 문자가 있기에 공간적 장애를 극복할 수 있고 지금 이 시간에도 한국에서 미국의 친지에게 소식을 글자로 전할 수 있다. 인간이 말을 발명하여 사용하고 한참 지나서 문자는 그림으로부터 점점 발달되어 완성되었을 것이다. 지금까지의 문자의 발생, 발달에 관해 여러 가지 지식을 모두 모은 일람표를 보면 문자의 발생, 발전, 전파 등에 관해 어느 정도의 윤곽을 잡을 수 있을 것이다. 앤드류 로빈슨(Andrew Robinson, 1995: 16)이 연구한 문자와 관련된 연대 일람표(The story of writing: Alphabets, Hieroglyphs & Pictograms)를 참고하면 다음과 같다.

시기	내용
빙하기(25,000 B.C. 이후)	원시글자: 그림으로 의사교환.
8000 B.C.이후	계산을 위해 점토 토큰 사용, 중동 지역
3300 B.C.	수메르(Sumer) 지역 토판에 글자 사용, 우루크
3100 B.C.	쐐기문자(Cuneiform) 새김글 시작, 메소포타미아.
3100-3000 B.C.	상형문자(Glyph) 새김글 시작, 이집트.
2500 B.C.	인더스(Indus)문자 시작, 파키스탄/인도.
18th Cent B.C.	크레탄 선상문자A(LinearA) 새김글 시작.
1792-1750 B.C.	바빌로니아왕 함무라비(Hammurabi)가 비석에 법 새김.
17th-16th Cent B.C.	처음으로 알파벳 알려짐, 팔레스타인.
1450 B.C.	크레탄 선상문자B(Linear B) 새김글 시작.
14th Cent B.C.	쐐기문자로 된 알파벳 새김글, 우가리트(Ugarit), 시리아.
1361-1352 B.C.	투탕카멘(Tutankhamun) 통치, 이집트.
c(추정)1285 B.C.	람세스 2세(Ramesses11)와 히타이트(Hittite) 사이 가데시(Kadesh)전투 승전기념.
1200 B.C.	갑골문자(Oracle bone) 새김글 시작.
1000 B.C.	페니키아알파벳 새김글 시작, 지중해 지역.
730 B.C.	그리스알파벳 새김글 시작.
c 8th Cent B.C.	에트루리아(Etruscan)문자 나타남, 북부이탈리아.
650 B.C.	상형문자에서 파생되어 나온 민용문자(Demotic) 새김글 시작, 이집트.
600 B.C.	상형문자 새김글 시작, 중앙아메리카.
521-486 B.C.	페르시아왕 다리우스(Darious). 베히스툰(Behistun)에 새김글 조성(쐐기문자 판독열쇠)
400 B.C.	아오니아(Ionian)문자가 그리스 표준글자로 채택.
c. 270-c. 232 B.C.	아소카(Ashoka)왕이 브라흐미(Brahmi)문자와 카로슈티(Kharosthi)문자로 바위에 법을 새김, 북인도.
221 B.C.	진(Qin)왕조 한자 철자법 개혁.
c. 2nd Cent B.C.	종이 만듦, 중국.

1st Cent A.D.	사해두루마리(Dead Sea Scrolls)에 아람어(Aramaic)/히브리어(Hebrew) 새김.
75 A.D.	마지막 쐐기문자 새김글이 새겨짐.
2nd Cent	룬(Rune)문자 새김글 새김, 북유럽.
394	이집트 상형문자가 마지막으로 새겨짐(테오도시우스황제 (Theodosius) 때, 394년 8월24일)
615-683	파스칼(Pascal), 팔랑케 마야통치자, 멕시코.
712	일본의 최초문학작품 고사기(古事記, Kojiki)가 한자로 작성됨.
Before 800	인쇄기 발명, 중국.
9th Cent	키릴(Cyrillic)문자 만듦. 러시아.
1418-1450	조선의 세종대왕이 훈민정음 만듦.
15th Cent	활판인쇄기 발명(Movable type), 유럽.
1560s	디에고 드 란다(Diego de Landa)가 마야(Maya)문자 기록, 유카탄.
1799	로제타돌(Rosetta Stone) 발견. 이집트.
1821	미국 세쿼이아(Sequoia)가 체로키(Cherokee)문자 발명.
1823	샹폴리옹(Champollion)이 이집트 상형문자 판독.
1840s 이후	로린슨(Rawlinson), 힝크스(Hincks) 등이 쐐기문자 판독.
1867	타자기 발명.
1899	갑골문자 새김글 발견, 중국.
1900	크레탄 선상문자A와 B를 판독한 에반스(Evans)가 크노소스(Knossos, 고대 미노스(Minoan)문명 중심지)를 발견.
1905	페트리(Petrie)가 원시시나이어(Proto-Senaitic) 새김글 발견, 세라빗 엘카딤(Serabit el- Khadim), 시나이.
1920s	인더스문명 발견.
1940s	전자 컴퓨터 발명.
1948s	히브리어가 이스라엘 국가어로 채택됨.
1953	벤트리스(Ventris)가 선상문자 B를 판독.
1950s 이후	중남미 마야상형문자 판독.
1958	병음표기(Pinylin spelling)를 중국에 도입(북경 방언에 따른 중국어 로마자 철자법의 병음 도입)

1980s	문서작성기(Wordprocessors) 발명. 쓰기가 전자화됨.
1998. 가을	연결: 동굴벽화에서 하이퍼텍스트까지

(파라오의 비밀문자: 브리지트 맥더모트 지음. 권영진 옮김(2005년 예경. P. 12): 그러나 최근 아비도스에서 발굴된 유적들을 통해 이집트가 메소포타미아보다 수백 년 앞서 그림문자를 사용했다는 사실이 밝혀졌다. 현재까지 가장 오래된 이집트 문자의 기록은 기원전 3250년경으로 추정된다.)

위 연대표에서 제시된 여러 가지 중요한 사실 가운데 이 책에서는 옛날의 문자를 판독해서 잃어버린 인류문명을 다시 찾게한 사람의 노력을 집중조명하고자 한다. 인류문명의 발생지역에서 사용했던 글자를 판독하여 엄청난 역사를 가진 문명을 인류에게 안내하였다. 메소포타미아(Mesopotamia) 문명에서 사용한 문자, 이집트문명에서 사용한 상형문자, 크레타(Crete) 섬에서 발생된 미노스문명의 문자, 인도의 인더스문명에서 나온 아소카석주의 글자, 중남미의 찬란한 마야문명에서 사용한 마야문자, 고대 국가인 터키 지역을 중심으로 한 히타이트문자, 중남미의 올멕(Olmec)문명에서 사용한 올멕문자 등 7가지다. 그 내용을 요약하면 다음과 같다.

(1) 인류 최초의 글자인 쐐기문자가 B.C. 3300년경에 메소포타미아의 수메르 지역에서 사용되었다. 페르시아왕 다리우스가 B.C. 520-486년경에 이란의 베히스툰에 쐐기문자 새김글을 조성했는데 이것이 훗날 쐐기문자 판독의 열쇠 역할을 했다. 1840년대 이후 영국의 로린슨 등이 쐐기문자를 판독했다.

(2) 메소포타미아 다음으로 B.C. 3000년경에 이집트에서 상형문자의 새김글이 나타났다. 1799년에 이집트에서 로제타돌이 발견되었고 이것 또한 이집트 상형문자 판독의 열쇠 역할을 했다. 1823년에 프

랑스의 샹폴리옹이 이집트 상형문자를 판독했다.

(3) 스페인 신부 란다가 마야문명에서 마야문자를 기록했다. 1950년대 이후 중남미 마야상형문자를 러시아의 크노로소프(Cnorosov)가 판독했다.

(4) 크레타 섬에서 고대 미노스문명이 영국의 에반스에 의해 발굴되었고, 미노스문명에서 발명하여 사용한 문자인 선상문자 B를 1953년 벤트리스가 판독했다.

(5) 인도에서 인더스문명이 발달되었는데 그 이후에 셈족이 문자를 도입하여 사용했다. 아소카시대에 아소카왕이 세운 석주에 새긴 글이 인도에서 가장 오래된 글자인데, 그것을 영국인 제임스 프린셉(James Prinsep)이 판독함으로써 아소카왕과 그 시대상에 대해 알 수 있게 되고 부처의 입몰시대도 추측할 수 있게 되었다.

(6) 구약성경에 나오는 히타이트 나라의 실체를 모르다가 히타이트의 문자를 흐로즈니(Hrozny)가 판독함으로써 히타이트의 모든 역사가 밝혀졌다.

(7) 중남미에 마야문명이 발생하기 이전에 그 주변지역에서 올멕문명이 꽃을 피웠는데, 윈터스(Winters)와 저스트슨(Justeson)이 올멕문자를 판독하는 과정에서 올멕의 문명과 역사를 밝혀냈다.

그 다음에 문자를 창제한 분들을 살펴보고자 한다.

2) 세계의 문자 창제자들

세계 여러 나라 문자사용 실태를 살펴보면 3가지 유형이 있다. 첫째, 문자를 직접 만들어 사용하는 것이고, 둘째, 문자를 만든 사람의 이름은 모르지만 예부터 조금씩 문자를 첨가 시키고 다듬어서 지금은 완성된 문자를 사용하는 것이고, 셋째는 다른 민족의 문자를 차용해 와서 그들 언어를 표기하는 것이다.

이 중에 문자를 직접 만든 사람들이 얼마나 되는가는 홍미로운 일이 아닐 수 없다. 그 사람들을 찾아보고자 위키 백과사전을 살펴보니 문자를 창제한 41명의 명단이 나온다. 그 중에는 자기 민족의 언어표기를 위해 평생을 바친 인물이 있는가 하면, 선교사들이 선교하려는 민족의 언어를 표기하기 위해 만든 문자도 있다. 문자를 만든 41명을 보면 다음과 같다.

(1) 393년. 성 메스로프(Saint Mesrob: 441년 사망): 393년에 비잔틴문자를 기초로 아르메니아문자를 만들었다. 초기에 36자, 후에 38자로 대, 소문자가 있다.

(2) 650년. 톤미 삼보타(Thonmi Sambhota): 650년에 티베트글자를 만들었다.

(3) 863년. 성 키릴(Saint Cyril): 그리스 성직자로서 863년에 글라골(Glagolitic)문자를 만들었다.

(4) 880년. 시리종가(Sirijonga): 네팔 왕으로 880년에 림부(Limbu)문자를 만들었다.

(5) 900년. 오흐리드의 성 클리멘트 (Saint Clement of Ohrid): 불가리아 주교로 900년에 키릴문자를 만들었다.

(6) 1036년. 옐리 렌룽(Yeli Renrong): 탄구트(Tangut) 학자로 1036년에 탄구트글자를 만들었다.

(7) 1120년. 완얀 시인(Wanyan Xiyin - 만주 서사생): 만주의 서사생으로 1120년에 여진문자(Jurchen:)를 만들었다.

(8) 1250년. 모움바리 아종(Moubao Azong): 티베트 왕으로 1250년경

에 동바문자(Dongba)를 만들었다.

(9) 1269년. 초기알 파스파(Chögyal Phagpa): 티베트 승려로 1269년에 파스파문자를 만들었다.

(10) 1283년. 람캄행대왕(Ramkhamhaeng): 1283년에 태국문자를 만들었다고 전해져오고 있다.

(11) 1300년. 성 샤흐잘랄(Saint Shahjalal): 인도 벵갈인으로 1300년경에 실로티 나가리(Syloti Nagri)문자를 만들었다고 전해오고 있다.

(12) 1372년. 페름의 스테판(Stephan of Perm): 러시아 선교사로1372년에 고대 페름문자(the Old Permic script)를 만들었다.

(13) 1443년. 조선 세종대왕: 1443년에 훈민정음 글자를 만들고 1446년에 반포했다.

(14) 1478년. 요하네스 판테우스(Johannes Pantheus): 독일 작가로 1478년에 에녹문자(Enochian alphabet)를 만들었다.

(15) 1499년. 요하네스 트리테미우스(Johannes Trithemius): 독일 암호 전문가로 1499년에 엔젤글자("Angelic"(magical) alphabet)를 만들었다.

(16) 1520년. 파라셀수스(Paracelsus): 스위스 화학자로 1520년경에 마기(Magi)글자를 만들었다.

(17) 1539년. 구루 안가드 데브(Guru Angad Dev): 시크흐 구루(Sikh Guru)사람으로 1539년경에 구르무키글자(Gurmukhi)를 만들었다고 전해져있다.

(18) 1582년. 존 디이(John Dee): 영국 화학자로 1582년경에 요하네스 판테우스와 다른 에녹글자(Enochian)를 만들었다.

(19) 1686년. 보그도 자나바자르(Bogdo Zanabazar): 몽골 승려로 1686년에 소욤보글자(Soyombo)를 만들었다.

(20) 1700년. 티쿵 멘 살롱(Thikúng Men Salóng): 부탄의 학자로 1700
년경에 렙차글자(Lepcha)를 만들었다.

(21) 1704년. 조지 살마나자르(George Psalmanazar): 유럽 학자로
1704년에 포르모산(Formosan)글자를 만들었다.

(22) 1819년. 세쿼이아(Sequoia): 아메리카인디언으로 1819년경에 체
로키 음절문자를 만들었다.

(23) 1821년. 루이 브라이(Louis Braille): 프랑스 교사로 1821년경에
브라이글자를 만들었다.

(24) 1833년. 두알라부카르(Duala Bukare): 리베리아인으로 1833년경
에 바이어(Vai)에 맞는 음절문자를 만들었다.

(25) 1840년. 제임스 에반스(James Evans): 캐나다 선교사로 1840년경
에 오지브웨어(Ojibwe)와 크리어(Cree)에 맞는 음절문자를 만들
었고, 지금은 크리 음절문자라고 한다.

(26) 1840년. 베이타 크크쥬(Beitha kukju): 알바니아인으로 1840년에
베이타 쿠크크쥬글자를 만들었다.

(27) 1900년. 우야쿡(Uyaquk): 알라스카토박이인 유픽족 선교사로
1900년경에 유그툰글자(Yugtun)를 만들었다.

(28) 1905년. 샘 폴라드(Sam Pollard): 영국인 선교사로 1905년에 폴라
드글자를 만들었다.

(29) 1908년. 아파카 아투미시(Afáka Atumisi): 수리남인(Surinamian)
으로 1908년에 아파카글자를 만들었다.

(30) 1915년. 제임즈 오 프레이저(James O. Fraser): 스코틀랜드 선교
사로 1915년경에 프레이저글자를 만들었다.

(31) 1921년. 키시미 카말라(Kisimi Kamala): 시에라 리온인(Sierra
Leonean)으로 1921년에 멘데(Mende) 음절문자인 키카쿠(Ki-ka-ku)

글자를 만들었다.

(32) 1921년. 치슈만 유슈프 케나디드(Cismaan Yuusuf Keenadiid) 소말리아인(Somali)으로 1921년경에 오스마냐글자(Osmanya)를 만들었다.

(33) 1925년. 판디트 라그후나트 무르무(Pandit Raghunath Murmu): 인도인으로 1925년에 올치키글자(Ol Chiki)를 만들었다.

(34) 1930년. J. R. R. 톨킨(Tolkien): 영국 저술가로 1930년경에 텡과르글자(Tengwar)와 사라티글자(Sarati)를 만들었다.

(35) 1935년. 그빌리 추장(Chief Gbili): 라이베리아인(Liberian)으로 1935년경에 크펠레(Kpelle) 음절문자를 만들었다.

(36) 1935년. 위도 조보(Wido Zobo): 라이베리아인으로 1935년경에 로마(Loma) 음절문자를 만들었다.

(37) 1936년. 망게이 고망고(Mangei Gomango): 인도인으로 1936년에 소랑 솜펭글자(Sorang Sompeng)를 만들었다.

(38) 1949년. 솔로마나 칸테(Solomana Kante): 기니인(Guinean) 작가로 1949년에 응코글자(N'Ko)를 만들었다.

(39) 1959년. 송 루에 양(Shong Lue Yang): 라오스인(Laotian)으로 1959년에 파하우 몽글자(Pahawh Hmong)를 만들었다.

(40) 1959년. 바크리 사파로(Bakri Sapalo): 에티오피아출신 오로모(Oromo)인으로 음절문자를 만들었다.

(41) 1960년. 로날드 킹슬리 리드(Ronald Kingsley Read): 영국인으로 1960년 초에 샤비엔글자(Shavian)와 1966년에 퀵스크립트(Quickscript)를 만들었다.

위에 제시된 문자 창제자의 명단에는 예부터 전해져오는 확인할 수 없는 이름까지 전부 포함되어 있기 때문에 신빙성에 다소 문제가 있다. 사실 각 민족들이 숭앙하고 있는 창제자들이 실제인물일 수도 있고 그 때까지 전해져오던 문자를 조금 다듬거나 활성화시킨 인물일 수도 있다. 또한 종교 전파 과정에서 선교사들이 종교 전파의 목적으로 체계적인 평가 없이 그 지역민에게 글자를 만들어 준 경우도 있다.

따라서 이 책에서는 가장 신빙성이 있고, 종교 선교의 목적 보다는 그 민족의 고통을 해소하는 차원에서 문자를 창제한 5명을 엄선하여 중점적으로 다루고자 한다. 그 이름은 보면 조선의 세종대왕, 아메리카 인디언인 세쿼이아, 몽고의 파스파, 태국의 수코타이 람캄행대왕, 아르메니아의 성 메스로프이다.

제 2부 옛 문자를 해독한 사람들

1. 헨리 로린슨(Sir Henry Rawlinson: 1810 − 1895)

2. 장-프랑수아 샹폴리옹(Jean-François Champollion: 1790-1832)

3. 마이클 벤트리스(Micheal Ventris: 1922-1956)

4. 제임스 프린셉(James Prinsep: 1799-1840)

5. 유리 발렌티노비치 크노로소프(Yuri Valentinovich Knorosov: 1922-1999)

6. 베드리히 흐로즈니(Bedřich Hrozný: 1879-1952)

7. 윈터스와 저스트슨(Clyde A. Winters and Justeson)

옛날에는 널리 사용되었지만 어느 시기부터 사용되지 않다가 사람들의 기억에서 사라진 문자가 있다. 이후에 이런 문자를 다시 판독하는 일은 문자를 새로 만드는 일만큼이나 중요하고 어려운 문제다.

한 나라의 글자일 뿐만 아니라 인류문명의 한 자락을 차지하는 문자라면 그 문자를 판독하는 일이야 말로 그 문명에 들어가는 문을 여는 일과 같은 것이다. 우리가 이런 일을 한 사람들을 기억 할 뿐만 아니라 그들이 이룩한 업적을 하나하나 추적해 보는 것은 정말 중요한 일이다. 따라서, 이렇게 중요한 문자 판독을 한 사람 중에서 7명을 골라서 그들의 업적을 살펴보고자 한다.

헨리 로린슨 (Sir Henry Rawlinson: 1810 - 1895)

영국인 헨리 로린슨은 이란의 서북부 지역 베히스툰 산 암벽에 새겨져 있는 쐐기문자를 직접 베껴 그 글자를 모두 판독해 냈다. 이 업적은 수천 년동안 인간에게 알려지지 않았던 메소포타미아문명의 역사를 알 수 있게 했다. 쐐기문자를 판독함으로써 수메르인(Sumerian)이 역사 최초의 문자인 쐐기문자를 만들었다는 사실을 밝혔다.

<헨리. 로린슨: 위키백과에서>

이 공로는 이집트의 로제타돌과 나일 삼각주의 수많은 기념비에 쓰인 상형문자의 체계를 해독하여 인류가 이집트의 역사 세계로 들어갈 수 있게 한 프랑스인 샹폴레옹의 공로와 같거나 그 이상으로 평가된다. 이집트

문명의 안내자가 로제타돌이라면 메소포타미아의 안내자는 베히스툰암벽이다. 이러한 헨리 로린슨의 업적을 구체적으로 알아 보고자 한다.

1) 로린슨의 생애

영국인 로린슨은 1827년 17세에 군에 입대하여 사관생도로서 당시 영국의 식민지인 인도 동인도회사에 근무 발령을 받고 인도로 가는 배를 타게 되었다. 마침 이 배 위에서 운명적으로 페르시아 역사학자이자 외교관 겸 군인인 말콤 경(Sir John Malcom)을 만나 그가 겪은 경험담과 페르시아의 역사에 관한 이야기를 듣고 큰 감명을 받았다. 이 만남을 계기로 그는 일생을 쐐기문자판독으로 보내게 되었다.

그는 동인도회사에 근무하면서 힌두어, 아랍어, 페르시아어, 산스크리트어 등 여러 언어를 열심히 배우고 연구했다. 오리엔트역사와 고고학에 남다른 애정과 관심을 가졌다.

6년 후 준 대위(Subaltern 또는 소령)로서 그는 페르시아의 북서부 케르만샤(Kermanshah) 지역으로 전속을 가게 되었다. 영국 장교의 감독하에 페르시아 군을 재정비하고 효율적으로 훈련시키라는 황제의 초청을 받아서 갔다. 그는 육체적으로 아주 건강했고 운동을 즐겨하며 정력이 넘치는 의욕적인 장교였다. 그는 이란 서북부의 케르만샤에 도착한 이후, 그곳에서 동쪽으로 약 20마일 떨어져있는 자그로스(Zagros) 산맥의 베히스툰 산 암벽에 새겨져 있는 부조와 새김글을 보고 깊은 관심을 가지게 되었고 여러 번 답사도 하였다. 이 지역은 옛날의 동서양을 잇는 비단길의 일부로서 이란의 수도 테헤란에서 이라크의 수도 바그다드로 가는 길목이었다. 이 베히스툰 산에는 100m가 넘는 바위벽에 가로 3m, 세로 5.5m 넓이의 쐐기문자 새김글과 부조가 새겨져 있었다. 글자는 쐐기문자

로 쓰여 있지만 표현된 언어는 세 개의 언어로 구성되어 있는데, 이것은
B.C. 5세기 때에 다리우스왕(Darius)이 만들었던 것이다. 암벽의 맨 하단
부에는 고대 페르시아어(Old Persian)의 새김글이 다섯 단에 414줄로 쓰
여 있고, 바로 옆 부분에는 엘람어(Elamite)가 여덟 단 593줄로, 그리고
윗부분에는 바빌로니아어(아카드어:Accadian)가 한 단 112줄로 쓰여 있다.

<이란의 베히스툰의 암벽에 새긴 부조와 새김글>
[출처: religionfacts.com/zoroastrianism/index.htm]

2) 로린슨 쐐기문자 판독에 몰두

1835년 여름부터 로린슨은 제일 먼저 하단부에 있는 고대 페르시아어
부분의 쐐기문자와 부조를 진지하게 탐색했고, 그때부터 2년간에 걸쳐서
200줄 정도를 복사했다. 그는 선행연구가들의 노력덕분에 쐐기문자에 대
해 상당한 지식을 이미 가지고 있었고, 새김글에서 같은 글자를 여러 개
찾아내었으며, 다리우스왕이 고대 페르시아어로 Dârayavauš(그리스어
Darius)임도 이미 알고 있었다. 더구나 독일의 학자 그로테펜트에게서 노

트까지 전달 받았는데, 그로테펜트는 페르시아 쐐기문자 판독에 상당한 진전을 이루었던 한 사람이었다. 로린슨은 그로테펜트(Grotefend)와 별도로 페르시아어 새김글에서 일정한 규칙을 찾아낼 수 있었다. 새김글의 페르시아어 부분에 대해서 이렇게 판독했다.

I am Dârayavauš the king, son of Vištâspa, of the Hakhâmanisiya-dynasty, king of kings. I am king in Pârsa. My father is Vištâspa. Vištâspa's father is Aršâma, Aršâma's father was Ariyâramna, Ariyâramna's father was Cišpiš, and Cišpiš' father was Hakhâmaniš.

'da-ri-ia-a-muš LUGAL GAL-ú
LUGAL LUGAL.MEŠ LUGAL KUR.KUR.MEŠ
ša nap-ha-ri li-šá-nu gab-bi
A 'uš-ta-as-pa
'a-ha-ma-an-ni-iš-ši-i'
ša É a-ga-a I-pu-uš
[출처: C. B. F. Walker(1998:51)]

[출처: avesta.org/op/op.htm]

이 판독에 나오는 고유명사는 그리스의 헤로도토스(Herodotos)의 저서인 '역사'에 나오는 이름과 거의 일치했다. 위에 적힌 이름을 그리스어로 나타내면 Dârayavauš는 Daraus가, Vištâspa는 Hystaspes가, Aršâma는 Arsames가, Ariyâramna는 Ariaramnes가 된다. 로린슨은 2주 정도의 노력 끝에 고대 페르시아 알파벳 중에 42개의 철자를 밝혀냈다.

2년 뒤인 1837년에는 현지의 쿠르드 소년의 도움으로 페르시아어 부분 쐐기문자를 1년의 기간에 걸쳐 복사했다. 그는 고대 페르시아어를 공부했고, 또한 조로아스터교의 성서인 아베스타(Avesta)를 읽을 수 있었기 때문에 고대 페르시아어로 된 쐐기문자를 판독하는데 별로 어려움이 없었다. 베히스툰의 고대 페르시아어 판독내용은 대강 이러하다.

페르시아왕 켐비세스(Cambyses)가 동생 바르디아(Bardiya: 그리스어 Smerdis)를 암암리에 살해했다. 그런 후 이집트를 정복하기 위해 다리우스 장군을 데리고 출국했다. 이때를 노리고 있던 그 당시 조로아스터교의 제사장(a Maagina priest)인 가우마타(Gaumata)가 페르시아 사람들에게 거짓말로 자신이 왕의 동생 바르디아라고 속이고 반란을 일으켜 왕으로 추대 받게 되었다. 이 소식을 접한 켐비세스는 급히 귀국하다가 실수로 본인의 칼에 죽고 말았다. 이때에 다리우스 장군은 그를 따르는 6명의 경호대원과 함께 반역자 가우마타를 응징하고자 했다. 다리우스 장군은 본국으로 돌아와서 가우마타를 죽이고 6명의 경호대원의 추천으로 페르시아 왕으로 등극하게 되었다. 쿠테타가 일어난 사실을 알고 지역 여러 곳에서 반란이 일어났다. 다리우스는 즉위 1년 동안 반란 진압에 전력을 쏟았다. 첫 해에는 9번이나 반란군을 제압하고 9명의 반란군 대장을 처벌하기도 했다. 반란군들의 이름과 그들의 나라 이름이 베히스툰 새김글에 기록되어 있고 부조의 맨 뒤에 새겨진 사람은 반란군 대장 스쿤카(Skunka)이다.

1838년에 로린슨은 그의 첫 고대 페르시아어 판독 본을 영국 런던에 있는 왕립아시아학회(Royal Asiatic Society)와 프랑스 파리에 있는 아시아학회(Société Asiatique)에 보냈다.

1846년에는 왕립아시아학회지에 'Percian Cuneiform Inscription at Behistun, Deciphered and Translated'라는 제목으로 그동안의 쐐기문자 판독내용을 몇 번에 걸쳐 연재했다. 그는 이 연재에서 한 페르시아인(Magian)이 어떻게 하여 캠비세스왕이 죽은 후 그의 동생 바르디아라고 주장하면서 왕관을 얻게 되었는가를 자세하게 설명했다. 7명의 공모자가 그 사실을 발견했고, 또한 캠비세스의 인척인 다리우스(재위기간: 기원전 522-486년. 36년간 통치함)가 그 남자를 죽였다고 밝혔다. 이 내용은 이미 그리스의 역사가 헤로도토스가 아주 낭만적으로 이야기한 일부분을 확인해 주는 것이었다. 또한 다리우스가 왕권을 잡기 위해 9명의 배반자를 어떻게 제압했는지를 잘 설명해 주고, 페르시아의 전설적인 건국왕 키루스(Cyrus)가 중앙아시아 초원에 떠도는 유목민들을 어떻게 패배시켰는지 잘 설명해 주었다. 이 발표 내용이 많은 사람의 관심을 사로잡았다.

베히스툰 새김글은 고대 페르시아 비문 중에서 가장 길고, 가장 많은 정보를 제공해 주었다. 베히스툰의 볼록 그림 부조에는 다리우스왕과 2

명의 신하가 있다. 왼쪽에는 고브리야스(Gobryas) 신하가 페르시아 창을 들고 있고, 오른쪽에는 인타페르네스(Intaphernes) 신하가 페르시아 활을 들고 있다. 다리우스왕의 왼발은 배반자 가우마타를 밟고 있고 가우마타 뒤에는 8명의 포로가 목에 포승줄로 묶인 채로 연결되어 있다. 다리우스 왕 위에는 조로아스터교의 위대한 신 아후라 마즈다(Ahuramazda)가 다리우스의 왕위 등극을 허락하는 뜻으로 왕권을 상징하는 원형을 손에 들고 있다.

고대 페르시아 쐐기문자는 알파벳문자이면서 음절문자이고 5개의 뜻글자를 가지고 있다. 고대 페르시아어는 아케메니아왕조 때에 쐐기문자로 표기되었고, 남서부 페르시아에서 사용되었는데, 그 지역은 페르시스(Persis)로 알려져 있다. 또한 고대 페르시아어는 인도 유럽어족의 인도-이란어군에 속한다. 다음에 제시하는 쐐기문자는 페르시아에서 사용된 것이다.

[출처: dsuper.net/~elehoczk/history.htm]

3) 로린슨의 후기 공직생활과 판독 활동

로린슨은 쐐기문자로 된 새김글을 연구하는 동안에 여러 곳에서 공직 생활을 계속했다. 그는 아프간 전쟁(Afghan War) 동안에 아프가니스탄의 칸다하르(Kandahar)에서 1840년부터 3년간 정치기관원(Political Agent)으로 복무하면서 정치적 능력을 발휘하여 C. B 훈장을 받았다. 1843년에는 이라크의 바그다드에 영사로 지명되어 바그다드에서 상주하게 됐다. 이때에 집중적으로 쐐기문자의 판독에 열중했다. 상당한 어려움을 겪으면서도 베히스툰 새김글을 완전히 베끼는 데 성공을 거두었다. 그는 새김글 판독에 많은 진전을 보였는데, 쐐기문자에 대한 많은 지식을 모으고, 여러 곳에서 발굴에 직접 참가하면서 지리적 지식을 획득했다. 특히 니네베(Nineveh) 유적지를 레이어드(Layard)와 함께 방문하면서 여러 가지 지식을 획득한 후, 1847년에 휴가를 얻어 영국에 돌아왔다. 이때에 얻은 지식이 뒷받침되어 아시리아학(Assyriology)을 세우는 계기가 되었다.

2년간 영국에 머물면서 베히스툰새김글에 대한 연구집을 1851년에 발간했고, 중령(Lieutenant-Colonel)으로 진급했다. 이때 그 동안 모은 바빌로니아, 사비안, 사산정권때(Babylonian, Sabaean, Sassanian)의 귀중한 골동품들을 대영박물관에 위탁하였고, 박물관은 라야드가 시작한 아시리아와 바빌로니아 발굴 권한을 그에게 맡겼다. 1851년에 다시 이라크의 바그다드에 돌아와서 고대유적을 발굴하여 귀중한 결과물을 얻을 수 있었다. 특히 쐐기문자를 최종 판독하는데 크게 기여한 자료들을 발굴했다. 그 중에서도 하나의 글자가 문맥에 따라 여러 가지로 읽히는 증거들을 찾았다.

1855년에 말을 타다가 낙마하는 사고를 당하자 급히 영국으로 귀국하였고 동인도회사의 직책을 사임했다. 영국에 돌아오자 그는 K.C.B(Knight

Commander of the Bath) 작위를 받게 되었다. 그해에 동인도회사의 명예 총독(Crown director)으로 임명되었다. 1855년에 자신이 수집한 모든 골동품을 대영박물관에 기증했다. 1858년에 첫 인도의회의 임원으로 임명되었고, 1859년에는 페르시아의 전권대사로 부임하기도 했다. 이미 1858년에 라이게이트(Reigate) 의회의원이였고, 1865년에서 1868년까지는 프롬(Frome)의 의회의원이 되기도 했다. 1862년에 세이머(Seymour)와 결혼하여 두 아들을 두었다. 1868년에 다시 인도의회의원에 임명되어 작고할 때까지 그 직을 유지했다. 또한 1876부터 작고할 때까지 대영박물관의 임원이기도 했다.

그는 1889년에 G.C.B. 훈장을 받았고, 1891년 그의 업적과 문자해독 공로를 인정받아 준 남작(Baronet)의 작위를 받았다. 그는 1874년부터 1875년까지 왕립지리학회 회장과 1878년부터 1881년까지 아시아학회장을 지냈다. 그는 옥스포드대, 캠브리지대, 에딘버러대 등에서 명예박사학위를 받았다.

4) 쐐기문자에 관한 그의 저서

그의 저서 중 쐐기문자에 대한 것은 모두 4권이 있다.

(1) The Persian Cuneiform Inscription at Behistun(1846-51)
(2) A Commentary on the Cuneiform Inscription of Babylon and Assyria(1850)
(3) Outline of the History of Assyria(1852)
(4) Notes on the Early History of Babylonia(1854)

5) 판독내용에 대한 세세한 사연

제일 먼저 고대 페르시아어 부분부터 판독이 시작되었다. 로린슨은 세 개의 언어 중 가장 간단하게 표현된 것을 우선 판독하였는데 이 글자가 페르시아어 부분이었다. 이 글자는 고대 페르시아 제국(550- 330 B.C.)의 아키메니드왕조(Archaemenid dynasty)시대에 속한 것으로 추측된다. 실제 베히스툰새김글은 약 B.C. 519년에 페르시아 다리우스(Darius)왕이 제작하였다. 이 새김글은 페르시아왕으로서의 정당성을 확보하기 위한 홍보의 글이다. 다리우스왕의 아버지 켐비세스 사후에 다리우스가 어떻게 왕위에 오르게 되었고, 페르시아제국을 어떻게 세웠으며, 방해하는 무리들을 어떻게 제압하고 처리했는지에 대한 내용을 담고 있다. 이러한 다리우스왕의 설명은 페르시아제국 내에서는 널리 알려져 있었다. 이 내용이 아람어와 아람문자로 파피루스에 쓰인 것이 남부 이집트에서 발견되기도 했다.

고대 페르시아어의 쐐기문자 부분은 이미 독일의 그로테펜트(Grotefend)와 니이블(Niebuhr) 등에 의해 어느 정도 실마리가 밝혀져 있었다. 그러나 로린슨은 50년이나 먼저 시작한 그로테펜트의 연구결과를 알지 못한채 판독에 임했다. 로린슨은 그 당시 페르시아의 수도였던 페르세폴리스를 비롯한 중요 거주지에서 발견된 새김글의 대부분이 철자 몇 자로 구성되어 있어서 판독에 어려움을 겪고 있었다. 이를 해독하기 위해서는 좀 더 긴 문장이 새겨진 새김글 판을 구해서 판독해야 했다. 그의 연구 돌파구는 베히스툰 암벽에 새겨진 새김글의 발견이었다. 그 후에 앞선 연구가들의 업적을 참고하여 40개의 문자기호를 완전히 해독하게 되었고, 그 결과를 토대로 1846년에 베히스툰 새김글에 페르시아어 부분의 음역과 라틴어, 영어의 대역과 쐐기문자 복사본을 첨부하여 왕립아시아학회지

(Journal of Royal Asiatic Society)에 발표를 했다. 그의 가장 중요한 업적은 고대 페르시아 부분 새김글의 판독이라고 할 수 있다.

베히스툰 새김글의 중간부분에는 엘람어가 새겨져 있었는데 이 언어의 명칭에 대해서는 약간의 혼선이 있다. 클로드(Clodd:p.87)는 메디아어 (Mede) 또는 스키타이어(Scythian)라 했고, 메이슨(Mason:p.228)은 메디아어(Medic)라 했다. 로빈슨(Robinson역:p.79)은 엘람어라고 하고 다른 여러 책에서도 엘람어라고 적고 있다. 그런데 이들이 사용한 용어는 조금씩 차이가 있어 이 세 언어 중에 어느 것을 써야 하는지 문제가 된다. 첫째로, 메디아어는 페르시아인의 일족인 메디아인이 사용한 언어이며 이들은 이란 서북부 카스피해 남쪽에 거주했다. 기원전 8세기 초에 강력한 독자 왕국을 형성했으나 기원전 653년에 북쪽의 스키타이군에 의해 점령 당했다. 그 뒤 세력을 키워서 기원전 615년에 아시리아를 공격했고, 기원전 612년에 아시리아 수도 니네베를 함락시켜 아시리아를 멸망시켰다. 그 후 기원전 550년에 페르시아의 아케메네스왕조에게 멸망당했다.

둘째, 엘람어를 사용한 엘람인은 메소포타미아 동쪽 산악이 많은 곳에 거주하면서 이란 서남부의 수사(Susa)를 중심으로 왕국을 건설한 사람들이 사용한 아주 오래된 언어이다. 이들은 페르시아를 자기들의 세력권 안에 두었기 때문에 페르시아가 전오리엔트를 통일한 후에도 엘람어가 중요한 공용어가 되었다. 엘람인은 기원전 3000년부터 수메르문자의 영향을 받아 상형문자를 만들었고, 기원전 2000년부터는 수메르와 약간 차이나는 쐐기문자인 엘람문자를 만들어 사용했다. 엘람은 아카드 사르곤왕에 정복당했고, 그 뒤에 아카드어를 사용하게 되었다.

셋째, 스키타이인은 중국 역사에 나오는 흉노족이다. 이들은 인도이란계 민족이고, 오늘날 볼가 강 주변에 살던 민족이었다. 이들 활동의 중심지는 흑해 북쪽이었다. 이들에 관한 기록은 그리스 역사학자 헤로도토스의 '역사'에 의한 것이다. 근동에서는 이집트까지 쳐들어가 조공을 받을 정도로 전투에 능하고 말 타기에 능한 민족이었다. 아시리아 왕과의 전투에서 패하기도 하였고, 뒤에 가서 아시리아의 수도 니네베가 메디아군의 침입을 받자 아시리아를 도와 스키타이왕이 출병하여 메디아군을 격퇴하는데 일조를 하기도 했다. 그 뒤에 흑해 북쪽으로 돌아가서 평온하게 지냈는데 기원전 6세기에 페르시아 다리우스왕의 침입을 잘 막아내기도 했던 민족이었다.

위의 세 민족을 살펴본 바로 페르시아 북부에는 메디아, 페르시아 서남부에는 엘람, 그리고 페르시아 넘어 흑해 지역에는 스키타이가 있었다. 일찍부터 페르시아는 엘람인의 세력 아래에 있었고 오리엔트 후에도 엘람어가 공용어 중의 하나(세계의 문자 연구회 역. P.52)였기 때문에 3가지 언어 중에 엘람어가 가장 많이 알려져 있다.

바빌로니아어의 새김글은 베히스툰 암벽의 가장 위에 위치해 있었고, 접근하기가 아주 난해했다. 다행스럽게도 그 지역 야생생활에 익숙한 쿠르드족 소년의 도움으로 판독할 수 있었다. 그 소년이 절벽에 난 틈새로 올라가 그 틈에 나무못을 박고 비문의 표면 반대쪽에 나무못을 박아서 줄을 매달아 줄에 의존하여 로린슨의 말에 따라 비문을 베꼈다. 이러한 작업이 1847년에 끝나서 마침내 모든 비문을 베끼게 되었다.

로린슨은 1848년부터 1850년까지 2년간 집중적으로 쐐기문자 판독에 몰두했다. 그는 바빌로니아어의 권위자인 아일랜드 출신 목사 에드워드 힝크스(Edward Hinks:1792-1866)의 도움을 받기도하고 경쟁하기도 하면서 연구했다.

6) 선행 연구가들

로린슨 이전의 연구가들이 남긴 연구 덕분에 로린슨이 연구를 활성화할 수 있었기 때문에 로린슨에 기여한 이전의 연구가들의 업적을 살펴볼 필요가 있다.

(1) 존 샤르댕 경(Sir John Chardin)
1711년에 이란의 페르세폴리스 유적지에서 조그마한 새김글 조각에 세 개의 언어가 쐐기문자로 기록되어 있는 것을 발견했다. 이 세 언어는 페르시아어, 수사어(Susian) 및 바빌로니아어라고 추정했으며 이것을 여행 책으로 암스테르담에서 출판했다.

(2) 피에트로 델라 발레(Pietro della Valle)
이탈리아 탐험가인데 1621년에 순례자의 일원으로 이란의 아케메니드 왕조(Achaemenid Dynasty)의 수도 페르세폴리스를 여행하다가 그 곳에 새김된 쐐기모양 표시들을 보고 그림이 아니고 글자라고 주장했다. 또한 쐐기모양 중에 두툼한 끝이 모두 왼쪽에만 있는 것을 보고 이 글자는 분명 왼쪽에서 오른쪽 방향으로 쓴 글이라고 생각했다. 이것이 쐐기문자 판독의 첫 출발점이었다.

(3) 카르스텐 니버(Carsten Niebuhr)
독일인 측량기사로서 1761년부터 1767년까지 덴마크의 중동지역 과학 탐험대의 일원으로 참가했다. 1765년 3월 이란 지역의 옛날 수도인 페르세폴리스를 방문하여 3주 반만에 모든 새김글을 복사했고, 덴마크로 돌아와서 새김글을 아주 주의 깊게 연구 했는데, 그는 선행 연구가들의 추측이 옳았다고 생각하게 되었다. 새김글이 하나의 내용을 다른 세 개의 글자로 새김되어 있다는 것을 밝혔다. 1777년에 발간된 한 번역본에서 한 언어의 3개의 서로 다른 글자 중에서 한 글자가 다른 두 글자보다 더 단순하다고 언급했다. 그가 밝힌 내용을 요약하면 다음과 같다.

첫째, 새김글은 왼쪽에서 오른쪽으로 읽는다.

둘째, 세 개의 글자 조직을 구분할 수 있었고, 새김글에서 뚜렷이 나타났다.

셋째, 새김글을 세 개의 등급으로 글자의 방식에 따라 1급(고대페르시아어), 2급(엘람어), 3급(바빌로니아어)으로 나누었다.

넷째, 1급의 모든 기호를 정렬시켜서 세심하게 비교한 끝에 42개의 기호로 구성되었다고 밝혔다.

다섯째, 이 글자들이 알파벳철자로 쓰였을 것이라 추측했다.

(4) 올라브 티첸(Olav Tychen)

1급의 새김글에 규칙적인 간격으로 오른쪽도, 아래쪽도 아닌 방향의 쐐기문자 하나가 있는 것을 발견하고 이것이 단어를 분리하는 분리표시 기호라고 생각했다. 이 단순한 발견이 뮌터의 연구에서 아주 중요한 역할을 하였다. 그는 쐐기문자에서 알파벳 기호 a, d, u, s 등을 밝혀냈지만 전체적인 새김글 판독을 하지 못했다. 그는 이 새김글이 파르티아왕조(Parthian Dynasty: B.C. 246- A.D. 227) 시대에 쓰인 것이라고 잘못 생각했다.

(5) 프리드릭 뮌터(Friedrick Münter)

덴마크 언어학자로서 페르세폴리스 왕궁을 건축한 왕조가 아키메네스왕조라고 올바르게 진단했다. 또한 새김글을 만든 시대는 B.C. 538-465라고 추정했다. 그도 타이천과 마찬가지로 쐐기모양의 글자 중에서 대각선 모양은 단어와 단어를 분리하는 단어분리표시라 밝혔다. 또한 그는 히브리어나 샘어에 없는 모음문자를 이 쐐기문자에서 발견했다. 이 발견은 판독을 위한 거보의 전진이라고 클로드(Clodd:p.84)가 평가했다. 이 연구가 이중으로 쓰인 텍스트의 도움 없이 이루어졌다는 사실을 감안하면 대단한 발견이었다.

(6) 엠 드 사시(M. de Sacy)

1758년 출생의 프랑스인으로 226년부터 651년까지 페르시아를 통치했던 사산왕조(Sassanid)의 새김글을 베꼈다. 이 새김글은 페르시아어와 펠레비어(Pehlevi)라 불리는 아람어의 혼합어인데, 이미 알려진 글자로 쓰여 있었다. 이것에서 사시는 다음과 같은 고정된 단어 유형을 발견하고 판독의 지름길을 안내해 주었다.

"I, (M 또는 W), king of kings, son of (X), king of kings, did thus and thus."

(7) 독일인 그로테펜트(G. F. Grotefend:1775-1853)

독일 튀빙겐 출신의 고등학교 라틴어 교사로서 1802년에 괴팅겐대학교에 있는 '왕립과학원'에서 연구하면서 중기 이란어인 아베스타어와 산스크리트어를 비교 연구하여 고대 페르시아어 판독에 대한 기초를 제공해 주었다. 1802년 괴팅겐대학 도서관 사서 한 사람이 그에게 쐐기문자 새김글을 판독해 보도록 설득해서 쐐기문자 판독에 관심을 갖게 되었다. 그는 고대 페르시아 수도 페르세폴리스의 궁전 통로 벽에 새겨진 쐐기문자를 조사 연구하여 다리우스왕을 표현하는 쐐기문자를 찾아냈다. 이것이 이 새김글을 판독하게 하는 중요한 출발점이었다. 그는 판독에 들어가기 전에 몇 가지 가정을 했다. 페르세폴리스 새김글이 3개의 언어로 쓰여 있는데, 이 중에서 첫 언어는 고대 페르시아어로 아케메니드왕조 시대의 언어일 것이라고 가정했다. 또한 이 왕조가 궁전을 건립했을 것이고 새김글을 새기도록 명령했을 것으로 생각했다. 그는 니버가 주장한 한 언어의 세 가지 글자로 쓴 것이 아니라 세 가지의 다른 언어를 쐐기문자로 새겨 놓았다는 것을 밝혀냈다.

판독 시초에 고대 페르시아의 새김글 판인 텍스트 1과 텍스트 2를 나란히 놓고 비교를 했다. 새김글에 같은 기호가 자주 나오는 것을 보면 그들 내용이 비슷할 것이라고 생각했다. 페르시아어 텍스트에서 한 단어가 긴 형태가 있고, 짧은 형태가 발견되었다. 짧은 형태는 king을 나타내는 것이고 긴 형태는 kings일 것이라고 뮌터는 생각했지만 그로테펜트는 두 번째는 kings가 아니라 great일 것이고 두 단어가 함께 쓰이는 것은 king great, 즉 great king일 것으로 추측했다. 그래서 그는 'great king, king of kings'를 만들어 보았다. 그런데 사산왕조 시대에 새겨진 새김글에서 항상 첫 단어에 왕의 이름이 나오고, 그 다음에 'great king, king of kings'가 나왔다. 그가 연구하고 있는 텍스트도 이와 같을 것으로 생각하고 이것을 적용해서 사실이면 이 두 텍스트에는 두 명의 다른 왕이 나타나야 된다고 생각했다. 왜냐하면 이름이 처음에 똑같지 않기 때문이다. 더구나 텍스트 1에서는 처음에 오는 이름이 텍스트 2에서는 세 번째 줄에 나오기 때문이다. 그러나 길이가 좀 긴 형태로 나오고 있었다. 그는 긴 형태가 소유격을 가지고 있어서 'of 무엇'을 뜻한다고 생각했다. 그것은 'king'이라고 생각된 단어 다음에 오고 있었다. 다른 단어는 아들(무엇 king son)을 의미했을 것이다. 그래서 전체 표현은 son of 무엇 king일 것이라고 생각했다. 결국 이 두 새김글 텍스트에서 세 명의 통치자 이름 즉, 할아버지, 아버지, 아들일 것으로 결론 내렸다. 3대가 왕족인 아케메네스왕조의 목록을 조사했더니 쉽게 찾을 수 있었다. 할아버지부터 Hystaspes, Darius, Xerxes를 찾았다. 그래서 새김글 처음에 Darius를 넣어서 텍스트 1을 완성하면 'Darius, great king, king of kings, son of Hystaspes.'가 되고, 텍스트 2를 완성하면 'Xerxes, great king, king of kings, son of Darius king.'이 되었다. Darius는 그리스어인데 아베스타어로 Darheush이었고, 뒤에 밝혀지기로 Daryavush로 읽어야 했고, 그래서 D, A, R, SH 철자를 밝혀내게 되었다. 이렇게 철자를 밝혀낸 것은 아주 큰 성과인데 처음에는 그것의 중요성을 알지 못했다. 이것이 고대의 세 언어를 판독하는 중요 열쇠였던 것이다. 그는 전체 텍스트를 해석하지 못했고, 또한 그가 생각했던 단어의 의미를 전부 밝혀내지 못했다.

일정한 철자의 무리가 반복적으로 쓰이고 있는 고정된 형식이 있다는 것을 찾아내서 여러 가지 고정된 형식에 고유명사만 다른 것으로 교체된 것이라고 생각했다. 고대 작가들이 쓴 페르시아 문학의 번역에서 이 같은 유형과 관련된 것을 찾아냈고, 또한 고정된 형식을 프랑스 학자 사시가 지적한 고정된 형식에 대입해 보았다.

'X, the king of kings, son of D'로 되어 있는데 이때에 D는 X의 아버지가 분명하다고 추측했다. X의 아버지 D는 왕이 아니라고 생각했다. 왜냐하면 그의 이름 다음에 왕이란 칭호가 없기 때문이다. 처음 왕국을 만든 사람은 X가 아니라 D이기 때문이다. 이것을 페르시아왕조에 대입해 보면 딱 들어맞았던 것이다. 다리우스왕의 아버지 히스타스페스(Hystaspes)는 왕이 아니었고 캠비세스(Cambyses)왕 밑에서 지방의 장을 역임했던 사람이었다. 이러한 사실을 고정된 형식에 대입해 보면 'I, Darius, the king of kings, son of Hystaspes'가 된다.

또 다른 고정된 형식이 자주 나오는데 그에 알맞은 고유명사도 찾아야
했다.

'I, X, the king of kings, son of D, the king of kings'

여기에는 두 사람 다 왕이었기 때문에 크세르크세스와 다리우스왕을
대입해 보았다.

'I, Xerxes, the king of kings, son of Darius, the king of kings'

<이란의 페르세폴리스 궁전 입구에 있는 크세르크세스왕의
인물 위에 새김된 고대 페르시아 새김글의 예>

Old Persian: carved above the figure of Xerxes in the doorways of his palace at Persepolis.

xa-ša-ya-a-ra-ša-a: xa-ša-a-ya-Өa-i-ya-: va-za-ra-

ka: xa-ša-a-ya-Өa-i-ya: xa-ša-a-ya-Өa-i-ya-a-

na-a-ma: da-a-ra-ya-va-ha-u-ša: xa-ša-a-ya-Өa-

i-ya-ha-ya-a: pa-u-ça: ha-xa-a-ma-na-i-ša-i-ya

Xšayârša xšâyaӨiya vazraka xšâyaӨiya xšâyaӨiyaӨiyânâm Dârayavahauš xšâyaӨiyahyâ puça
Haxâmanišiya

Xerxes, the great king, the king of kings, the son of Darius the king, an Achaemenian.

[출처: C. B. F. Walker(1998:50)]

문제는 왕 이름인 다리우스나 히스타스페스가 그리스어 명칭이기 때문
에 고대 페르시아어로 사용된 명칭을 찾아내는 것이었다. 그런데, 마침
1771년에 듀페론(A. Duperron)이 고대 페르시아어인 아베스타어(Avesta)

로 쓰인 조로아스터교의 경전을 출판했기 때문에 유럽학자들이 이미 아베스타어에 대한 지식이 있었다. 그래서 그는 듀페론이 출판한 아베스타어를 조사하여 히스타스페스를 goshtasp(고쉬타스프)로,

크세르크세스를 khshhershe(크쉬헤르쉐)로,

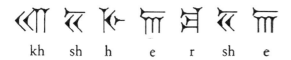

다리우스를 darheush(다레우쉬)로

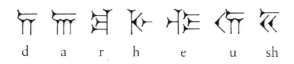

로 쓰고 있었다.

또한 아베스타어로 왕의 호칭은 khshehioh(크스히오)라고 했다. 이렇게 아베스타어에서 나타난 왕 이름을 표기하는 데에 알맞은 쐐기문자의 음가를 찾아냈다.

그의 노력은 인정되지만 이 쐐기문자를 알파벳으로 생각했기 때문에 그가 판독했던 왕의 이름들에 대해서 후에 수정이 불가피했다. 이후의 공적으로 아시리아 새김글에서 아시리아왕인 네부차드네짜르(Nebuchadnezzar)의 이름을 찾아내기도 했다. 그러나 이러한 훌륭한 업적에 불구하고 그는 전문적인 학자가 아니고 대학교수가 아니라는 이유로 인정받지 못했다.

그의 발견을 요약하면 다음과 같다.

첫째, 베히스툰 새김글은 세 가지 다른 형태의 쐐기문자로 새겨졌고, 그 중에 하나를 해독하면 그것이 나머지 해독의 열쇠가 될 것이다.

둘째, 페르시아어의 새김글은 음절문자가 아니라 알파벳이다.

셋째, 글은 왼쪽에서 오른쪽으로 쓰였음이 분명하다.

넷째, 알파벳은 장, 단모음의 철자를 가진 40개 정도의 철자로 구성되어 있다.

다섯째, 페르세폴리스의 새김글은 젠드어(Zend)(잘못 알고 있었음)로 기록되어 있고, 아케메니드왕조 때일 것이다.

여섯째, 쐐기문자에서 자주 사용된 고정된 형식의 단어는 페르시아왕을 지칭한 것이다.

일곱째, 새김글 중에 두 개의 고정된 형식은 다음과 같을 것이다.

a) X king, great king of king, son of Y king

b) Y king, great king of king, son of Z

여덟째, 두 새김글의 고정된 형식은 관련된 사람을 밝혀내는데 정말 좋은 실마리를 제공했다. 그래서 X는 페르시아왕이었고, 그의 아버지 역시 페르시아왕이었으나, 그의 할아버지는 왕이 아니었다는 실마리를 제공했다.

아홉째, 앞에서 추측한 대로 그로테펜트는 X는 Xerxes, Y는 Darius, Z는 Hystaspes라고 추측했다. 그로테펜트가 결론내린 과정은 대단히 훌륭했다. 페르시아 새김글의 해독에 필요한 기초가 놓여졌기 때문에 다음의 해독가들은 그로테펜트가 해 놓은 발판을 이용해서 좋은 해독을 할 것이다.

열 번째, 독일인 라스크(Rasmus Rask: 1787-1832)는 그로테펜트의 연구를 이어갔는데 그는 고대 페르시아어에서 복수어미(plural ending)를 발견했다.

열한 번째, 프랑스인 유젠느 뷔르누프(Eugene Burnouf: 1801-1852)는 낙쉬루스탐(Naksh-i-Rustam)에서 페르시아 지역 이름 목록을 연구하면서 선행연구가들이 연구해왔던 음가들을 추인하고 확정지었다.

열두 번째, 독일인 라센(Christian Lassen: 1800-1876)은 같은 이름 목록을 연구했으며 페르시아어의 6-8개 기호의 음가를 찾아냈다고 주장했다. 그가 발견한 것은 페르시아철자가 전적으로 알파벳철자가 아니고 적어도 부분적으로 음절문자가 있다는 것이었다. 예를 들면 b 철자는 알파벳의 성격을 가졌지만 한편으로는 음절문자의 성격인 ba, bi, bu의 성격도 가졌다고 주장했다. 또한 그의 주장을 예로 들어보면 a 철자는 단어의 시작에서, 자음 앞에서, 다른 모음 앞에서만 사용되고 그 이외의 경우에서는 자음 속에 포함되는 것이라고 했다. 그는 그로테펜트의 텍스트 1 새김글의 두 번째 줄에서 기호가 V Z R K는 Va-Za-Ra-Ka로 읽어야 된다는 사실을 발견했다. 이것은 아주 중요한 발견이었다. 그의 이러한 해독이 난해한 텍스트 연구에 획기적인 공헌을 했다. 그러나 이들의 연구는 제대로 평가받지 못했고 회의적인 비판을 많이 받았다.

7) 로린슨의 계속된 연구

위에 언급한 사람들의 연구를 밑바탕으로 로린슨은 계속 판독을 해 나갔다. 앞선 연구가들은 거의 대부분 페르세폴리스에 새겨진 새김글과 같은 짧은 몇 자를 연구했고, 고유명사인 왕의 이름에 관심을 집중했다. 그래서 로린슨은 보다 긴 문장과 일반 명사 표기에 관심을 두고 베히스툰의 긴 문장 판독에 더욱 매진했다.

쐐기문자가 마지막으로 새겨진 것이 서기 75년이었고 그 이후 1835년에 로린슨에 의해 다시 세상에 밝혀졌다. 페르시아 쐐기문자의 특징은 쐐기문자 중에서 가장 단순화되었고, 가장 최근의 것이며, 36개의 철자로 구성되어 있고, 그 중 거의 대부분이 알파벳이고 또한 음절문자로도 사용되며 하나의 단어분리표시와 4개의 표의문자로 구성되어있다는 것이다. 이 글을 사용한 시기는 기원전 550년에서 330년 사이이다.

그 당시 서유럽에서는 이란의 옛 수도인 페르세폴리스 새김글의 세 번째 바빌로니아어 새김글에 관심이 고조되어 있었다. 니네베와 바빌론 지역에서 발굴되어 유럽에 들어간 흙 벽돌, 흙 평판, 흙 원판 등에 새겨진 글자와 언어가 바로 이 바빌로니아어가 쓰인 쐐기문자인 것으로 밝혀졌기 때문이다. 1850년경까지 서유럽인들은 아시리아 지역의 유물을 많이 확보했고 또한 발굴했다. 이 유물과 새김글 판에 새겨져 있는 것이 페르세폴리스와 베히스툰의 새김글과 똑같은 글자와 언어였다. 이 언어는 셈 언어의 초기 과정이었기에 단순화되어 있었다.

그래서 어떤 글자, 어떤 언어인지는 어느 정도 밝혀졌지만 이 글자가 알파벳으로 되어 있지 않았고, 표의문자와 음절문자가 섞여서 기록되어 있었기에 판독이 상당히 어려웠으며 복잡했다.

1851년에 로린슨은 베히스툰의 3개 언어 중에 바빌로니아어의 원본, 음역 및 번역 등의 연구내용을 출판했다. 이 책이 쐐기문자 판독업적 중에서 큰 기둥이 되고 있다.

로린슨은 그로테펜트가 연구했던 것과 같은 짧은 문장을 직접 베히스툰의 북쪽 지역인 엘웬드 산(Mount Elwend)에서 발굴된 새김글에서 보았기 때문에 고유명사를 포함한 보다 긴 문장의 해독을 위해서 베히스툰의 새김글에 몰두하게 되었다. 짧은 새김글이나 긴 새김글이나 다 같이 쐐기문자로, 세 개의 다른 언어로 새겨진 것들이었다.

베히스툰의 두 번째 부분 엘람어 해독은 바빌로니아어의 해독에 진전이 있었기 때문에 별 어려움 없이 진행되었다. 왜냐하면 엘람어 판독에서 바빌로니아어가 기본이 된 것은 음절표(Syllabary)를 사용했기 때문이었다. 아케메니드왕조 시대에 사용된 엘람어는 123개의 다른 기호를 사용했는데 이것은 알파벳으로 기록된 것이 아니고 음절문자로 기록된 것이다. 이렇게 다른 음절기호도 고대 페르시아어에서 사용된 고유명사와 엘람어에 사용된 고유명사를 비교해 가면서 하나씩 밝혀냈다.

엘람어 판독은 덴마크인 웨스트가드(Neils Ludvig Westergaard)가 1844년에 처음 시작하였다. 같은 텍스트와 단어가 3가지 새김글의 쐐기문자에서 반복되는 것이 엘람어 판독에 중요한 실마리였다. 왜냐하면 현대 언어에서 어떤 도움도 받을 수 없는 환경이었기 때문이었다. 그 다음의 공로자는 영국인 에드윈 노리스(Edwin Norris)였다. 이들은 로린슨이 베낀 쐐기문자를 보고 엘람어글자 131개를 판독하여 옛날의 엘람어를 읽을 수 있게 만들었다. 이 엘람어는 죽은 언어이기 때문에 어떤 언어와 관계있는지를 밝혀낼 수 없다.

1855년에 로린슨은 자신이 베낀 베히스툰 새김글의 엘람어를 연구하고 음절기호를 하나씩 밝혀내면서 자세히 기록했던 노트를 왕립아시아학회의 총무였던 노리스에게 주었다. 노리스는 그 노트를 참고하여 엘람어를 음역하고 번역하여 책으로 출판했다. 이 책은 엘람어 연구의 고전으로 중요한 위치에 놓이게 되었다.

<엘람어의 한 구절>

[출처: ancientscripts.com/elamite.html]

엘람어 쐐기문자의 조직은 96개의 음절기호와 16개의 뜻글자, 그리고 5개의 한정사로 구성되어 있는 것으로 밝혀졌다. 엘람어 철자를 밝혀내는 데는 성공했지만 아직도 몇몇 단어는 확실하지 않다.

로린슨은 힝크스의 도움을 받으면서 바빌로니아어 판독에 집중했다. 그는 베히스툰의 바빌로니아 새김글을 해독하다가 새로운 사실을 발견했다. 즉 아시리아인이나 바빌로니아인 같은 셈족인들이 쐐기문자를 처음 만든 것이 아니고 다른 민족이 이미 만들어 사용하던 글자를 도입해 사용했던 증거를 밝혀냈다.

로린슨은 1850년 초부터 아시리아와 바빌로니아 지역의 셈족이 처음 쐐기문자를 만들었다는 것에 의심을 하기 시작했다. 그 이유는 셈 언어에서 항상 변치 않는 요소는 자음이고, 모음은 상황에 따라 변화는 요소인데, 이 쐐기문자에는 모음도 자음만큼 변치 않는 글자로 음절구조가 만들어져 있었기 때문이다. 만약 셈족이 글자를 만들었다면 셈 단어 철자의 음절 음가를 추적할 수 있어야 된다. 그러나 이 글자는 그렇지가 않았다. 셈어에서는 찾을 수 없는 단어나 요소가 있었다. 그래서 힝크스는 이 쐐기문자가 메소포타미아에 거주했던 셈족 이전의 비셈계 민족의 발명품이라고 추측하게 되었다.

1855년에 아카드어와 아시리아어 전문가인 힝크스의 도움을 받은 로린슨은 왕립아시아학회지에 발표한 논문에서 바빌로니아 남부 지역인 니푸르(Nippur), 라르사(Larsa), 에레크(Erech) 등에서 나온 흙 벽돌과 흙 평판에서 비셈계 민족의 새김글을 발견했다고 발표했다. 로린슨은 힝크스와 같이 판독해야 될 바빌로니아어가 분명히 히브리어와 아람어 등 다른 셈어와 서로 연관이 있는 것으로 생각했다. 그래서 로린슨은 ba, bi, bu, ab, ub와 같은 것은 셈어에서 항상 일어나는 자음 b의 다른 표현에 불과한 것으로 생각했다. 그런데 이런 이론을 아카드어의 쐐기문자에 대입해 본 결과, 셈어와 의미적으로 크게 다르다는 것을 발견했다. 뜻을 구별해 주는 것은 자음뿐만 아니라 모음도 작용하고 있다는 사실을 발견했다. 즉 쐐기문자로 표기된 아카드어는 셈어와 다른 언어군에 속하는 언어이고, 또한 아카드어는 소리글자로만 구성된 것이 아니고 뜻글자도 사용되고 있다는 사실도 찾아냈다.

1856년에 힝크스는 새로운 언어형태는 첨가어로 되어 있으며, 니네베에서 발굴되어 대영박물관에 보관된 자료에서 쐐기문자가 이중언어에 사용된 첫 예를 찾아 제시했다. 이 새로운 언어의 이름을 처음에는 스키타이어나 아카드어로 명명했는데, 이 아카드어 이름은 바로 아시리아와 바빌로니아 지역에서 사용된 셈어에 해당되는 이름을 일시적으로 붙여 놓은 것에 불과했다.

1869년에 프랑스 동양학자 오페르트(Jules Oppert)는 'King of Sumer and Accad'라는 이름에 기초하여 셈 민족이 거주한 땅에서 사용된 아카드어(Accad)를 올바르게 표현하자면 쐐기문자를 발명한 비셈계 민족이 사용한 언어를 수메르어로 불러야한다고 주장했다. 이러한 오페르트의 주장을 아시리아 연구자들이 따르지 않았고, 수 년 동안 수메르어를 아카드어로 불렀다.

로린슨은 바빌로니아어의 쐐기문자를 어떻게 판독해 내었는지에 대해서 체계적으로 또는 명시적으로 밝힌 것이 없기 때문에 그의 메모노트를 부분적으로 참고해야 한다.

8) 로린슨은 쐐기문자가 음절문자, 표의문자의 혼합형임을 발견

바빌로니아어를 판독해내면서 발견한 사실은 음절문자만으로 이루어진 것이 아니고 뜻글자도 있고 음절문자와 뜻글자의 혼합형도 있다는 것이다. 뜻글자의 예로, 왕을 표시하는 수메르어의 기호는 루갈(LUGAL)인데 바빌로니아 단어로 쉬루(šarru)이고, 땅을 뜻하는 수메르어의 기호가 쿠르(KUR)인데 바빌로니아어 단어는 마투(mātu)다. 이때 복수 표현으로 수메르어에서는 단어를 반복하거나(KUR KUR), 복수표시(MEŠ)를 첨가하기도 했다. 수메르어와 바빌로니아어가 혼합어로 구성된 예인 갈 우(GAL-ú)에서 수메르어 갈(GAL)은 바빌로니아어 라부(rabû)의 우(û)로 읽을 수 있는 것을 갈(GAL)에 음성표현의 보어로 붙여서 갈 우(GAL-ú)로 만들었던 것이다. 로린슨은 이런 사항들을 처음에는 전혀 몰랐지만 연구를 계속 하면서 찾아냈다. 로린슨은 바빌로니아어가 히브리어, 아람어 등과 같은 셈어족의 언어이므로 규칙적인 모음표시 없이 자음만으로 사용되는 언어로 알고 있었기 때문이다.

그 뒤에 밝혀진 사실에서 수메르어는 모음 a, e, i, u의 4개의 모음이 있었고, 반모음 w, y 2개가 있었다. 자음은 b, d, g, k, l, m, n, p, r, s, t, z, ḫ(경음:hard), ḡ(비음), š(ʃ음) 15개가 있었다. 또한 기호가 뜻하는 사물에 대한 구체적인 범주를 알려주는 표시를 했는데, 예를 들면 접두사로 나무 종류는 giš, 돌 종류는 na, 청동은 urudu, 도시는 uru, 접미사로 새 종류는 mušen, 물고기는 ku로 나타내었다. 이러한 수메르어의 음운구조를 어느 정도 염두에 두고 만들어진 쐐기문자가 완전히 다른 셈어계인 아카드어표기에 적용되면서 여러 가지 보조수단이 생겼기 때문에 쐐기문자를 판독하기가 더욱 복잡하고 난해했다. 수메르국가를 침입한 아카드인이 사용한 아카드어에는 고대 아카드어, 바빌로니아어, 아시리아어 등 세 가지의 방언이 있었다. 이 세 가지 방언을 표기한 쐐기문자는 약간의 정도 차이가 있을 뿐 거의 같은 수준이었다. 이들의 방언 특징은 기본적인 3개의 자음구조(예: prs 등)를 기본으로 하는 단어가 사용되고 있었다. 따라서 쐐기문자 하나하나의 글자가 아카드어 단어의 의미를 전혀 전할 수 없었다. 이에 대한 해결책으로 단어 전체를 쐐기문자가 다 발음할 수 있도록 음절로 써야 했다. 아카드어는 수메르어와 같이 4개의 모음을 쓰고 있었다. 반모음 w와 y도 같이 사용했다. 자음으로는 b, d, g, k, l, m, n, p, q, r, s, t, z, ḫ, ṣ, ś, š, ṭ, ʼ(성문폐쇄음)의 19개였다. 수메르어의 g̃(비음)은 쓰지 않고 대신 g로 사용됐다. 아카드어는 수메르어의 영향으로 ḫ(경음)만을 가지고 있다. 아카드어는 원래 3개의 치찰음 s, ś, š가 있었으나 수메르어의 영향으로 ś음은 없어졌다. 수메르어에 없는 발음인 3개의 강세 음 ṣ, ṭ와 q, ʼ(성문폐쇄음)와 p음은 아카드어에 사용되고 있었다. 결과적으로 수메르어 표기글자는 아카드어를 기록하는 데 이상적인 글자가 아니었다. b와 p의 차이점, g, k, q의 차이점 등이 철자에 일관성 있게 표시되지 않았다.

수메르글자를 받아들인 셈족의 아카드 서자생들은 아카드어를 쐐기문자로 기록하면서 그 철자에 필요한 음가를 보충했던 것이다. 따라서 어원이 다른 음을 동음화 또는 다음화시키는 등의 현상이 크게 증가했다. 아카드 서자생이 수메르글자 기호를 이용해서 아카드 단어를 기록한 예로, 아카드 단어 rabū(양)를 수메르 표기 udu-meš(양)로 표기했다. 수메르 기호와 아카드 기호를 혼합하여 사용한 예는 수메르 gal(위대한)과 아카드 rabū(위대한)에서 혼합형 gal-u형을 쓴 것이다. 수메르글자 á(손)는 아카드어 idu(손)에 해당한다. 이때에 철자는 음절 id, it, ed, et을 나타내고 있다. 그래서 기원전 3000년경에 쐐기문자의 수는 약 600개 정도였고, 이용할 음가의 수는 훨씬 더 많았다. 그러나 큰 혼란은 없었던 것 같았다. 그 이유는 글자를 올바로 읽고 이해하는데 문맥이 도움을 주었고, 앞에 오는 철자와 뒤에 오는 철자를 파악해서 정보를 얻을 수 있었기 때문이다. 수메르어는 기원전 18세기까지 구어로 사용되지는 않았고, 대신 아카드어가 등장했지만 서자생들은 속기의 기본 형태로, 기념비의 새김어로,

수메르 단어목록과 문학작품을 쓸 때에는 수메르어를 사용했던 것이다.

기원전 2334년에 사르곤 1세(Sargon)가 아카드왕조를 열어 수메르를 점령 통치하면서 수메르어 대신에 아카드어를 사용하였다. 이 당시에 쓰인 언어를 고대 바빌로니아어라고 했다. 그 뒤 기원전 2200년에 아카드가 약해지고 수메르가 다시 정권을 잡자 수메르어가 부활되어 행정부의 공식어가 되었다. 이후 수천 년 동안 그 다음의 왕들은 그들 스스로 수메르와 아카드의 왕으로 불렸다. 우르(Ur) 제3왕조 시대에 귀족계급이 크게 성장했고, 많은 행정서류를 많이 남겼는데 이러한 것들은 흙 평판의 발굴에서 거의 빠지지 않고 나온다. 기원전 2004년경에 우르왕조의 몰락으로 인하여 바빌로니아인의 손으로 넘어가 이신(Isin), 라르사(Larsa), 바빌론의 왕조가 차례로 들어서면서 다시는 수메르어가 회복되지 않았다. 기원전 1900년에 라르사왕조의 시작과 함께 수메르어도 힘을 크게 잃었고, 대신 아카드어가 항구적인 득세를 하게 되었다.

기원전 2004년에서 1595년까지는 고대 바빌로니아어 시대이다. 이때의 언어는 고대 바빌로니아어이다. 바빌론의 왕조 때 함무라비왕(Hammurapi)이 수메르와 아카드를 지배하고 있었다. 이신왕조의 첫 왕조인 카사트(Kassite)왕조와 두 번째 왕조 때가 중기 바빌로니아어 시대이다. 이 시기에 쓰인 국제교류편지가 이집트 엘아마르나(E-Amarna)에서 발견됐는데 대부분 바빌로니아어로 기록되어 있었다. 많은 흙 평판에 쓰인 기록으로 보면 중기 바빌로니아어는 고대 바빌로니아어의 형태 및 글자와 아주 유사했다. 기원전 1000년에 쓰인 바빌로니아어는 매우 독특해서 그 용어해석에 많은 문제가 있다. 그래서 기원전 1000년에서 기원전 625년 찰디언(Chaldean)왕조 초까지의 평판에 쓰인 것을 신바빌로니아어로 생각하기도 하고, 그 이후의 모든 평판기록을 후기 바빌로니아어로 여기기도 한다. 혹은 기원전 539년에 페르시아왕 키루스(Cyrus)가 쳐들어와 바빌로니아 찰디언왕조를 패배시킨 이후부터 후기 바빌로니아어 시대로 보는 경향도 있다. 기원전 559년부터 331년까지는 페르시아의 점령으로 메소포타미아 지역이 아케메니드왕조의 지배하에 들어갔다.

기원전 336년부터 알렉산더대왕(Alexander the Great)의 침입으로 아케메니드왕조가 몰락한 이후, 쐐기문자의 사용은 점점 축소되면서 아람문자(Aramaic)로 대치되어갔다. 아람문자는 기원전 40년까지 법적, 문학적 글자로서 유지되었다.

쐐기문자의 기원에서부터 발전양상을 살펴보면 우선 그림문자에서 시작됐다는 것은 모두가 아는 사실이다. 그림문자에서 뜻글자로 전환되고 또한 뜻글자에서 음절문자로 전환됐던 것이다. 우루크(Uruk, 현재 이라크의 와르카)와 젬데트 나슬(Jemdet Nasr)에서 발굴된 평판 글은 모두 뜻글자이지만, 이때에 그림문자에서 선형글자나, 쐐기문자로 움직임이 분명히 나타나고 있었다.

9) 그림에서 문자 전환의 예시

다음은 그림에서 문자로 전환되는 각각의 과정을 상세하게 전하고 있다. 이처럼 그림에서 글자로 전환하는 과정을 알 수 있는 글자는 역사상에서 없다.

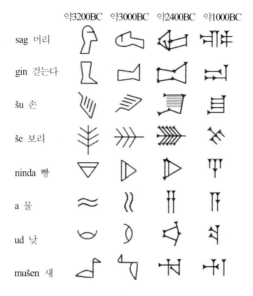

음절문자는 초기 우르왕조 시대(약 기원전 2800년)의 텍스트에서 나왔다. 이 텍스트에서 순수한 음절 요소와 문법 요소의 사용을 확인할 수 있었다. 수메르어를 표기하는 쐐기문자에서 음절을 사용한 것을 확인할 수 있다. 문제는 언어학자들이 수메르어에서 찾아낸 모든 음들이 쐐기문자에 완벽하게 적용되지 않기 때문에 쐐기문자는 다른 민족에 의해서 개조된 것이 아닌가 생각한 것이다. 그래서 쐐기문자는 그 기원이 확실하지는 않지만 동쪽 산맥으로부터 침략해 온 사람들의 것으로 생각해 왔다.

쐐기문자는 글자의 근원적인 특징을 3000년간 지니고 있었다. 그 특징을 보면 하나의 음을 여러 기호로 표기하는 동음화(homophony) 현상이 있고, 또한 여러 가지 음을 하나의 기호가 표기하는 다음화(polyphony) 현상도 있다.

동음화 현상은 한 음가가 여러 가지 형태를 가진 것을 말하는데 이것은 그리스어(*homos* 'same', *phonè* 'sound')에서 나온 것이다.

동음화 현상의 예를 보면 다음과 같다.

ni

ní

nì

ni₄

ni₅

다음화 현상은 하나의 철자가 여러 음가를 나타내거나 한 철자가 다음절을 나타내는 현상을 말한다. 이 말은 그리스어(polus, 'many', *phonè* 'sound')에서 유래한다. 예를 보면 다음과 같다.

ni, né, lí, lé, ì, zal

i-lí = *ili*, the genitive of *ilu* 'god', or *ilï* (long i, not indicated in the writing) genitive plural '(of the) gods'

동음화의 예를 들면 수메르어로 '황소'를 나타내는 음절은 gu인데 '실'을 표현하는 음절도 gu이다. 실제로 gu 음절을 다르게 표기하는 방법은 14개나 된다. 다음화의 예로 '입'을 의미하는 것은 기호표기 ka인데 ka가 '고함'을 의미할때는 그 음은 gu이다. 이러한 다음화 현상은 기호 표기와 의미는 같지만 음이 다르다. 하나의 음이지만 여러 가지 글자를 가진 동음화와 하나의 글자가 여러 가지 음가를 가지는 다음화 현상이 쐐기문자의 근본 특징이기 때문에 이것을 이해하면서 쐐기문자를 판독을 해야 한다는 것이 처음에 얼마나 어려웠던 일이었는가를 가늠할 수 있다.

수메르왕조에 대해 기록된 역사를 알게 된 것은 기원전 약 2600년에 키쉬(Kish)의 왕인 엔메바라게시(Enmebaragesi)가 자신의 업적을 새긴 새김글(이라크박물관 소재)이 발견되었기 때문이다. 이와 동시대에 수메르의 홍수의 영웅 지우수드라(Ziusudra)의 고향으로 알려진 쉬루팍(Shuruppak)에서 나온 흙 평판에 쓰인 새김글을 보면 수메르 쐐기문자 모양새가 점진적으로 발전되었고 용법상의 융통성도 있음을 알 수 있다. 우루크의 루갈자게시(Lugalzagesi)왕 시대 말까지 수메르인이 지배하다가 그 뒤에 셈족의 아카드왕 사르곤에 의해 점령당하면서 수메르 초기 제3대 왕조의 치세도 끝이 났다. 강력한 사르곤왕의 치하에서 정치적, 언어적인 면이 크게 변하였다. 수메르인이 통치하는 시대에서 셈족의 통치 시대로 전환되면서, 수메르인이 사용하던 쐐기문자를 계속하여 사용했지만 보충적 변화는 불가피했을 것이다. 우랄 알타이어족의 수메르어가 셈어족의 아카드어를 받아들이면서 공식 언어가 바뀌었기 때문에 여러 가지 문제가 발생했을 것이다.

글 쓰는 문제도 그 중의 하나였다. 글자새김의 방향이 바뀌는 일이 생겨났다. 글자의 새김은 정사각형이나 직사각형 내에서 배열되었다. 글자를 새기는 평판이 우루크와 젬데트 나슬 텍스트에서는 가로보다는 세로가 더 넓은 편이었다. 직사각형의 가로줄에서 글자가 오른쪽에서 왼쪽으로 배열되었고 한 줄이 다 차면 그 밑에 다음 줄이 시작되었다. 앞면을 다 쓰고 나면 평판을 왼쪽에서 오른쪽으로 넘겨 뒷면에서 같은 방법으로 시작하지만 밑에서 위쪽으로 칸을 채워 갔다. 그 이후 기원전 2000년쯤의 평판은 가로보다 세로의 높이가 더 높아갔다. 또한 글자새김에서 긴 줄에서 글씨 쓰는 방향이 바뀌어서 왼쪽에서 오른쪽으로 새겨나갔던 것이다. 그 당시에 대부분의 평판은 세로 한 단으로만 글자가 새겨져 있었다. 글자새김 방향에 변화가 일어난 때는 아마도 젬데트 나슬 시대의 초기일 것이다. 변화가 일어난 이유에 대해서는 정확히 알 수 없다. 새김방향은 아주 사소한 문제이지만 글자를 쓰는 방향이 변화한 것에 대한 논쟁은 많이 제기되어 왔다. 기원전 2000년 중반까지 대부분의 돌 기념비나 둥근 도장에 새긴 글은 옛날 방식대로 오른쪽에서 왼쪽 방향이었다. 함무라비법전 새김글을 읽을 때에도 오른쪽의 위 모서리에서 아래로 읽도록 새겨져 있다. 고대 아카드어 시대는 쐐기문자 머리가 위로 오던가 아니면 좌측에만 오고 있다. 쐐기문자를 새기던 당시에 어느 방향으로 글을 새기느냐는 문제는 별로 중요하지 않았을지도 모른다. 그 이유가 무엇이든 간에 우르 3왕조 시대와 고대 바빌로니아 시대에서 기념비에 새겨진 쐐기글자의 방향은 왼쪽에서 오른쪽 방향이 익숙한 글씨본이었다.

10) 쐐기문자 판독의 공식 선언

로린슨은 어떻게 본인이 쐐기문자 판독에 성공했는지에 대한 설명을 하지도 않았다. 가장 눈에 띄는 업적은 1851년에 로린슨이 베히스툰의 바빌로니아어 새김글에 대해 음역, 번역 및 전 텍스트를 출판한 것이다. 로린슨과 힝크스 등이 연구하여 베히스툰의 쐐기문자를 전부 해독했으나 이에 대한 여러 가지 다른 의견들이 제시되면서 국제적으로 큰 논쟁이 되었다. 그러자 영국의 동양학자 윌리암 헨리 폭스 탈버트(William Henry Fox Talbot)가 왕립아시아학회 회장에게 1953년에 라쌈(Rassam)이 고대 아시리아의 수도인 앗수르를 발굴할 때 진흙으로 만든 팔각원통(Sylinder)을 발견했는데 거기에 아시리아왕 티그라트 필레세르(Tiglath Pileser) 1세(기원전 1120-1074)의 업적을 아카드어로 새긴 쐐기문자를 번역해서 문제를 해결짓자고 제안했다.

<아시리아의 티글리트 필레세르 1세(BC.1120-1074) 업적을 새긴 점토판 쐐기문자(로빈슨. p.78)>

그래서 탈버트는 본인도 번역본을 보내면서 로린슨, 힝크스 및 오페르트 등에게도 같은 것을 번역하게 하여 네 개의 번역본을 공개 검토하자고 제안했다. 이 제안이 받아들여지면서 번역이 들어있는 네 개의 봉투를 두 명의 시험관이 1857년 5월 29일에 일반에게 공개하였다. 판독 경험의 부족으로 탈버트의 해독본에는 많은 실수가 있었고, 오페르트도 영어가 미숙한 탓으로 상당한 부분 잘못 번역했다. 그러나 로린슨과 힝크스의 번역은 거의 완벽하고 또한 같은 것으로 판명이 났다. 그래서 이 날을 아카디아 쐐기문자 판독의 날로 정하게 되었다.

수메르인의 존재를 확인한 후 수십 년 동안 수메르어 해독 연구에 기본이 되었는 자료는 니네베에서 1842년 보타(Paul Emile Botta)가 발견한 아쉬르바니팔(Ashurbanibal=아시리아 최후의 왕이면서 도서관을 건립함) 도서관 서고에서 나온 것이었다. 이 자료는 기원전 7세기의 것이었다. 1877년 수메르어가 사용된 지역에 첫발굴이 시작되었다. 그 해에 프랑스 드 사르젝(De Sarzec) 지도하에 수메르의 도시 라가쉬(Lagash)에서 중요한 수메르 기념비가 발굴되었다. 그 다음에 미국의 펜실베니아 대학교의 발굴단이 이라크 지역인 니프르(Nippur)를 발굴하여 계약서, 영수증, 재판 결정문, 법적행정서류, 수메르어 사전, 문법책 등 30만점의 유물을 얻었다. 이 발굴에서 수메르의 나라와 국민에 관한 많은 정보를 얻을 수 있었다.

티그리스와 유프라테스 강 사이에 길고도 좁은 곳의 이름이 그리스어로 메소포타미아인데 이 곳에서 인류 최초 문명의 움이 동트고 있었다. 이때가 기원전 4500년이었다. 역사가 시작되었을 때에 우랄 알타이어족(Mason:p.229)인 몽고족이 거주했다고 하는데 이들은 아마도 메디아에서 왔을 것이고, 아라라트 산(Mt. Ararat)과 카스피해 지역에서 출발했을 것으로 짐작하고 있다. 그들이 새긴 글에 따르면 이 몽고족은 보다 더 이른 시기에 이곳에 먼저 거주하던 흑인(dark-faced people)을 몰아내고 나라를 세운 것을 알 수 있다. 그 흑인이 어디서 왔는지에 대해서 알 수 있는 기록이나 증거는 없다. 이 몽고족은 두 지역으로 갈라져서 일부는 아카드(Akkad=mountain뜻) 계곡 북부에 거주했고 이들의 언어를 아카드어(Akkadian)라고 했다. 또 다른 몽고족의 일부는 수메르(Sumer=Sumir)라는 남쪽 지역에 거주했는데 그들을 수메르족(Sumerian)이라 하고 그들의 언어를 수메르어(Sumerian)라 했다. 그래서 아카드어와 수메르어는 다 한 언어의 방언에 속한 것이다. 이 지역은 역사가 시작될 쯤부터 셈족의 점령하에 놓이게 되었다.

이 지역에서 나오는 기념비나 기록물은 쐐기문자로 기록된 것이며 대부분은 흙 평판이다. 물론 글 쓰는 재료로 기념비나 송덕새김글에 돌, 상아, 금속, 유리 및 돌 등이 쓰였겠지만 쐐기문자의 대부분은 흙 평판이 표준이었다. 그 이유로 메소포타미아에서 제일 쉽게 구할 수 있는 것이 흙이었고, 돌 같은 것은 북쪽 지역에나 가서야 겨우 구할 정도로 주변에 거의 없었다.

2 장-프랑수아 샹폴리옹(Jean-François Champollion: 1790-1832)

1) 샹폴리옹의 인생

<샹폴리옹의 초상화>
(대영백과사전에서)

그는 1790년 12월 23일 프랑스 남부 피지악크(Figeac)에서 7남매의 막내이자 서점상의 아들로 태어났다. 어릴 때 책방에서 놀면서 자연적으로 책을 많이 접할 수 있었으나 1790년 프랑스 혁명 중에 태어나서 초등학교도 다니지 못했다. 독학으로 그리스어와 라틴어를 익혔고, 아홉 살 때에는 호머와 베르길리우스의 책을 독파했다. 샹폴리옹은 특히 언어에 특별한 재능을 보였다. 12살 위의 형인 쟈크(Jacques-Joseph)는 학구파여서 동생에게 공부를 가르쳐 주었다. 쟈크가 인근 그르노블(Grenoble) 도서관의 사서로 취직이 되자 동생을 데려와서 직접 공부를 가르쳤다. 샹폴리옹은 11살 때인 1801년에 그르노블의 사립학교에 입학을 했다. 그 해에 지역의 유명인사이면서 수학자인 푸리에(Jean-Joseph Fourier)가 그르노블이 속한 지방의 책임자로 부임했는데, 샹폴리옹이 다니는 학교를 방문했다가 어학 실력이 아주 뛰어나다는 소문을 듣고 샹폴리옹을 만나게 되었다. 푸리에는 샹폴리옹을 집으로 초대하여 나폴레옹을 따라 이집트에 원정가서 수집한 이집트의 상형문자가 적힌 파피루스, 유물과 골동품 등을 보여주었다. 샹폴리옹은 로제타돌의 복사본을 보자 그때까지 해독되지 못한 글자를 해독하고자하는 마음을 갖게 되었다. 이것이 샹폴리옹이 상형문자 판독에 몰입하는 계기가 되었다. 그때까지 해독되지 않은 이 신비스러운 그림문자를 해독해 볼 결심을 하고 이를 위해서 이집트의 옛 언어인 콥트어를 비롯한 많은 중동아시아 언어를 배우고 습득해야 된다고 생각했다.

1807년 9월 1일 샹폴리옹이 17세가 되었을 때 파리국립고등학교에서 발표한 '파라오가 다스리던 때의 이집트'라는 논문에서 콥트어(Coptic)가 고대 이집트어라고 주장을 펴기도 했다. 그는 산스크리트어, 아랍어, 페르시아어, 중국어 및 콥트어 등을 공부했으며, 특히 로제타돌에 있는 상형문자 판독의 열쇠가 콥트어라고 생각했다. 이집트의 기독교도들이 사용했던 콥트어가 고대 상형문자의 요소를 갖고 있을 것으로 생각하고 있었다.

1809년에는 19세의 나이로 그르노블고등학교(Lyceum of Grenoble)의 역사교사가 되었다. 그는 그 당시 발견된 로제타돌에 새겨진 상형문자 판독에 착수하게 되었다. 처음에는 그도 다른 고고학자들처럼 상형문자가 완전히 상징기호(표의문자)라고만 생각했다. 그러다가 상형문자를 연구하는 과정에서 서서히 생각을 바꾸게 되었다. 상형문자를 연구하던 중 1814년에 고대 이집트 사람은 모음을 쓰지 않는 경우가 매우 많았던 것 같다는 의견을 제시하기도 했다. 그는 1822년부터 1824년까지 2년간 로제타돌의 상형문자 판독에 집중했다.

특히 1822년 9월 14일, 샹폴리옹은 27개 이집트왕의 이름을 해독함으로써 상형문자의 음가를 밝혀냈다. 그는 상형문자에 대한 기본원리를 1822년에 정리해서 발표했는데 상형문자는 소리글자와 비슷한 성격을 가지고 있다는 의견을 피력했다. 이때의 언어학자들은 이집트의 상형문자가 상징기호(표의문자)라고 알고 있었고, 그렇게 해독하려고 애쓰고 있었다. 5세기에 이집트의 세관인 호라폴로가 쓴 논문에 그러한 인식이 나타난다. 호라폴로(Horapollo)의 논문은 4세기 이상 지난 이후에 그리스어로 다시 쓰였을 것이라 추측된다. 이 그리스어 논문의 사본이 그리스의 어느 섬에서 발견되었다. 이렇게 1505년 출간된 '히에로그로피카(Hieroglyphica)'에서 상형문자를 한문처럼 표의문자로 해독해야한다고 주장했다. 이 주장이 약 1300년간 변하지 않고 그대로 이어져 왔다. 처음에 샹폴리옹은 호라폴로의 주장을 그대로 받아들였지만 판독을 해나가다 보니 그 주장이 잘못됐다는 것을 알게 되었다. 샹폴리옹에 비판적인 학자들은 샹폴레옹이 대영백과사전(Encyclopaedia Britannica)에 기록되어 있는 영국의 토마스 영(Thomas Young)의 의견을 읽고 나서 생각을 바꾸게 되었다고 주장했다. 그러나 샹폴리옹은 이런 주장을 부인했다. 그는 토마스 영의 업적을 뛰어넘어 상형문자에 있는 다른 이름이 소리글자를 사용하도록 쓰여 있다는 것을 보여주고자 했다.

2) 상형문자 판독(Carol Andrews(1981)의 The Rosetta Stone에서 참고)

(1) 로제타돌과 필래(Philae) 섬 자료에 의한 1차 판독

<로제타돌>

[출처: usask.ca/antiquities/Collection/Rosetta_Stone.html]

그는 로제타돌의 상형문자를 해독하려면 우선 왕의 이름에서 실마리를 찾아야 된다고 생각했다. 이미 로제타돌 그리스어 부분의 내용은 파악했다. 그것은 기원전 196년 이집트의 신관들이 멤피스에 모여 신전과 신관을 위해 애쓴 젊은 왕 프톨레미(Ptolemy) 5세인 13세의 어린 왕 에피파네스(Epiphanes)를 칭송하는 글을 채택하여 그것을 돌에 새겨 신전에 세우기로 합의한 내용이었다.

이것에서 그는 몇 가지를 가정했다. 첫째, 프톨레미왕을 칭송한 것이라면 상형문자 부분에서도 그리스글자 부분에서처럼 프톨레미왕의 이름이 반드시 나올 것이다. 프톨레미를 표기하는 기호를 찾으면 적어도 몇 가지 단서를 찾을 수 있을 것이다. 둘째, 상형문자 부분에 나오는 카로토슈(꽃모양)는 왕족을 나타내는 것으로서 왕의 이름일 것이라고 생각했다. 그리고 그는 로제타돌에 있는 카로토슈의 모양이 약간씩 변화를 가졌지만 근본적으로 같은 종류의 카로토슈일 것으로 생각했다. 카로토슈가 있는 곳은 그리스어에서 밝혀주고 있는 프톨레미왕의 이름일 것으로 추정했다. 만약에 카로토슈가 프톨레미왕의 이름을 내포하고 있다면 그 안에 있는 상형문자들은 그리스철자처럼 표음문자를 가지고 있을 것이고, 그러면 상형문자 모두는 프톨레미왕 이름의 그리스철자 형태를 가질 것으로 추측했다. 로제타돌에 있는 카로토슈는 모두 같은 상형문자만 있었기 때문에 다른 것과 비교할 수 없었다. 따라서 로제타돌에 나온 것만으로는 객관성을 확보할 수 없었다. 샹폴리옹은 자신의 의도를 반영할 수 있는 다른 카로토슈가 있는 텍스트를 찾아 이들 상형문자와 비교하고 싶었다.

마침 1821년 영국의 고고학자 반크스(W.J. Bankes)가 나일 강의 필래섬에서 발견한 첨탑(Obelisk)을 영국의 도세트(Dorset)주 킹스튼 러시(Kingston Lacy)로 옮겼는데, 이 첨탑의 기둥에는 카로토슈의 상형문자가 새겨져 있고, 밑 초석에는 그리스문자가 새겨져 있었다. 초석부분의 그리스문자에서 두 왕의 이름인 프톨레미왕과 클레오파트라(Cleopatra) 여왕의 이름이 기록되어 있고, 첨탑기둥의 상형문자부분에는 두 개의 카로토슈가 가까이 새겨져 있었다. 언뜻 보아도 이들 두 명의 이름을 상형문자로 표현한 것으로 생각할 수 있었다. 반크스는 이 상형문자 둘 중의 하나가 클레오파트라의 이름일 것이라는 메모와 함께 탁본을 샹폴리옹에게 보내주었던 것이다. 뒤에 밝혀지기로 거기에는 프톨레미 7세와 그의 여왕 클레오파트라 II세의 이름이 적혀 있었다. 그는 반크스가 보내준 상형문자와 로제타돌에 새겨진 카로토슈에 있는 상형문자를 비교함으로써 비로소 상형문자에 대한 비밀의 문을 열게 된 것이다.

샹폴리옹이 반크스 첨탑 상형문자를 로제타돌 상형문자와 비교했을 때에 반크스의 첨탑에 있는 두 개 중의 하나가 로제타돌에 나온 상형문자와 거의 같다는 것을 알았다. 이것은 로제타돌 상형문자와 반크스의 첨탑에 있는 상형문자가 프톨레미 이름을 나타낸다는 확실한 증거였다. 로제타돌에서 가장 짧은 것은 프톨레미를 철자한 것이고 이보다 좀 더 긴 것은 왕에 대한 어떤 칭호를 덧붙인 것으로 인식했다. 그 증거는 그리스글자 부분에 나타나 있었다.

그가 클레오파트라의 상형문자라고 생각하는 반크스의 첨탑에 있는 카로토슈는 프톨레미의 상형문자의 형태와 완전히 달랐다. 여기에서 가정을 하게 된다. 만약에 상형문자들이 그리스철자처럼 표음문자의 음가로 표기되었다면, 또 반크스 첨탑에 있는 상형문자들이 프톨레미와 클레오파트라의 이름이 맞다면 표음문자의 철자를 밝혀낼 수 있을 것이라고.

그래서 그리스철자 Ptolemaios에 해당하는 상형문자를 하나하나 세분해 보면 P. 1 2 3 4 5 6 7 8 9 10 11 12 13 14로 되고, Cleopatra에 해당하는 상형문자를 세분해 보면 C. 1 2 3 4 5 6 7 8 9 10 11이 되는 형태를 비교했다.

A   Ptolemy   

B   Cleopatra

[출처: Carol Andrews(1990:17)]

<프톨레미 카로토슈>

처음 비교에서 P1과 C5는 동일했다. 이름에서 이 위치에 오는 철자는 P일 것으로 생각했고, 둘째로 P4와 C2는 이름의 위치에서 l이라 생각했다. Cleopatra에서 l이 두 번째 철자이므로 첫 번째 C1은 K(그리스 철자로 Kleopatra였다.)철자로 추측했다. C1, C2, C5의 철자음가가 Cleopatra의 카로토슈에서 밝혀졌기 때문에 상형문자 대신에 철자하면 Kl??p??????로 된다. Cleopatra의 그리스철자 l과 p 사이에 두 개의 모음 eo가 있다. 상형문자에도 두 개의 기호가 있었다. 그래서 추측으로 C3 e, C4 o를 생각해 봤다. 또한 Cleopatra의 카로토슈에서 C7이 C10으로 대체되는 것으로 생각했다. P2와 C7은 t철자를 나타내기 때문에 그리스철자에서 보면 C7과 C10은 또한 같은 것으로 추측했다. Ptolemaios 이름에서 2번째 철자가 t이고, Cleopatra 이름에서 7번째 철자가 t이므로 Cleopatra 상형문자의 C7과 C10은 동일한 음으로 생각한다. 그리스 이름 Cleopatra에서 a철자가 두 번 나온다. 위치는 C6과 C9이다. 상형문자의 기호도 같은 위치에 똑같은 형태를 가지고 있는데 그것은 a철자가 분명하다. 이렇게 해서 찾아낸 음가를 전부 배치해 본 결과는 K l e o p a t 8 a 10 11 가 된다. 10과 11의 상형문자는 이미 이전 해독가들에 의해서 여성 한정사라고 밝혀졌고, 더욱이 영국인 영(Young)은 이것이 보다 구체적으로 여신, 여왕, 공주의 이름에 붙이는 한정사라는 것을 밝힌 바가 있다. 그래서 남은 것은 C8인데 그리스철자로 K l e o p a t r a에서 r에 해당한다. 여기에서 밝혀진 음가들을 Ptolemaios의 상형문자에 적용해 보면 P t o l 5 6 7 8 9 10 t p t 13 14로 된다. 이 카로토슈는 프톨레마이오스의 카로토슈가 맞는 것 같다. 그런데 이것에는 이름 이외도 많은 상형문자가 뒤에 오는 것을 보게 된다. 프톨레마이오스를 표현하는 상형문자 중에 가장 간단한 형태를 로제타돌에서 찾아 볼 수 있다. 그것은 P t o l 5 6 7인데 이것을 복잡한 형태와 비교해보고, 또한 그리스철자 부분을 보면 반크스 첨탑에 있는 프톨레마이오스의 상형문자에는 이름 이외에 P8에서 P14까지 '프타의 사랑, 만세(living for ever, beloved of Ptah)'를 의미하는 상형문자들이 쓰여 있는 것을 알게 된다. 또한 그리스 철자 Ptolemaios에서 s철자로 끝나는 단어이다. 그래서 가장 간단한 Ptolemaios 카로토슈의 마지막 상형문자는 S음가를 가진 기호다. 그래서 P t o l 5 6 s에서 남아있는 다른 그리스철자 - maio-에 해당하는 상형문자는 P5와 P6이다. Ptolemaios의 이름에서 보면 그들의 위치는 m과 i가 포함되는 모음군이 오는 것이 분명하다. 이들의 음가를 검증하기 위해서 샹폴리옹은 다른 카로토슈에서 이미 찾아낸 철자를 적용시켜 보고자 했다. 예를 들면 샹폴리옹 이전에 드 사시(de Sacy)는 알렉산더왕의 상형문자를 판독해 냈고, 커쳐(Kircher)는 로마 황제의 명칭인 아우토크라토르(Autocrator)왕의 상형문자를 각각 판독했는데 거기에서 이미 밝혀진 철자를 대입해 보면 커쳐의 예에서 Autocrator의 상형문자 A: 1 2 3 4 5 6 7에서 A ? t k r t r의 ?만 모르고 다른 상형문자는 판독할 수 있었다. 이것은 분명히 그리스명칭 Autocrator인 것이 분명했다. 그러면 모르는 A2는 u모음이 분명하다. 이런 검증으로 모음 찾기를 해 나갔던 것이다. 또한 드 사시의 알렉산더(Alexander)의 판독에서 그때까지의 상형문자 판독 음가를 대입하면 A 1 2 3 4 5 6 7 8 9가 A :A l 3 s e 6 t r 9가 된다. 그런데 A6은 이미 영국인 영에 의해서 판독되었던 Berenike이름에서 N철자로 나타나고 있었다. 그리고 A9는 Caesar의 그리스 철자형인 Kaisaros의 상형문자에서 마지막 철자 S의 음을 나타내고 있었다. 상형문자에 쓰인 Cleopatra의 변형된 형태를 나타내고 있는 카로토슈는 A3의 형태로 시작되는 경우도 있었는데 그렇다면 그 A3의 음가는 k임에 틀림없다. 이렇게 밝혀진 음가들을 다시 써 보면 결과는 A: A l k s e n t r s가 된다. 이것은 분명히 Alexander의 그리스 형태인 Alexandros 이름을 나타내는 것이 분명해진다. 이렇게 민용문자나 상형문자에서 이집트인이 아닌 외국의 인명은 알파벳으로 철자되었다는 인식을 하고 해독해 나갔다.

그 다음으로 프톨레미왕 카로토슈에 있던 왕을 높이 부른 형용어인 '프타 사랑, 만세'에 대한 판독을 해야 된다. 콥트어에서 'life'나 'living'을 뜻하는 단어 표기는 onkh인데 이것은 고대 이집트어 단어인 ankh(상형문자 '우'모양)에서 파생되어 나온 것으로 생각되었다. 그러므로 다음의 기호인 뱀과 함께한 형태는 'ever'를 나타낸 것으로 추측되지만 고대 이집트 단어가 살아 있지 않아서 별 도움을 주지 못했다. 그러나 그 형태의 덩어리 중에서 뱀의 모양은 그리스어로 'called' 또는 'nick-named'의 뜻을 나타내는 상형문자의 덩어리에서 나타났었다. 이것이 콥트어에서는 dj로 발음되는 철자로 시작하고 있었다. 뱀과 같이 쓴 덩어리에서 두 번째에 반원 기호는 t음가를 가지고 있는 것을 이미 알고 있기에 'ever'라는 단어는 djet의 음을 가지고 있다는 것을 추측하게 된다. 상형문자 덩어리 중에서 마지막의 기호는 한정사여서 발음이 없었다. 따라서 첫 왕을 꾸미는 말은 'living(for)ever'을 의미했다.

남아있는 4개의 상형문자 중에서 첫 번째 것은 사각모양인데 p음가를, 두 번째 것은 반원으로 t음가를 가지고 있다고 판명되었기에 신 Ptah의 첫 두 글자가 판독되었다. 그러므로 세 번째 꽈배기처럼 세워둔 모양은 h음가를 가지고 있음에 틀림없을 것이다. 이 세 개의 기호가 Ptah의 이름을 형성한다면 나머지 4번째 상형문자는 'beloved'를 나타낼 것이다. 이 4번째 상형문자의 음가에 mer를 부여하도록 앞선 해독자에게 도움을 준 것은 콥트어에서 'to love'가 mere였기 때문이다. 초기 상형문자 판독가들이 밝혀낸 음가들이 이집트글자에서 나온 그리스 이름에서만 알맞게 판독되었다고 말할 수 있다. 왜냐하면 실제로 고전 이집트 상형문자에서 손바닥을 편 모양의 상형문자는 음가가 t가 아니라 d음을 나타냈고, 비슷하게 삼각형 모양의 상형문자는 k가 아니라 q음을 나타냈던 것이다. 샹폴리옹은 초기 판독시에 보였던 잘못된 점을 알고 이후에 판독작업에서는 이러한 문제를 충분히 고치고 시정했다.

결과적으로 샹폴리옹은 로제타돌에서 나온 상형문자를 판독하는 가운데 변화된 형태들을 비교하고, 콥트어의 지식을 능란하게 이용해서 오늘날에도 사용할 수 있는 이집트 상형문자 판독의 시스템을 구축하는데 성공했다. 그는 이것을 길잡이로 하여 상형문자를 계속 판독해 나갔다. 이와 같은 비교를 해서 몇 달 후에는 80개 이상의 이름을 해독했다. 그리고 100개 이상의 상형문자의 의미를 밝혀냈다. 그렇지만 그는 여전히 상형문자가 순수한 표음문자인지 아닌지에 대한 확신을 가질 수 없었다. 판독한 고유이름들이 토마스 영의 주장대로 이집트 고유의 언어가 아니고 외국 언어이기 때문에 소리글자로 적은 특별한 경우에 해당하는 것은 아닐까하는 생각도 했다. 왜냐하면 토마스 영의 해법대로 알렉산더와 클레오파트라의 이름이 이집트 고유의 것이 아니고 외국 이름이었기 때문이다. 전통적인 이집트 어휘에도 표음문자가 적용된다는 이론을 세우고 싶었던 것이다.

(2) 이집트의 고유 자료에 의한 2차 판독

프톨레미왕조 이전의 시기에 속하는 순수한 이집트왕의 카로토슈에 나오는 새김글을 구해 왕의 이름을 조사해 보고 싶었다.

마침 1822년 이집트 나일 강 상류에 있는 누비아의 아부심벨 사원에서 나온 새김글이 유럽에 소개되자 그 사원을 지은 왕의 이름으로 표시된 상형문자를 수집하여 람세스(Ramses)왕의 이름을 밝혀내었다. 그는 상형문자와 이집트의 콥트어 사이의 관계가 기호나 은유에 기초를 두고 있지 않고 소리 언어라는 사실을 밝혀냈다.

이 카로토슈가 Ramses를 가리키고, 이것이 샹폴리옹에게 상형문자를 판독하게 한 실마리를 제공했다.

위의 예에서 그 상형문자를 판독한 과정을 보면 다음과 같다. 상형문자가 4개 있는데 이름의 끝 자 두 개의 상형문자는 이미 밝혀진 것으로 표음문자인 S-S로 이미 판독되어 알고 있었다. 그 다음 단어 처음에 나오는 것을 해결하기 위하여 그가 알고 있는 언어학적 지식을 총동원했다. 고대 이집트의 최후의 언어인 콥트어가 비록 살아있는 언어는 아니었지만 그 당시 이집트의 기독교 교회(Christian Coptic Church) 예배의식에서 형식화된 형태가 사용되고 있었다. 샹폴리옹은 10대에 콥트어를 공부했고, 유창하게 말할 수 있었기 때문에 콥트어를 그의 논문에 사용하곤 했다. 처음에는 콥트어가 상형문자를 표기한 언어라는 사실을 결코 생각해 본 적이 없었다. 첫 기호는 원모양을 하고 있어 막연히 '태양'을 가리키는 것이 아닐까라고 추측했다. 우선 콥트어에서 태양을 'Ra'로 발음하니까 그 소리 음가는 'Ra'(라) 또는 'Re'(레)일 것으로 추측했다. 모음은 표시가 안 되니 a나 e 등은 관계가 없다. 그래서 그 발음을 단어 첫머리에 두어 만들어낸 단어는 Ra(또는 e)-?-s-s가 되었다. 그리고 고대 이집트 왕 중에 R(a)?ss와 같은 이름이 있었는지 찾아보니 프톨레미 시대의 그리스 역사가인 마네토의 이집트사에서 19왕조에 람세스왕 이름이 나왔다.

람세스가 맞는다면 중간의 철자는 m이어야 했다. 또 다른 이집트 왕의 카로토슈를 찾아보니 따오기 그림과 함께 따오기-?-s로 구성되어 있어 Ra-?-s-s에서 ?에 해당하는 그림과 s에 해당하는 것이 있었는데 따오기-?-s 형태였다.

두 개의 기호는 이미 알려져 있었다. 따오기는 이집트 지혜의 신인 토트(Thoth) 신을 표기하는 상형문자였다. 그렇다면 그 이름은 토트메스(Thothmes)일 것인데 찾아보니 이것이 바로 마네트가 지적한 18왕조의 왕 이름이었다.

로제타돌에서는 상형문자 부분에 s와 함께 나오는 것이 있는데(상형문자 부분 밑에서 8번째 왼쪽 부분) 이것을 그리스문자 부분에서 'genethlia (게네틀리아)' 즉 '생일'과 연관이 있는 것에서 실마리를 잡았다. 그는 'to give birth(낳다)'의 의미를 가진 'mese'라고 발음하는 콥트어를 찾아냈다. 그 글자를 단어 중간에 일단 놓고 만들어 보니 결국 이집트 고유의 이름을 가진 왕 Rameses(Child of the Sun God의 의미)가 되었다. 이렇게 그는 순수한 이집트 왕의 카로토슈에 있는 상형문자를 밝혀내게 되었다.

뒤에 밝혀진 바로 상형문자의 음은 이중자음인 ms를 나타내는 소리글자였다. 람세스와 다른 파라오의 이름들을 판독하는데 성공하고 나서 샹폴리옹은 그 때부터 상형문자 체계 전체가 표음문자로 구성되어 있을 것이라는 종전의 생각을 바꾸게 되었다. 발음을 나타내는 문자와 뜻을 나타내는 표의문자도 함께 섞여 있다는 사실을 발견했던 것이다. 왜냐하면 로제타돌에 있는 기호를 세어보니 모두 1419개인데 이 기호 중에서 서로 다른 것이 모두 66개에 불과하다는 것을 발견하고 놀랐던 것이다. 상형문자가 순수한 의미기호였다면 66개보다 훨씬 많은 수의 기호가 있어야 된다. 그래야 각 기호가 각기 다른 단어를 표현할 수 있기 때문이다. 따라서 상형문자가 표의문자와 표음문자로 구성된 글자라는 사실을 확실히 밝혀냈던 것이고 이 상형문자들이 표현한 언어는 이집트어였다는 것을 알게 되었다. 이때 상형문자의 굳게 닫혔던 대문이 차츰 열리게 된 것이다. 그래서 상형문자는 음성기호와 의미기호가 혼재되어 있는 상태에 있다는 것을 파악한 후 샹폴리옹은 상형문자를 의미기호로도 음성기호로도 보면서 판독하는 여유를 가지게 되었다.

샹폴리옹은 람세스왕이 성경에 언급된 유명한 왕(Pharaoh) 중의 한명이었다는 것을 알았다. 그는 다른 이름 해독에도 이와 같은 방법을 적용했다. 그는 상형문자가 무슨 글자인가를 확실히 파악했던 것이다. 이집트의 서자생들이 분명히 뜻글자에서 소리글자로의 전환에 수수께끼원리(rebus principle)를 이용했다는 것을 알게 되었다. 이것은 긴 단어를 음성 음절로 나누고 이 요소들을 나타낼 때에 그림을 이용하는 방법이다. 예를 들면 꿀벌과 나뭇잎을 두고 영어의 '믿음'을 나타내는 단어 'belief'에서 'be'와 'leaf'로 나누고 'be'에 해당하는 것은 발음이 같은 '꿀벌(bee)'을, 'leaf'에 해당하는 것을 '나뭇잎(leaf)'의 그림을 이용해서 발음을 표하게 하는 방법 등이 뜻글자에서 소리글자로의 전환단계에서 나타났다. 람세스의 첫 상형문자에는 분명히 '태양'의 그림이 나온다.

<MS를 나타내는 상형문자들. 콥트어에 동사 "ms, mis, mise" 는
'탄생하다' 등의 뜻이 있음.>

람세스에서 첫음절의 발음을 수수께끼그림인 태양의 그림으로 나타냈고, 단어의 나머지 부분은 이미 사용되는 관습적인 방법으로 알파벳의 철

자를 사용했던 것이다. 그래서 엄밀히 말해서 상형문자는 뜻글자도 아니고 소리글자도 아닌 둘 다의 혼합한 글자라는 것을 확실히 알게 되었다. 이런 해결책을 찾고 나서 기쁜 나머지 이 소식을 그의 형에게 빨리 전하기 위해 심하게 달려서 형 사무실에 도착하자마자 기절해서 5일 정도나 앓아누웠었다는 일화가 있다. 즉 이집트의 상형문자에 대하여 다시에 (Dacier) 남작에게 보낸 1822년 9월 17일자 편지에서 그는 "이것은 한 텍스트, 한 문장, 또는 한 단어 안에 상징문자이자 표의문자이며 표음문자인 문자들이 함께 있는 복합적인 것이다."(김진경1997. 이집트상형문자이야기:23)라고 피력했다. 이것이 상형문자의 정체이다.

그 다음 몇 달간은 콥트어 지식을 활용하여 번역한 상형문자의 틀을 설정했고, 또한 책으로 발간하여 상형문자 독해에 대한 규칙을 만들었다. 상폴리옹은 람세스의 카로토슈에 있던 태양의 의미가 대단히 큰 것으로 생각했다. 그 이유는 그것이 바로 서자생들이 사용한 언어였기 때문이다. 즉 서자생들이 콥트어를 말할 때에만 카로토슈 안에 있는 상형문자가 의미를 가지게 된다는 것을 알았다. 서자생들이 람세스라고 발음할 때에 카로토슈에 있는 상형문자는 소리글자가 되기 때문이다. 상형문자의 해독 성공은 그를 단번에 프랑스의 유명인사로 만들었다. 그는 프랑스 왕 루이 18세를 접견했고, 1826년에 루브르 박물관내 이집트 박물관(Egypt Museum)의 총책임자로 임명되었다.

1828년에 고고학 전공자이자 뒤에 아내가 된 로셀리니(Rosellini)와 함께 과학적인 탐구를 위해서 1년간 이집트에서 현지답사를 하면서 연구를 계속했다. 그는 1828년 11월 24일에 쓴 편지에서 "나는 완전히 이집트의 것입니다. 이집트는 나에게 전부입니다."(김진경1997:20)라고 쓰고 있다. 1831년 파리에 있는 프랑스 대학(College de France)은 이집트 고고학과 (Egyptian Antiquities)를 그가 개설하도록 하고 학과장으로 임명했다. 그는 프랑스학술원(French Academy)의 회원으로 임명되기도 했으나 아쉽게도 42세로 세상을 떠났다. 그 이후 고고학자들은 샹폴리옹의 규칙을 확대했고 이것을 이용해서 수천 개의 상형문자 텍스트를 번역할 수 있었으며 고대 이집트의 역사 속으로 우리가 들어갈 수 있게 했다.

샹폴리옹이 이집트의 상형문자를 판독하게 된 결정적인 요소를 두 가지로 요약하면 사람의 이름인 고유명사를 판독한 것과 이집트인들이 사용해 온 콥트어에 대한 지식이 있었던 것이다.

3) 로제타돌의 발견과 영국 이송

1799년 7월 중순 나폴레옹 장군 휘하의 폭파분쇄 대장인 공병장교(a Lieutenant of Engineers) 부샤르(Bouchard)는 지중해에서 수 킬로미터 떨어져있는 나일 강 하구 텔타 지역 서쪽 방축에 위치한 진지(Fort Julien)를 구축하기 위해 라쉬드(Rashid)라는 작은 마을(유럽에서는 이 마을 이름이 로제타라고 알려져 있다.)에서 진지 구축중 땅에 박혀 있는 흑색 현무암을 발견했다. 그들은 즉각 이 돌에 두 개의 언어(이집트어와 그리스어)로 세 개의 다른 글자가 새겨진 것이 대단히 중요할 것이라고 생각했다. 두 개의 언어 중 이집트어 부분은 상형문자와 민용문자인데 처음에는 시리아문자로 생각했었다. 그리스어 부분은 그리스알파벳의 대문자로 새김되어 있었다. 세 개의 다른 글자의 제일 밑 부분에 새겨진 글자는 그리스글자였고 읽어 낼 수 있었다. 그 내용은 기원전 196년 3월 27일, 이집트 전체의 왕 프톨레마이오스 5세 에피파네스왕의 즉위 1주년을 기념해 멤피스에 소집된 이집트 사제회의에서 통과된 법령에 대한 것이었다. 프톨레미 시대 동안에 대부분의 공식문서에 기록된 글자는 그리스글자이고 이집트문자로 번역본이 갖추어져 있었다. 그 이유는 지배왕가와 정부의 고위직은 이집트인이 아니고 마케도니아계 그리스인이었기 때문이다. 이 비문 중에서 프톨레마이오스, 알렉산드로스, 알렉산드리아의 이름이 있었다. 제일 위에 새겨진 상형문자는 양쪽 모서리의 훼손이 심한 관계로 알아낼 수는 없지만 같은 내용의 상형문자로 생각했다. 그리고 이 그리스 번역이 첫 번째에 새겨진 상형문자의 판독에 중요한 단서가 될 것으로 직감했다. 이 돌의 발견을 보고받은 부대장 메누 장군(General Menou)은 새겨진 텍스트의 본질을 알기 위해 즉각 그리스어 부분을 판독하도록 주선했다. 이 돌은 그 해 8월 중순 카이로에 옮겨져 나폴레옹이 설립한 국립연구소(Institut National)에 안치됐다. 카이로에 도착하자마자 나폴레옹과 함께 이집트에 동행했던 많은 학자들에게 관심의 대상이 되었다. 그리스글자와 상형문자 사이에 새겨진 글자는 민용문자로 상형문자에서 파생되어 나온 글자라는 사실이 마르셀(Jean-Joseph Marcel)과 라이쥬(Remi Raige)에 의해 밝혀졌지만 판독은 되지 않았다. 이 내용을 판독하기 위해서 글자들을 인쇄하여 유럽의 여러 유명한 학자들에게 보냈다. 이 돌의 이름은 발견된 지명을 따서 로제타돌이라 했다. 1801년 봄에 카이로가 영국군의 공격에 위험을 느껴 보다 안전하다고 여겨진 알렉산드리아(Alexandria)로 귀중한 문서, 골동품, 로제타돌 등을 학자들과 함께 옮기게 되었다. 그런데 프랑스와의 점령협정에, 카이로에 있는 프랑스 소유물은 프랑스로 이송이 허락되었지만 알렉산드리아에 있는 프랑스 재산은 영국군에 귀속된다고 되어 있어서 영국의 점령군 허친슨(General Hutchinson)에게 그해 8월 말경 로제타돌과 귀중한 골동품 등을 넘겨주게 되었다. 그런데 이 로제타돌은 프랑스 메누 장군의 개인 사물과 같이 섞여 있었다. 이것을 알게 된 영국군 터너 대령(Turner)이 로제타돌을 영국군에게 인계할 것을 주장했으나 프랑스군은 개인 사물임을 주장하면서 주기를 꺼려했다. 상당한 어려움이 동반되었지만 결국 터너 대령이 이 돌을 인수받아 1802년 2월에 영국 포트모스(Portsmouth) 항구에 도착하여 영국 대영박물관에 전시하게 되었다.

4) 로제타돌에 새겨진 상형문자 판독과 샹폴리옹

로제타돌을 처음 발견한 사람은 프랑스 군인이었지만 결국 영국에 빼앗기게 되었다. 그렇지만 이 돌의 판독은 역시 프랑스가 주축이 되어 성과를 이루었다.

우선 로제타돌의 구조를 보면 높이가 114cm, 넓이가 72cm, 폭이 28cm, 무게가 762kg이다. 그러나 위 좌측 모서리의 많은 부분과 우측 모서리 부분, 오른쪽 아래 모서리부분이 훼손되어 있었다. 돌이 완전했을 때에 높이가 152.5-183cm 사이였을 것이고, 축하한 왕의 동상 옆에 세워두었을 때에는 사원에서 뛰어난 기념비였을 것이다.

이 돌에 새겨진 언어는 그리스어와 이집트어였지만 글자는 세 가지로 구성되어 있었다. 이집트 텍스트의 첫 번째 것은 상형문자인 히에로글리프(Hieroglyphs)였다. 여기에서 Hieros는 그리스어로 '신성하다'라는 뜻이고, gluphein에서 나온 glyphs은 '새기다, 조각하다'라는 뜻으로 이 둘이 결합하여 만들어진 말이다. 그리스인들이 이 상형문자를 어디엔가 새겨 넣는 신성한 문자, 또는 성스러운 것의 조각으로 보았던 것이다. 처음에는 상형문자가 모두 750개 정도였다. 프톨레마이오스의 대신전이 세워진 이집트 말기에는 상형문자의 수가 수천 개에 이르렀다. 마지막 신전인 필레 사원이 폐쇄될 때까지도 상형문자 등의 모양은 같았다.

상형문자 부분에 보면 카로토슈(꽃 테두리) 모양이 있는데 매듭이 풀리지 않게 고를 낸 올가미 모양의 이 타원형을 프랑스 군인들이 카로토슈라고 지었다. 이는 자기들 총에 있는 탄창(cartouches)을 떠올려 지은 것이다. 상형문자 부분에서 이집트 왕인 파라오의 이름은 반드시 이 카로토슈(Shen이라고 읽는다) 안에 새겨져 있었다. 카로토슈는 상형문자를 해독하는데 결정적인 역할을 해왔다. 그리스어로 번역된 파라오의 이름을 몇 개 알고 있던 샹폴리옹은 그 카로토슈를 주목했고, 그렇게 해서 결국은 문자와 문자를 구별하고 해독하여 같은 문자들이 서로 다른 단어 속에서 어떻게 쓰이는지를 알아낼 수 있었다.

영국인 토마스 영이 로제타돌에 새겨져 있는 민용문자의 판독과 상형문자의 판독 결과를 프랑스의 샹폴리옹에게 보냈고, 그 내용을 1819년 대영백과사전 증보판에 실었다. 2년 후인 1821년, 이때까지도 샹폴리옹은 상형문자는 기호이지 표음문자가 아니라고 하는 논문 'De l'écriture des anciens Égyptiens'를 발표했다. 그런 후 몇 달 이내에 샹폴리옹은 반크스가 필래에서 탁본한 것, 즉 초석의 그리스글자, 기둥의 상형문자에 그리스어에는 프톨레마이오스와 클레오파트라의 이름이 있었고, 상형문자에는 카로토슈만이 있는 것을 받아볼 수 있었다.

5) 선행 연구가들

(1) 쟝 바르텔레미(Jean Barthelemy)
그는 1785년에 상형문자를 둘러싸고 있는 카로토슈는 신이나 왕족 이름일 것이라고 추측했다. 뒤에 밝혀빈 바에 의하면 올바른 추측이었다.

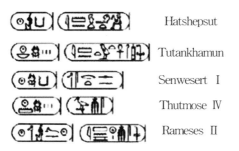

	Hatshepsut
	Tutankhamun
	Senwesert Ⅰ
	Thutmose Ⅳ
	Rameses Ⅱ

[출처: touregypt.net/featurestories/hieroglyphics.htm]

(2) 시쿠루스(Diodorus Siculus)

그는 기원전 1세기 초의 그리스 역사가로서 상형문자에 대해서 '이집트글자의 형태는 모든 살아있는 동물의 모양, 인간몸체의 수족, 그리고 모든 기구의 모양을 가지고 있다고 생각했다. 이들 글자는 음절의 연결로 생각을 표현하는 것이 아니고 묘사된 외부의 그림 모습으로 의도된 의사를 표현하는 것이다.'(Andrews(1981:3))라고 주장했다.

(3) 신 플라톤주의(New-Platonist) 철학자들

기원후 초기 몇 세기 동안 철학자들은 이집트의 히에로글리프가 모든 인간의 지혜를 구체화하여 상징화한 신성한 글자로 인식하고 있었다. 유럽의 문예부흥 시기인 16세기와 17세기에 학자들의 입장은 상형문자가 순수한 상징적 기호에 불과하며 고대 이집트의 잃어버린 지식을 포함하고 있다는 것이었다. 이러한 경향을 가장 잘 나타내주는 예를 보면 1633년 독일 예수회 성직자인 커쳐가 상형문자를 해독하고자 할 때에 상형문자의 한 단어를 하나의 문자로 알고 읽었던 예가 있다. 그 후에 그는 상형문자의 단어 중 그리스어 'autocrat' 또는 독일어 'autocratur'로 해독해냈다. 16-17세기 때 이집트 상형문자의 판독에는 작은 진전이 있었다. 즉 새로운 학파가 생겨나고 있었는데 이들 학파는 상형문자가 기호라는 주장에 반대하고 승용글자와 민용글자가 상형문자에서 나온 글자로 흘림체이며, 이 글자들은 고대 언어를 표기한 철자라고 주장했다. 또 다른 학자들은 상형문자가 사회계층을 표시하는 기호이든가 사회적 의미를 가지고 있다고 생각했다.

(4) 드 사시(deSacy)

프랑스 학자로 Ptolemy, Alexander 기호를 해독해냈고, 기호와 음의 연관성도 밝혀냈다. 1802년 그리스글자 부분의 고유명사 몇 개는 이집트 민용문자의 고유명사와 같은 것임을 밝혀냈는데 그 고유명사는 프톨레미(Ptolemy), 아르시노에(Arsinoe), 알렉산더(Alexander) 및 알렉산드리아(Alexandria)였다.

(5) 오켈브라드(Johann D. Åkerblad)

그는 스웨덴의 외교관으로 콥트어의 지식을 가지고 로제타돌을 조사했다. 콥트어 표기문자는 그리스철자 24개에 이집트의 민용글자 6자를 첨가한 30개의 철자로 구성되어 있었다. 콥트어의 지식으로 로제타돌 민용문자 부분에서 드 사시가 밝히지 못한 모든 고유명사를 밝혀냈고, 대명사적 접미사인 him, his에 해당하는 단어도 밝혀냈다. 또한 그는 'love, temple, Greek'의 뜻을 나타내는 민용문자 단어를 찾아냈다.

그러나 드 사시와 오켈브라드 두 사람은 본인들이 판독한 민용문자가 모두 알파벳으로 구성되어 있다는 선입견을 가졌다.

(6) 토마스 영(Thomas Young: 1773-1829)

그는 이집트 상형문자가 알파벳글자와 비알파벳글자로 구성되어 있다는 것을 밝혔고 또한 상형문자와 민용문자는 상호 연관성을 갖고 있는 것을 확인했다. 이것이 상형문자의 판독에 희망이 되는 계기였다. 토마스 영은 영국 서머세트(Somerset, Milverton)에서 출생했고 아버지는 은행가였다. 1793년 성 바솔로뮤즈 병원(London 소재)에 입학해서 의학을 공부했고, 1799년 성 조지 병원에서 내과의사로 시작하여, 1801년에 왕립학교 물리학과 교수가 되었다. 그는 언어에 특별한 재능을 가지고 있었다.

1804년에 로제타돌의 복사본을 구해서 보자마자 민용문자와 상형문자가 서로 가까운 사이라는 것을 직감했다. 또한 승용글자(hierataic)도 상형문자에서 파생되어 나온 글자라는 사실을 확인했다. 로제타돌에서 상형문자 부분에 몇 개의 기호로 그려져 있고 긴 타원형 안에 있는 상형문자는 왕족 이름을 포함하고 있다고 추측했다. 그리스어의 왕 이름이 상형문자와 민용문자의 왕 이름과 같을 것으로 생각했다. 특히 프톨레마이오스는 이집트 고유의 이름이 아니고 외국 이름이라는 것을 생각했다. 일반적으로 외국어 이름은 뜻으로 표현할 기호가 없을 것이니, 소리나는 대로 적었을 가능성이 높다고 생각했다. 프톨레마이오스 5세는 고대 이집트 프톨레마이오스왕조의 다섯 번째 왕이다. 그의 조상은 이집트인이 아니고 그리스계 마케도니아인이었다.

그는 그리스문자를 먼저 번역해 보았다. 그리스 부분은 이미 1802년 4월에 웨스턴 목사(Rev. Stephen Weston)에 의해서 고미술학회(Society of Antiquaries)에서 영어로 번역본이 발표된 바가 있다. 새김글에서 13살의 나이에 프톨레마이오스 5세의 즉위 1주년을 기념하여 왕의 공덕을 기리고, 사제회의에서 통과된 법령의 내용이 새겨져 있는 것을 확인했다. 그런 다음에 두 번째에 새김된 이집트의 민용문자 내용이나 상형문자 내용도 같을 것으로 추측했다. 그래서 오른쪽, 왼쪽 위의 모서리가 모두 크게 훼손된 상형문자보다는 민용문자를 먼저 해독해 보고자 했다. 민용문자에서는 그리스문자에서 나오는 왕 이름인 프톨레마이오스가 나오는 같은 지점의 단어를 선정했다. 또한 오켈브라드(Åkerblad)가 이름을 밝힌 철자를 비교했다. 사람의 이름이 나타날 때마다 글자 양끝이 떨어져 있고, 그 글자들이 꽃무늬모양같이 보였다. 그는 이것이 상형문자의 꽃무늬모양에서 발견된 이름과 유사하다는 것을 발견했다. 이것은 꽃무늬보다 더 간단하게 된 것이 아닐까? 토마스 영은 민용문자의 단어들을 구성하고 있는 철자덩어리를 계속 밝혀 나갔다. 그에게 어려웠던 것은 그리스어 부분이 민용문자로 번역되어 있지 않은 것이었다. 여러 가지 어려움 가운데 1814년에 로제타돌의 민용문자 부분을 전부 해독, 번역했고, 86개의 민용문자 단어목록도 작성했다. 로제타돌에 새겨진 그리스문자와 비교해 보니 민용문자도 알파벳 방식으로 구성되어 있다는 사실을 발견했다. 영은 로제타돌 이외에 1816년에 남편 프톨레미 소터(Ptolemy Soter)의 카로토슈와 나란히 새김되어 있는 여왕 베레나케(Berenike) 카로토슈의 카르나크(Karnak) 새김글판의 복사본에서 운 좋게 해독하게 되었다. 이 두 고유명사에서 6개의 표음문자를 올바르게 밝혀냈던 것이다. 1814년부터 4년 동안 상형문자 해독에 관한 것을 일일이 기록한 노트가 지금도 대영박물관에 보존되어 있다. 영이 실제로 상형문자의 음가를 밝혀낸 로제타돌의 프톨레마이오스(Ptolemaios) 카로토슈를 보면 다음과 같다.

영이 밝혀낸 음가	뒤에 밝혀진 실제 음가
P	P
T	T
optional	O
Lo 또는 ole	L
Ma 또는 M	M
I	I 또는 Y
osh 또는 os	S

위의 판독 내용을 보면 몇 자를 제외하고 거의 정확하게 해독했다는 것을 알 수 있다.

이렇게 판독하고 그의 성과를 프랑스의 샹폴리옹에게 보내고 나서 갑자기 판독을 중단하고 손을 떼었다. 중단한 이유는 여러 가지로 추측되는데, 상형문자가 원래 그림문자라는 기존의 관점을 바꿀 수 없었고 예외적으로 프톨레마이오스왕들은 이집트 혈통이 아닌 외국 이름이었고 외국이름은 표음문자로 표기할 수밖에 없었을 것이라고 생각했다. 토마스 영이 상형문자를 해독해 보려고 한 것과 성과를 낸 것은 단순히 재미삼아한 것이었고, 1819 보충판인 대영백과사전에 간단한 설명을 함으로써 판독에 종결을 고했던 것이다.

프랑스의 샹폴리옹이 상형문자를 해독하고 출판했을 때에 토마스 영은 그의 업적을 높이 평가하면서도 샹폴리옹의 업적이 자기 논문에 기초를 두고 작업해서 성공했다며 자기의 공헌을 자랑삼아 밝혔다. 그러나 샹폴리옹은 그 부분을 인정하지 않았다.

토마스 영의 저서 중에 이집트 문자의 판독과 관련된 책이 두 권 있는데, 하나는 1823년 발간된 'Account of the Recent Discoveries in Hieroglyphic literature and Egyptian-Antiquities'으로 그의 연구 성과를 샹폴리옹 연구 성과와 비교한 것이다. 그 다음으로는 1830년 사후에 출판된 민용문자 사전(Enchorial Egyptian Dictionary)이 있다.

웨스트민스터 사원(Westminster Abbey)에 있는 그의 묘비명에는 '...a man alike eminent in almost every department of human learning.'(인간의 학문 모든 분야에서 한결같이 뛰어난 사람)으로 새겨져 있다.

6) 이집트의 언어와 문자의 변천

이집트 언어의 역사를 보면 고대 이집트어(B.C. 3180-2240), 중기 이집트어(B.C. 2240-1990), 후기 이집트어(B.C. 1573-715)로 나뉜다.

현재까지 가장 오래된 이집트 상형문자의 기록은 기원전 3250년경의 것(브리지트 맥더모트(Bridget MacDermott), 권영진 옮김, 파라오의 비밀 (2005:12))으로 보고 있다. 처음에는 주로 왕실의 재산기록에 사용되었으나 이집트의 고대 왕국 시대(B.C. 2625-2130)에서는 종교적 내용과 기념할 만한 사건을 왕궁, 신전, 무덤, 조각상, 석관 보석 등에 새겨 넣는데 사용했다. 알렉산더대왕이 사망한 이후에 이집트를 지배한 그리스인들은 이 문자를 히에로글리프라고 불렀다. 그림문자인 이 상형문자는 기원전 3000년경부터 기원후 4세기까지 3000년간 사용된 문자이다. 기원후 4세기에 로마가 지배하면서 상형문자가 서서히 사라졌는데, 기원후 394년 8월 24일이 이집트의 남쪽 국경 지역에 있는 필래 섬에서 고대 이집트어를 상형문자로 새김한 마지막 날이었다.

이집트인들이 참 힘들었던 시기는 페르시아인의 정복시대였다. 그러나 이집트의 본질을 변화시킨 것은 페르시아인의 정복이 아니라 이집트를 통치한 페르시아와 그리스 도시국가 연합과의 전쟁 이었다. 그리스군은 마케돈(Macedon)의 필립(Philip)과 연합했고, 실질적으로 알렉산더대왕에 의해 지배되고 있었다. 알렉산더대왕은 페르시아군을 격파하고 이집트를 점령했다. 그는 이집트인에게서 환영을 받았는데 페르시아군을 이집트에서 몰아내어 주었기 때문이었다. 그는 왕(Pharaoh)과 신(God)으로 대접을 받았다. 그는 섭정통치자를 세워 놓고 중동아시아와 인도 정복 원정을 떠났다. 기원전 323년에 알렉산더대왕이 죽자 그의 제국은 장군 3명에게 분할되었다. 이집트는 장군 라구스(Lagus)의 아들인 프톨레미 1

세에게 돌아갔다. 그는 알렉산더대왕 가족의 일원으로 환영을 받았고 32 대까지 왕 이름의 표본이 되었다. 남자 상속자는 모두 프톨레미라 했고, 여자 상속자는 모두 클레오파트라라고 했다. 그리스왕조의 말기에 이르러서 로마제국이 개입하게 되었다. 결국 이집트의 왕조는 로마의 정복으로 끝이 났다. 프톨레미 시대의 언어는 이집트어와 그리스어가 동시에 사용되었고 로마 정복 후에는 라틴어가 사용되었고, 간혹 그리스어도 사용되었다. 이집트 상형문자는 사용되지 않아 아는 사람도 없게 되었고, 그래서 진정한 죽은 글자가 되었다. 로마 제국이 무너지면서 중세가 도래되는데, 유럽과 이집트는 긴밀한 관계를 유지했다. 그래서 유럽의 지식인은 상형문자를 알고 있었다. 여러 가지 질병에 대한 약의 처방으로 상형문자가 사용되어 유럽에 도입되었기 때문이다.

고대 이집트에서 문자의 변천을 보면 처음에 시작된 문자가 히에로글리프인 상형문자이다. 기원전 3100년경 이집트에 왕조가 시작되기 바로 직전 상형문자가 거의 완전하게 발달된 형태로 갑자기 나타났다(로빈슨, 박재욱, 2003:93). 그런데 문제는 상형문자가 쐐기문자처럼 여러 세기에 걸쳐 진화한 것 같지는 않다는 것과 기원을 알 수 없다는 것이다. 다음이 승용문자인데 상형문자와 거의 동시에 나타나서 사용되었다. 원래 이집트의 일상적인 행정이나 상업에 사용되는 문자인데 뒤에 가서 민용문자에 의해 밀려나면서 승용문자라는 명칭이 붙여졌다. 승용문자는 상형문자를 간결하게 흘려 쓴 문자이다. 이 문자는 신전의 명문이나 종교적인 기록, 파피루스에 쓰인 세속적인 행정문서에 사용되었다. 그 다음에 나타난 문자가 민용문자인데 기원전 724년 혹은 712년경에 시작해서 기원후 4세기 로마 통치기간이 끝날 때(기원후 452년)까지 사용되었다. 그리스인이 지배하던 시대에는 민용문자가 표준적인 기록 문자였다. 이 문자는 주로 일반 대중들이 사용한 것이기 때문에 그리스어 'demotikos(대중적인)'에서 비롯된 말로 널리 사용되었다. 민용문자 다음으로 고대 이집트인이 사용한 문자는 콥트문자이다. 콥트어를 그리스알파벳으로 기록했으나 이집트의 민용글자 6개를 보충해서 사용했다. 고대 이집트어의 초기 형태는 자음만을 표기했지만 콥트문자는 그리스알파벳에서 볼 수 있듯이 모음까지 표기했기 때문에 상형문자 모음체계 연구의 바탕이 된다. 최초의 콥트어를 기록한 콥트문자는 기원후 1-2세기에 기록된 이집트 주술서이다. 콥트어의 명칭은 그리스어 'Aiguptia'(애급티아= Egyptian)에서 유래되었다. 기원후 640-642년 아랍인이 이집트를 점령하면서 아라비아문자가 도입되었고 그로 인하여 이집트 콥트문자는 점차 사라지게 되었다. 구어로서 콥트어는 16세기에 사라졌지만 오늘날까지도 콥트 교회에서 형식화되어 읽히고 있다. 콥트어의 어휘는 고대 이집트와 그리스 단어의 혼합형으로 구성되어 있다. 보다 중요한 것은 초기 콥트어 입문서가 아라비아문자로 쓰여 있어서 아라비아글자를 아는 사람은 고대 이집트어의 마지막 형태를 접할 수 있다.

콥트문자는 그리스문자에 다음의 민용문자 중 6개를 도입해서 만든 문자인데 그 예를 들면 ϯ(이름ti:음가 ti), ϭ(chima: c), ϫ(djandje: g), ϩ(hori: h), ϥ(fai: f), ϣ(shei: s) 등이다.

마이클 벤트리스(Micheal Ventris:1922-1956)

<선상문자B의 예>
[출처: uh.edu/engines/epi1134.htm]

1) 벤트리스의 생애

 벤트리스는 영국인으로 1953년에 크레타 섬에서 발견된 선상문자B(Linear B)를 판독해서 그리스 역사를 바로잡은 공로가 있는 사람이다.

1936년 14세 때 학교에서 86세의 노학자 에반스(Arthur Evans)가 기획한 미노아 세계(Minoan World)라는 전시회를 단체 관람으로 보게 되었다.

바로 그때, 그때까지 판독되지 않고 있는 글자에 큰 관심을 가지게 되었다. 그는 에반스(Arthur Evans)에게 "흙판에 새김된 글이 아직도 판독되지 않았다는 말인가요?"라고 질문을 했었다. 그때부터 온통 그 문자 판독에만 몰두하게 되었다.

그는 영국인 아버지와 폴란드 2세 어머니 사이에서 태어났다. 교양있고 예술과 언어에 대하여 조예가 깊은 어머니의 영향을 많이 받았다. 10세 때에 이미 불어, 독어, 스위스, 독어, 폴란드어를 말할 수 있을 정도로 공부했고, 성인이 되었을 때에는 러시아어, 스웨덴어, 덴마크어, 이탈리아어, 스페인어, 터키어 등을 공부했다. 언어학적 재능이 뛰어났었다. 13세 때에 공립학교인 스토우(Stowe)학교에 입학했다. 이때에 부모가 이혼을 하여 어머니와 같이 살게 되었다. 14세 때인 1936년 런던의 그리스와 미노아 보물 전시장에서 에반스를 만나게 되었는데, 그때에 크레타 섬에서 발견된 선상문자B가 아직 판독이 되지 않았다는 사실을 알게 된 것이다.

16세 때 아버지가 폐결핵으로 세상을 떠났다. 그해에 나치독일군이 폴란드를 침입해 폴란드에서 생활비를 지원받던 것이 중단되었다. 이로 인한 생활고로 인하여 학교를 중단하게 되었다. 그는 건축가가 되겠다고 마음먹고 건축연합회의 건축학교에 진학했다.

1940년 벤트리스 어머니는 고독과 생활의 어려움 등으로 인하여 자살하였다. 그는 어머니의 사망으로 실망하여 술로 세월을 보내다가 이것을 극복하기 위하여 선상문자B 판독에 매달리게 되었다. 그는 선상문자B의 표기 언어가 이탈리아북부의 에투르스칸(Etruscan)어와 비슷하다고 가정하는 논문을 미국 고고학회지에 투고하고, 이것이 M. G. F. Ventris라는 이름으로 발표되었던 것이다. 이때에 그의 나이는 18세였다.

1942년에 군에 징집되어 폭탄 투하 조정사로서 RAF에 입대했다. 그는 이때에 암호 해독 기술노 터득했다. 전쟁이 끝나자 다시 건축학교에 돌아와서 건축 일에 매달리기도 했다. 그는 니벤(Lous knox Niven)과 결혼하고 자녀 둘을 두게 되었지만 부자의 딸인 니벤과는 서로 맞지 않아 헤어졌다.

건축학교를 졸업하자 유럽으로 여행을 떠났다. 여행 도중에 갑자기 돌아와서 그가 알고 있는 모든 유명한 고고학자들에게 설문지를 만들어 보냈다. 선상문자B를 판독하기 위하여 설문지에 그의 생각을 설명하고 그들의 평가를 받고 싶다는 것이었다. 그가 작성한 설문지가 아주 성실하고 성의가 있었기 때문에 대부분의 전문가들이 답장을 해 주었다. 그는 그 답장을 모두 모아 'The Mid Century Report'라고 보고서를 발간했다.

그는 1953년 9월 5일 이른 새벽 런던북쪽 해트필드(Hatfield) 가까이 바넷 우회로에서 자기의 차를 타고 전속력으로 달리다가 주차해 둔 큰 트럭에 돌진하여 즉사했다.

2) 선상문자B의 발굴

영국의 옥스퍼드대학교 박물관장인 에반스가 1900년 3월에 그리스의 크레타 섬에 가서 발굴을 시작했다. 그해 3월 31일과 4월 6일에 의미 있는 흙판을 발굴했는데 이때에 발굴해낸 흙판에 기록된 문자가 세상을 깜짝 놀라게 했다. 이 글자들에 대해 선상문자A, 선상문자B와 같이 기호에 번호를 붙이자는 미국인 베네트(Emmett Bennett)의 제안을 에반스가 수용했다. 그 유적지는 B.C. 2000-1350년경에 속한 것으로 예상보다 훨씬 오래된 것이었고, 그때까지 알려지지 않은 문명세계를 보여주고 있었다. 에반스는 몇 년 전 그리스 아테네의 골동품 가게에 들렀을때 크레타 섬에서 나온 원통 인장과 원석 표면에 새겨진 알 수 없는 그림같은 글자들을 보고 그 글자에 이끌려 크레타 섬 발굴을 하게 된 것이었다.

에반스는 크레타 섬의 크노시스(Knossos)에서 미노스왕(Minos)에 대한 옛날 그리스 전설을 떠올렸다. 미노스의 궁전은 미로와 황소 뿔을 가진 괴물 미노타우로스(Minotaur)가 보호한다고 전해져 왔다. 에반스는 새로 발견한 문명을 미노스문명으로 이름지었다. 유적지의 건물은 거대한 건물로서 방이 무려 1500개나 되었다. 에반스는 바로 이 건물이 정말로 전설로만 알았던 미노스궁전이라고 확신했고, 많은 방들이 미로의 전설을 만들었던 것이라고 생각했다. 궁전에 그려진 그림에서 뿔 달린 황소괴물과 이를 경배하는 사람들의 모습이 보였는데 에반스는 이것이 미노타우로스 전설의 진원지라고 생각했다.

이 발굴에서 이상하고 낯선 기호가 새겨진 4000여점에 달하는 흙판을 발굴했는데, 이 이상한 기호는 분명히 글자이기는 한데 전에는 전혀 보지 못했던 것이었다. 에반스는 기호 중에서 그림과 비슷하여 이집트 상형문자 같은 것을 상형문자라고 부르기도 했다. 이 그림글자 이외에도 선, 사각, 삼각, 십자형 등으로 만들어진 기호들도 있었다. 에반스는 이들 글자이름을 '선상문자(Linear)'라고 지었다. 발굴한 기호들을 모아 정리해 보니, 대체로 세 종류로 나눌 수 있었다. 첫째로 그림모양의 글자는 이집트의 상형문자처럼 생각되어 상형문자로 이름하였고, 다른 것은 글자로 여겼는데 아마도 글자에는 두 가지 종류가 있는 듯이 보였다. 에반스의 업적 중의 하나는 흙판에 그려진 것을 글자라고 밝히고 그 이름을 선상문자A와 선상문자B 라고 명칭을 붙인 것 이다. 흙판의 연대는 B.C. 1650-1450년경으로 추정되었고 이때의 글자를 선상문자A라고 했다. 그다음 B.C. 1450 이후부터 후기에 속한 흙판에 나온 기호들은 선상문자A와 다소 차이가 났는데, 이 글자들을 선상문자B라고 이름지었다.

에반스는 이 기호들을 판독하고자 수 년 동안 열심히 노력했으나 실패했다. 그의 실패 원인은 흙판에 새겨져 있는 언어가 미노아 언어일 것이라고 추측했던 것인데, 단 한 번도 고대 그리스어라고 생각해 본 적이 없고, 그리스어와 전혀 관계가 없다고 여겼기 때문이다. 그 당시에는 그리스어를 사용하던 사람들이 최초로 크레타 섬에 도착했을 때에 미노스문명이 없어진지 아주 오래되었기 때문이라고 생각했다.

3) 선행 연구가들

(1) 에반스(Athur Evans)

에반스가 발굴을 처음하고 선상문자A, 선상문자B라고 이름까지 붙였지만 판독은 하지 못했다. 그러나 다음에 판독할 사람을 위한 기초 작업은 상당히 해 놓았다. 그가 밝힌 판독의 기초 몇 가지를 정리하면 다음과 같다.

① 낯선 기호가 글자라고 일단 단정하고 여러 자료들을 비교한 결과 오래된 기호들을 묶어서 선상문자A로 분류하고 그 보다 뒤의 것으로 추정되는 기호들을 선상문자B로 나누었다.

② 선상문자에 사용된 기호의 수를 세어보았는데 각각 대략 120개 정도의 기호로 구성된 것을 확인했다. 이렇게 많은 기호가 사용된 것으로 보아서 이 글자는 분명 음절문자이거나 음절문자와 뜻글자의 혼합글자일 것으로 추측했다.

③ 선상문자B에서 그림문자와 음절문자가 혼합된 형태의 글자가 있는 것을 찾아냈다.

④ 새김글에서 전반적으로, 그리고 규칙적으로 나오는 조그마한 수직선(I)은 단어 끝을 나타내는 표시로 판단했는데 이는 올바르른 판단이다.

⑤ 이 글자는 왼쪽에서 오른쪽으로 글을 쓴다는 것을 밝혀냈다.

⑥ 숫자 1, 10, 100, 1000을 나타내는 기호를 찾아냈고 필요한 숫자는 반복해서 만드는 것을 알아냈다.

⑦ 좀 특별한 두 개의 기호를 찾아냈는데 하나는 상자모양의 기호이고, 다른 하나는 5가 거꾸로 된 형태이다. 이것들은 단어 끝에 자주 나타나는데 그것이 없을 때는 다른 단어와 동일했다. 그는 이것을 단어기능을 나타내는 것으로 단어 끝을 변화시키는 표시로 보았다. 즉 영어의 굴절형과 같은 것으로 생각했다.

⑧ 선상문자 몇몇이 키프로스문자(Cypriot)와 약간의 유사점이 있다는 것을 발견했다. 이 사이프러스글자는 선상문자B보다 시기적으로 수 천 년 후의 글자이고 또한 이미 판독된 글자였다.

(2) 카알 블레겐(Carl Blegen)

미국의 고고학자 블레겐은 1939년에 그리스 본토 필로스(Pylos)의 네스톨(Nestor) 궁전 터에서 발굴한 흙판에 선상문자B가 새겨져 있는 것을 발견했다.

<필로스에서 나온 선상문자B>
[출처: en.wikipedia.org/wiki/Linear_B]

이 지역에서 600개의 선상문자B가 새겨진 흙판을 찾았다. 이것는 크레타 섬이 아닌 미케네(Mycenae) 본토에서 찾은 최초의 것이었다. 이것을 사진촬영하여 1940년 미국에서 박사과정중에 있는 그의 제자인 베네트(Emmett. L. Bennett.Jr)에게 보내 분석하도록 했다.

문제는 기원전 1200년경 크레타 섬에서 입수한 항아리에 선상문자B가 새겨져 있는 것이 기원전 1400년에 파괴되었던 당시의 항아리에 쓰인 글씨와 같은 형태의 것임을 에반스가 판명함으로써, 연대 추정에 문제가 제기된 것이었다. 기원전 1200년경의 필로스에서 발굴된 선상문자B와 기원전 1400년경 크노소스에서 나온 선상문자B 사이에 많은 유사점이 발견되었기에 블레겐은 크노소스의 증거물들을 재조사해야한다고 제안했고, 그는 기원전 1200년 필로스의 시기가 올바르다고 주장했다. 크노소스 흙판은 궁전 여러 곳에서 발견되었고, 에반스가 정확한 기록을 하지 않았던 것도 밝혀졌다.

1939년에 블레겐은 미국의 고고학자로서 그리스 본토의 필로스에서 선상문자B가 새겨진 600개의 흙판을 발굴했다. 선상문자B가 크레타 섬의 고유글자라고 거의 모든 학자들이 믿고 있었던 터라 그리스 본토 어느 곳에서도 선상문자B가 발견될 수 없는데 어떻게 된 것인가라면서 큰 소동과 문제가 제기되었다. 선상문자B가 그리스어를 표기한다는 것을 인정하지 않으려고 한 이유를 보면 첫째, 관습적으로 이오니아시대(Ionian Age)와 미케네시대(Mycenaean Age) 사이에 500년간 단절된 것으로 계산된 연대기적 문제 때문이다. 따라서 그리스글자는 B.C. 8세기경에 처음 나타난 것으로 여기고 있었다. 고전 언어학자들이 흙판에 쓰인 글자를 판독하고자 노력을 했으나 어떤 실마리도 찾지 못했었다. 둘째, 고대역사를 재구성하면서 중요한 것은 그리스와 아나톨리아(Anatolian) 역사에서 암흑시대(Dark Age)가 있었다는 것을 인정하는 것이다. 뒤에 알게 된 사실은 이 암흑시대는 역사가들이 인위적으로 부여한 가공물이었다는 것이다. 암흑시대는 없었고 미케네시대는 B.C. 8세기에 끝나고 바로 이오니아시대가 왔으며 문화의 붕괴는 B.C. 8세기 때 자연융기의 결과이고, 계속적인 이민의 결과였다. 결과적으로 이오니아문화는 미케네문화 유산과 매우 유사함을 보여주고 있고, 따라서 선상문자B는 그리스어를 표기했다고 주장한다.

(3) 베네트 주니어(Bennett. Jr)

그는 블레겐 교수가 의뢰한 선상문자B의 조직 분석을 시작할 때에 다른 기호를 얼마나 많이 가지고 있고, 각 기호가 얼마나 많은 변수를 가지고 있는지를 분석했다. 그래서 선상문자B의 조직, 기호 수, 각 기호의 변수 등에 대한 통계를 냈다. 그리고 그 분석결과를 1951년에 필로스 흙판의 첫 사본에 관한 책으로 출판했다. 그는 선상문자B의 각 철자기호, 각 철자의 다른 기호, 각 기호의 정확한 사용빈도수를 계산했다.

단어의 여러 위치에 사용되는 기호의 빈도수는 이 기호가 표현하는 음소를 찾는데 실마리 역할을 하고 있다. 어느 기호가 모음 음절을 나타낼 때에 단어의 첫머리에 자주 사용되고 다른 위치에서는 나오는 빈도수가 거의 없으면, 이 기호가 처음이 아닌 위치에서는 나타나지 않는 것은 모음-모음 음절에서 두 번째 모음을 나타낼 필요 때문이라고 생각했다. 이와 같은 모음-모음 순서로 된 것은 대부분의 언어에서 선호되지 않는다. 어떤 언어에서는 전혀 사용되지 않는 경우도 있다. 영어에서 모음-모음 (예: keit에서 ci) 순서는 허용되지만 흔한 것은 아니다. 그러나 모음-모음은 폴리네시안어에서는 흔하다.

어떤 선상문자B의 기호에서 모음음절을 표현하는 것이 사실인데 이 기호들은 거의 단어내의 첫 위치에서만 발견된다. 또 선상문자B의 기호

⊜는 언제나 단어 끝에서만 나온다. 더구나 같은 기호군의 끝에는 ⊜기호를 가지고 나타나거나, 때로는 ⊜기호 없이 나타나기도 한다. 예, ⫟

⊜ 또는 ⫟ 이다.

그런데 ⊜기호로 끝나는 단어들은 전형적인 그림과 숫자 앞에서만 나오고, 양적인 것을 나타내는 목록의 끝에는 오지 않았다. 벤트리스는 ⊜가 and를 뜻하는 어미라고 생각을 했었다. 마치 라틴에 사용되는 단어끝 -que처럼 생각했다. 그런데 뒤에 밝혀지기로 ⊜는 and를 나타낼 뿐만 아니라 라틴어미 -que와 동족어라는 것이 밝혀졌다. 즉 ⊜는 선상문자B에서 음절 /kʷe/를 나타낸다.

베네트는 선상문자B에서 철자를 밝혀내는 모든 문제를 해결할 수 없었고, 그 문제의 일부는 지금까지도 남아있다.

(4) 엘리스 코벌(Alice E. Kober)

미국의 여성 고고학자 코벌은 선상문자B가 나타내는 문법에 관해 기본적인 세 가지 의문을 제기하면서 판독을 시작했다.

첫째, 문법형태를 표시하기 위해 어미를 사용했는가?

둘째, 일정한 복수의 굴절형이 있는가?

셋째, 성(gender)표시가 있는가?

위 의문 중에서 세 번째인 성표시를 조사하다가 남성과 남성에 포함되는 사물과 여성과 여성에 포함되는 사물 등에 문법적인 성표시가 나타나는 것을 찾아냈다. 단서로 각 사물의 목록에 대한 합계를 의미하는 두 단어가 성 구분 때문에 표기 차이가 나는 것을 목격했다. 그림문자에서 남성과 여성을 구별하는 것은 쉬운 일이었다. 합계를 뜻하는 단어에서 남성을 셀 때와 여성을 셀 때에 그림문자에 차이가 났다. 이것을 보고 코벌은 동물을 나타내는 어느 그림문자는 남성과 여성의 차이를 두고 표기하는 것을 알게 되었다.

두 번째 의문에서도 3항식 배열을 하여 굴절형의 존재를 확인할 수 있었다. 굴절형에 대한 의견은 이미 에반스가 제기한 사항이다. 그래서 그는 3항식을 (sign 1 + -- + sign N)+ X + ending 1/ ending 2/로 만들어 사용하려고 했다.

코벌은 선상문자B를 판독하고자 하면서 좌표망(Grid)을 만들었다. 이것은 서로가 강력한 문법적 관계를 가지고 있는 기호들끼리 연결시키는 것이었다. 그는 선상문자B에서 많은 단어들이 같은 어근과 어미를 갖고 있는 것을 밝혀냈는데 이것의 증거로 명사의 격에 따라 어미가 변하고 있는 것을 발견했기 때문이다. 물론 단어 중간에 있는 몇몇 철자들은 어근이나 어미와 일치하지 않는 것같이 보였다. 이런 결과는 이미 알고 있는 몇몇 단어들에서 발견된 것이기 때문에 별난 철자들이 중계 역할을 하는 것으로 보아 음절의 시작은 어근에 속하고 음절의 끝은 어미에 속하는 것으로 추측했다. 올바른 가정이었다. 선상문자B가 약 89개 기호로 구성된 음절문자와 100개 이상의 뜻글자로 구성된 것이 나중에 밝혀졌지만 각 기호는 한 음절을 나타내야 된다고 결론을 내렸던 것이다. 그래서 코벌은 어떤 기호는 처음소리와 끝소리가 같은 음을 가진 것을 알고 이것을 이용해서 표를 만들었던 것이다. 그러나 이것을 이용한 결과를 보기도 전에 1950년 43세의 나이로 사망했기에 마지막 연구결과를 내지 못했다.

다음은 코벌이 좌표망을 만들 때의 원리와 그 예이다.

Canada	Argentina
Canada's	Argentina's
Canadian	Argentinian

위의 예에서 끝음절인 da, da's, dian와 na, na's, nian에서 어미가 일정하게 다르게 나타나는 것을 다음과 같은 좌표망으로 만들었다. V1, V2는 모음이고, C1, C2는 자음이다. 마치 퍼즐게임하는 듯한 구성을 가지지만 이런 방법을 제시하고 벤트리스가 이 방법으로 판독을 했다는 사실이다.

4) 선상문자B의 판독

17세 때부터 선상문자B에 대해서 본격적으로 연구하기 시작하였다. 처음에 판독해낼 단어들이 그리스어의 옛날 형태와 많이 닮았지만 선상문자B가 표기한 언어가 그리스어라고는 감히 상상도 해 보지 않았다. 수년 뒤에 초기 그리스어 전문가이며 비교언어학자인 채드윅(John Chadwick)의 도움을 받으면서 실제로 선상문자B는 그리스어를 표기했다는 사실을 알게 되었다.

사실 선상문자B의 사용 시기는 B.C. 1500-1200년 사이이며, 이 문자는 아가멤논(Agaamemnon)왕이 다스렸던 미케네의 이름을 따서 미케네 언어라고 하는 그리스어를 표기했던 문자다. 따라서 선상문자B의 새김글은 물건과 물품의 목록을 계산한 기록이 대부분인데 그리스어를 기록한 가장 초기의 예들이다.

그는 다음과 같은 실마리를 잡고 판독에 임했다.

크레타 흙판에 여자 이름 목록이 있고 그 옆에 여자 그림이 있었다. 다른 흙판에는 남자 이름이 있고 그 옆에 남자 그림이 나왔다. 그런데 실마리가 되는 것은 남자 이름이 일정한 기호로 끝나고, 여자 이름이 다른 일정한 기호로 끝나는 것이었다. 일정한 기호는 다른 일정한 기호와 함께 덩어리로 묶음하게끔 허용되었다.

어떤 기호들은 단어 첫머리에 자주 나타나고, 또한 단어 중간에도 나타났는데, 이것은 자음이 붙지 않은 순수 모음인 것을 나타내고 있었다. 이것을 모두 종합해서 코벌이 하나의 좌표망을 만들었다. 이 좌표망에서 어떤 것은 동일한 모음을 나누어 갖는 것이고, 어떤 것은 동일한 자음을 나누어 갖는 것을 보여주고 있었다. 그러나 실제적으로 자음과 모음이 어떤 모습인가를 몰랐고 다만 그것에 대한 추측만 했을 뿐이다.

그는 선상문자B와 키프러스(Cypriot)글자와의 관계에 대해서 처음에는 크게 기대하지 않았다. 그 이유는 많은 차이점이 있었기 때문이다. 즉 키프러스글자의 90%가 선상문자B와 전혀 부합하지 않았고, 또한 단어 어미에 규칙적으로 오는 키프러스철자 'se'에 일치하는 철자가 선상문자B에는 단 하나도 없었기 때문이었다. 어미 's'가 그리스어의 특징인데 미노아어와 미케네어가 꼭 같은 특징을 가지고 있다고 믿을만한 이유가 없었기 때문이다.

그러나 출발점에서 실제 자음과 모음을 좌표망에 부여할 필요가 있었다. 결국 그는 판독을 하면서 키프러스글자 조직과 두 철자의 유사성을 이용할 수밖에 없었다. 그리하여 키프러스글자에서 실마리를 찾을 수 있었다.

키프러스글자는 키프르스 섬에서 B.C. 1000년경에 사용된 글자이다. 이 글자는 선상문자B 보다 약 1000년 후에 사용되었다. 키프러스 섬은 그리스어를 사용하는 사람들이 사는 섬이었다. 이들이 사용한 그리스어는 오늘날까지도 미케네주변에서 사용되는 그리스어와 밀접한 관계가 있다. 그래서 이 두 언어는 서로가 연관이 있다고 생각했다. 키프러스글자는 음절문자이고 56개의 기호로 구성되어 있어 한 음절씩 표기한다. 즉 한 음설은 자음+모음, 또는 모음으로 구성된다. 키프러스글자는 선상문자B와 꼭 같지 않았다. 그러나 매우 비슷한 것이 7개나 있었다. 그것들이 선상문자B에서 발달되어 나왔다고 생각되지만 세월이 너무 많이 지난 탓으로 모양이 많이 변해 있었다. 키프러스글자는 한 단어의 끝 's'를 나타내기 위해서 'se'기호를 쓴다. 이것은 그리스어에서 매우 흔하게 사용되는 것이다.

벤트리스는 코벌이 세운 좌표망을 계속 사용하면서 몇 가지 가설을 세웠다.

(1) 순수 모음 기호 중에서 V5는 모음 a였다. 그 이유는 실제로 모든 언어에 가장 흔히 사용되는 모음이기 때문이다. 그래서 V5 칸에 있는 모든 기호는 a로 끝날 것이다.

(2) C8과 모음 a와 함께한 기호는 na이다. 그 이유는 키프러스글자 기호 na와 매우 유사하기 때문이다.

(3) 모음 V1은 i이다. 그 이유는 C6, V1 위치의 기호가 키프러스 기호 di와 동일하기 때문이다.

(4) 크레타의 크로소스 흙판에서 매우 흔하게 사용되지만 미케네의 필로스(Pylos)에서 나온 흙판에서는 전혀 사용되지 않는 목록을 모았다. 이것은 아마도 크레타 섬에 있는 고유의 도시 이름일 것으로 가정했다. 우선 크로소스의 항구도시이며 분명 자주 쓰이는 이름인 'Amnisos'이름을 찾아냈다. 이 이름은 아마도 a-m?-ni-so와 같은 음절형태를 가지고 있을 것이라고 생각했다. 어미는 단어가 사용된 장소에 따라서 다를 수 있을 것이다. 이미 a와 ni의 철자는 알고 있었다. 그래서 이름의 목록에서 하나가 부합하는 것만을 찾아냈다. 두 번째의 위치에 C9, V1 기호를 가지고 있고 또한 4번째 위치에 C7, V2 기호를 가지게 된다. 이렇게 해서 나타난 것은 C9=m, C7=s, V2=o였다. 그래서 이름은 a-mi-ni-so 로 쓰였다.

(5) 도시 이름 목록에서 또 다른 이름을 찾아보고자 했다. 매우 자주 나오는 이름 형태가 ?o-no-so형태인데 이것은 아마도 크노소스라

고 생각되어 ko-no-so라고 했다. 이제 철자 규칙이 나타나기 시작했다. 즉 어미는 생략되고, 두 자음 다음에 모음 하나가 올 때에는 두 개의 음절로 쓰이고 모음은 반복된다는 규칙이다.

(6) 세 번째 장소 이름은 아마도 Tylissos일 것이고, tu-li-so일 것이다. 이것은 C11=l이라는 것이 밝혀졌다. 뒤에 가서 알게 된 사실이지만 l뿐만 아니라 r로도 쓰인다는 것이다.

(7) 크로소스와 필로스 기록에 다 같이 나오는 하나의 단어를 연구했다. 단어의 모양은 뚜껑이 달린 항아리 그림으로 보여서 연료나 음식종류를 나타내고 있는 듯했다. 이 단어는 두 도시의 표기에서 약간의 차이가 있었다.

크노소스의 표기에서	ko-li-?a-?o-no
필로스의 표기에서	ko-li-??-?a-na

하나는 ?o-no, 다른 하나는 ?a-na로 끝나는 단어로 실제로 두 자음을 가지고 시작되는 음절이라는 것이다. 그래서 단어 koliyadno를 제시해 보았다. 이 단어는 향신료 고수열매의 현대 이름과 관계된 옛날 단어였다. 이것이 맞다면 세 번째 음절은 ya이고, C1=y이다. 그러면 C5=d로 나온다.

위와 같은 방식으로 좌표망의 모든 철자를 판독해 나갔다.

Ventris's Grid

[출처: bbc.co.uk/dna/h2g2]

( ) 속 기호는 확실하지 않음

그가 판독해 나가면서 발견한 사실은 단어의 어미가 그가 알고 있는 고대 그리스(Ancient Greek)단어의 어미들과 매우 일치한다는 것이다. 그래서 점차 그가 연구하고 판독해가는 언어가 고대 그리스어라는 것을 부정할 수 없었다. 이러한 사실은 그 당시 모든 고고학 전문가들로서는 도저히 받아들일 수 없는 것이었지만 사실 그렇게 나오고 있었다.

1952년 벤트리스는 그가 판독한 것을 전세계에 알려야할 때가 되었다고 생각했다. 그래서 그가 발견하고 판독한 내용을 정리한 'Work notes'

기록서를 관심 있는 모든 전문가에게 열람시켰고, 1952년 6월에 'Work 20'을 발표했다. 그 달에 영국의 B.B.C. 라디오4 방송국에서 벤트리스의 선상문자B 판독 사실을 알리는 대담방송을 하였다. 방송에서 벤트리스는 크레타 섬에서 발굴된 흙판에 쓰인 선상문자B가 표기한 언어는 고대 그리스어이며 크레타 섬의 크노소스에서 사용된 언어라는 사실을 강조했다.

4) 선상문자B 음절문자 일람표

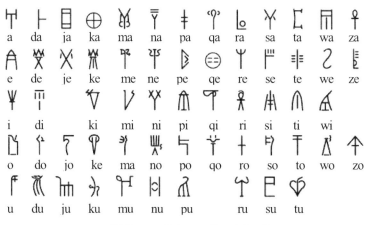

[출처: crystalinks.com/linearb.html]

미노아 선상문자의 형태에는 세 가지 종류가 있다.

첫째, 가장 초기 글자 형태로 크레타상형문자에 해당된 그림문자인데 기원전 2000년경에 사용하던 것으로 추정된다.

둘째, 선상문자에 기원전 1700년경에 사용하던 그림문자가 부분적으로 구성되어 있는데 이 글자를 선상문자A라고 한다. 흙판이 나온 것은 기원전 1750년-1400년 사이이다. 이 글자는 서 셈글자(West Semitic script)로 분류되고 있다.

셋째, 선상문자A에서 조금 더 발달된 글자는 기원전 1450년경에 쓰인 것인데, 그리스 본토에서 발굴되었다. 많은 학자들은 이 글자가 초기 그리스어를 표기했다고 보고 있다.

선상문자B는 약 200개의 기호로 구성되어 있고 음가를 가진 음절과 의미를 나타내는 뜻글자로 구성되어 있다.

이 뜻글자는 한 단어를 나타내고, 그 당시 거래된 물품항목을 주로 나타낸다. 선상문자B가 주로 매매거래에 사용되었다는 것은 놀랄 일은 아니다. 뜻글자는 거래된 물건의 모양을 닮았다. 그래서 그림문자라고 부를 수 있다.

5) 판독된 뜻글자의 예

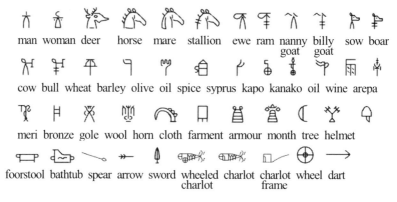

[출처: crystalinks.com/linearb.html]

6) 벤트리스와 존 채드윅(John Chadwick:1920-1998)의 합동연구

그 후 그는 필로스 및 다른 지역에서 발견된 판독되지 않은 선상문자B

인 미케네글자에 관심을 기울였다. 1952년 캠브리치대 고전학 교수이며 비교언어학자인 채드윅이 선상문자B 판독 사실을 라디오 방송으로 듣고 벤트리스에게 연락하여 나머지 판독 작업을 같이 협력하자고 제안했고 벤트리스가 이를 수락했다. 기호에 대한 벤트리스의 지식과 언어에 대한 채드윅의 지식이 합쳐져서 판독을 진전시킬 수 있게 되었다. 미케네문명 시대 그리스어는 호머시대의 고대그리스어와 다르다는 것이 밝혀졌다. 두 명의 합동 연구결과는 1953년 '미케네공문서에서 나타난 그리스방언의 증거들(Evidence of Greek Dialects in the Mycenaean Archives)'이란 논문으로 나왔다. 이 논문은 두 가지 사실을 밝혔다. 첫째, 미케네인들이 그리스어를 사용했다는 것이다. 이는 전에는 전혀 몰랐던 사실이었다. 이 때까지는 그리스어를 말하는 도리아(Dorian)인이 B.C. 1000경에 그리스에 착륙했다고 미케네인들은 도리아인이 아니었다고 알고 있었다. 둘째, 크레타의 크노소스가 B.C. 1450 이후부터 그리스어를 말하는 사람들에 의해서 통치되었다는 사실이다. 가장 이치에 맞는 설명은 미케네인들이 B.C. 1450년경에 크레타 섬을 침입해서 정복했다는 것이다. 그 다음의 합동 연구결과는 'Documents in Mycenaean Greek(1956)'라는 책으로 발간하게 되었다. 고고학자들이 지금은 인정하는 그의 이론은 선상문자B 가 그리스어의 옛날 형태라는 것이다.

1954년 4월 9일자 NYT(The New York Times)신문은 첫 장 뉴스에서 영국인 벤트리스가 크레타 섬의 선상문자B를 판독했다고 특종 보도했다. 지난 반세기동안 고고학자와 언어학자들을 곤경에 빠뜨렸던 고대글자 선상문자B를 아마추어 언어학자이자 건축가인 벤트리스가 해독했다고 밝혔다. 또한 그는 건축가로서 제2차 세계대전에 암호병으로 복무했었고 옛날의 고대글자를 여가삼아 판독하게 된 것이 큰 성과를 거두었으며 그가 판독한 글자가 표기한 언어는 그리스어라고 전했다.

7) 벤트리스가 밝혀낸 내용

(1) 주요도시와 궁전에서 지출 품목(신체부위, 액체, 무게 척도, 다양한 물품)기록에 선상문자B를 사용했다.
(2) 선상문자B는 약 89개 기호로 구성되었고, 음절문자였다. 모음 a ,e, i, o, u와 자음+모음의 개음절(예 pa, pe, pi, po, pu)로 구성되어 있고, 폐음절(모음+자음)과 자음+모음+자음 등은 나타나지 않는다.
(3) 음절 기호와 함께 100개 이상의 뜻글자가 있다.
(4) 선상문자B의 기호 중에 45개는 선상문자A와 아주 비슷하다. 선상문자A는 75개의 기호를 가지고 있다. 그래서 선상문자B는 선상문자A에서 파생되었고, 그리스 초기 형태로 판독되어진 미노아어가 아닌 언어를 기록할 목적으로 만들어졌다.
(5) 선상문자B가 언제, 어디서, 누구에 의해서, 어떤 환경에서 고안되었는지 알지 못하고 있다.

8) 학자들의 자세

1962년에 파머(Leonard R. Palmer)는 그의 저서 'Mycenaeans and Minoans'에서 판독되기 전의 그리스 학자들의 자세와 벤트리스의 입장을 설명하는 글을 자세하게 기록했다. 최초의 발굴자인 에반스는 처음부터 그리스어가 미노아어와 유사성이 있다는 것을 감히 추측조차 하지 않았다고 했다. 또한 그리스 본토에서 처음 선상문자B가 쓰인 흙판을 발굴한 카알 블레겐 역시 흙판에 쓰인 글자의 언어는 그리스어가 아니라 미노아어라고 확신했다고 했다. 심지어 벤트리스조차도 크레타 흙판에 그리스어가 쓰였을 것이라는 가능성을 생각하지 못했고, 오히려 흙판의 언어가 이탈리아 북부지역의 에투르스칸(Etruscan)어와 관계있다고 생각했을 정도였다. 이러한 잘못된 판단은 선상문자B의 판독 마지막 단계까지 계속되었다. 또한 특이한 것은 선상문자B 판독에 매달리고 연구하던 학자 어느 누구도 그 언어가 그리스어일 것이라고 생각한 학자는 아무도 없었다는 것이다. 몇 년 뒤에 벤트리스가 정확하게 선상문자B를 판독했을 때에도 회의와 반대의 목소리가 들려올 뿐이었다.

그러나 완벽하게 시행된 연구방법으로 인해서 올바른 판독결과가 나오고 많은 그리스 단어와 이름들이 밝혀지게 되자 고고학자 및 언어학자들도 차츰 사실을 인정하게 되었다. 그러나 이때의 충격은 트로이(Troy) 발견 이후 최대의 것이었고, 초기 그리스 문명의 전 분야에 큰 충격을 주었다. 학자들에게 가장 큰 충격을 준 것은 그리스 신전의 신들 이름을 그때까지만 해도 B.C. 8세기에 시인 호머(Homer)와 헤시오도스(Hesiod)가 지었다고 믿었는데 선상문자B의 글자로 표기된 그리스어에서 신의 이름을 발견하게 된 것이었다.

결론적으로 선상문자B는 음절문자이고 이 글자가 표현한 것은 미케네어(Mycenaean)라고 부르는 그리스어의 옛날 형태이다. 이 글자는 처음으로 크레타 섬의 중심인 크노소스에서 발견되었으나 뒤에 가서 그리스 본토 미케네 지역에서도 발견되었다. 'Mycenaean'의 용어는 미케네(Mycenae) 도시 이름에서 유래되었고 그 이름의 문화 즉 미케네 문화로 알려져 있다. 이 문화는 기원전 14-15세기에 번영했고, 「일리아드와 오디세이」에서 기술된 사건들이 발생했던 시대였다. 이 서사시는 훨씬 뒤에 다른 조직의 글자로 쓰였다.

1900년에 시작된 크레타 섬의 크노소스의 발굴 작업으로 말미암아 그리스 시인 호머의 시 오디세이에서 '위대한 도시 크노소스, 미노스왕이 9년 동안 통치하였다'라고 읊은 크레타 섬의 번영을 실제로 증명하게 된 것이다. 뒤에 나온 문명 구분에서 에게문명은 크게 두 가지 계통의 문화로 나뉘게 되는데 하나는 크레타 섬을 중심으로 한 남방계 문화요, 다른 하나는 미케네를 중심으로 한 북방계 문화다. 크레타 섬의 미노스왕국은 B.C. 1400년경 그리스 본토로부터 침입을 받아 멸망당하고 크노소스를 비롯한 각지의 궁전은 파괴되면서 에게문명의 중심은 미케네문명 하나로 단일화되었다.

9) 그리스 역사의 수정작업

선상문자B의 글자표기 언어가 그리스 언어라는 사실이 인정되면서 기존 역사의 수정작업이 불가피하게 되었다. 우선 두 가지 질문이 나오게 된다. 첫째, 기원전 14세기에 글을 쓰고 읽을 수 있었던 사람들이 거의 5세기 동안 어떻게 글을 쓰지도 읽지도 못하는 사람이 될 수 있었는가? 둘째, 기존의 역사에서 시대구분을 잘못 하였는가? 이것에 대한 답변으로 지난 세기에 소위 '암흑시대'의 설정은 과거의 이집트학의 학자들이 그리스 학자들에게 강요해 왔던 것이다. 이 암흑기 시대의 글자가 바로 선상문자B가 사용된 시기이다. 그리고 B.C. 9세기 후반이나 8세기 초반에 음절문자가 아닌 모음과 자음을 각각 가진 페니키아철자를 글자로 채택한 그리스인들이 그 철자로 새김되어 있는 가장 오래된 새김글보다 500년이나 먼저 그리스어를 쓴 미케네 흙판글자(선상문자B)가 발견되자 고전학자들은 새로운 해석을 해야 된다고 주장했다. 이로 인해서 벤트리스의 해독은 적극적으로 지지받고 옹호되었다

4 제임스 프린셉(James Prinsep: 1799-1840)

프린셉은 인도 고대글자 브라흐미(Brahmi) 인도글자를 해독한 공로가 있다. 아소카왕의 칙령이 이 글자로 석주와 바위에 새겨져 있었다.

<아소카 석주에 새겨진 브라흐미문자(대영박물관 소재)>
[출처: commons.wikimedia.org]

<아소카의 칙령 바위 새김글: 기르나르(Girnar) 소재>
[출처: tuninst.net/Linguistics/script-brahmi/brahmi.htm]

(위에서부터 5째 줄까지의 로마자 번역과 우리말 해석)

iyam dhammatipi devanampiyena
Piyadasina ranya lekhapita idha an kin
ci jivam arabhida paju hitavyam
na ca samaje katavyo bahukam hidosam
samajamhi pasati devanampiyo piyadasi raja

이 칙령은 신의 사랑을 받는 피야다시왕의 칙령이다.

'이제부터 모든 동물을 죽이는 것도, 가축을 죽이는 것도 금지한다. 신의 사랑을 받는 피야다시왕을 위해서.'

1) 프린셉의 생애(1799-1840)

인도 고대 마우리아왕조의 3대 아소카(Asoka)왕의 칙령이 적힌 글자를 판독한 사람은 영국인 제임스 프린셉이다.

그는 영국 에식스(Essex)주에서 1799년 8월 20일 출생하였다. 1819년 20세 때에 인도의 캘커타(Calcutta)의 화폐제조국에 임용되었고, 1년 뒤인 1820년에서 1830년까지 바라나시(Varansi) 화폐주조의 검열책임자로 근무했고, 1832년에 다시 화폐제조국의 검열책임자(Assaay Master)로 캘커타에 돌아와 근무했으며, 1938년에 병에 걸려 인도를 떠나 영국에 귀국했다. 1840년 4월 22일 41세의 나이로 사망했다.

그는 다방면에서 박식했다. 기상학, 화학, 고고학, 광물학, 화폐연구, 건축가, 인도 글자연구 등 끝없는 활동과 연구에 심혈을 바친 인생을 살았다. 그는 화폐국에 재직하면서 무게와 척도를 개선했고, 화폐를 동일하게 만들었다. 그는 바나라시의 화폐국 빌딩을 직접 설계, 완공했고, 여러 교회도 신축했다. 그리고 터널을 건설하고 하수처리시설을 개선하기도 했다. 그가 인도에 바친 애정을 못 잊은 캘커타 시민들이 기금모금을 했고 1843년 그를 기리기 위한 프린셉 부두를 후글리 강둑에 설치했다. 그의 업적 가운데 가장 빛나는 것은 아소카왕 석주에 새겨져 있는 브라흐미문자(Brahmi Script)를 판독한 것이었다.

판독의 결과는 다음과 같다.

(1) 고대 인도글자인 브라흐미와 카로슈티문자(Kharosthi)를 알게 되었고, 그 글자로 표기한 프라크리트 언어를 알게 되었다.

(2) 아소카왕의 즉위 연대를 알게 되었다.

(3) 부처의 탄생과 입적의 연대를 추정하게 되었다.

(4) 부처의 탄생지, 성지 확인, 사용한 언어, 불교 경전의 명칭, 불교 전도 등을 알게 됐다.

(5) 아소카왕의 인간적인 면모, 통치이념, 신앙생활과 전도 등을 알게

되었다.

(6) 고대 인도의 종교, 예술, 역사언어학, 고고학 등의 여러 가지 의문
    사항에 대한 해결책의 실마리를 제공했다.

2) 아소카왕의 칙령 해독 내역

그는 아소카왕 석주의 칙령을 해독하는데 10년간 노력하여 마침내 브
라흐미문자를 판독해 냄으로써 고대 인도역사를 바로잡는데 크게 기여했
다. 그는 브라흐미문자의 비밀을 밝힐 수 있는 열쇠를 찾아냈던 것이다.
이 비밀의 열쇠는 역사언어학의 창시자 윌리엄 존스 경(Sir William
Jones: 1784-1861)이 40년간이나 희망했던 것이었다.

프린셉의 업적은 선행연구가들이 거의 많은 부분 판독한 것을 완결했
다는 것이다. 선행연구가들이 카로슈티의 글자 판독에 관해 실마리를 제
시했는데 그는 그것을 따라가면서 판독을 했다. 결국 19개의 단순 철자의
음가와 하나의 복수 철자의 음가를 찾아냈다. 판독에는 상당한 어려움이
있었다. 돌에 새겨진 글자가 세월이 너무 지나서 많이 희미해졌고, 희미
한 글자 위에 또다시 글자를 새겨서 처음 글자가 거의 망가진 것도 있었
다. 더구나 복사기술이 발달하지 않았던 시절이라 복사가 완벽하지 못한
면이 있었다. 그렇지만 단단한 돌에 새겨졌기 때문에 그 정도라도 남아있
어서 다행이었다. 아소카왕의 칙령 새김글은 인도에서 나온 기록으로는
가장 초기의 글자이다.

1788년 델리(Delhi)에 있는 석주에서 새김글이 복사되었고 판독을 위
해 아시아학회(Asiatic Society)로 보내졌었다. 학회의 여러분들이 관심을
가지고 연구한 결과, 처음으로 사르만(Pundit Radhakanta Sarman)이 후
미에 새겨진 글자(Kutila글자로 된) 몇 자를 판독했다. 그러나 나머지 글

자는 해독이 안 되었기에 이 판독되지 않은 새김글을 '델리 No.1'이라 칭하게 되었다. 그 뒤에 비슷한 글자가 새겨진 석주가 여러 곳에서 발견되었다.

존스는 산스크리트어가 인구어족의 일원임을 밝혀냈을 뿐만 아니라 그리스역사에서 호칭되고 있는 인도왕 '산드라커투스(Sandracttus)'가 사실 마우리아 왕조를 설립한 찬드라굽다왕(Chandraguta)인 것을 밝혀냈고, 그 왕조의 정확한 연대를 알아냈다. 이 연대가 고대 인도역사 연구에서 지주 역할을 하게 되었다. 이 연대는 부처의 탄생일과 아소카왕의 연대를 산출하는 기점이 되었다.

프린셉은 화폐주조국의 직원이어서 그랬는지는 몰라도 열렬한 동전수집가였다. 그는 고대 인도의 동전에 그가 읽을 수 없는 글자가 새겨져 있는 것을 다 기록했다. 인도-그리스 국가와 쿠산(Kushan)국가의 통치자들이 동전에 이중언어로 표현을 했던 덕택에 고대 인도글자인 카로슈티와 브라흐미는 판독의 근거를 마련했다.

판독에서 최초의 단서는 화폐로 쓰인 동전에서 나왔다. 이 동전은 인도 서북쪽의 그리스글자와 브라흐미문자가 동시에 사용되는 이중언어사용 지역에서 나왔다. 이 동전에 그리스글자와 브라흐미문자가 동시에 쓰여 있는 것에서 단서를 찾았다. 이 동전은 아소카왕 시대보다 약간 후대에 속한 것이었다. 그리스글자로 된 것은 음가를 알 수 있기 때문에 브라흐미문자의 음가도 자동적으로 찾아내게 된 것이다. 특히 카로슈티문자가 처음으로 판독될 때에 카로슈티문자와 그리스글자를 동전에 새겨 넣은 통치자의 덕을 크게 보았다. 초기 인도 대륙의 동전 주조술은 인도 북부 박트리아에 거주하는 그리스인의 도움을 받았고 그리스인의 예술을 모방하여 크게 발전되었다. 프린셉이 카로슈티와 브라흐미문자를 판독해냄으로써 고대의 바위와 여러 석주의 새김글을 알 수 있게 되어 역사가들이 고대 인도의 역사를 되살릴 수 있게 되었다.

다음은 인도에서 발견된 동전으로 이중언어로 글자가 새겨져 있다.

Apollodotos I, 약160 에서 150 B.C.
사각 이중언어 동전(그리스글자와 카로슈티문자) 은전 드라크마(*drachm*)
[출처: rosenblumcoins.com/35d/0267.jpg]

이 동전에 새겨진 글자가 전인도 지역의 바위나 석주에 새겨 놓은 글과 꼭 같은 종류의 기호로 쓰여 있는 것이 발견됐다.

그래서 그는 여러 여행자들에게 바위나 석주에 새겨진 글자가 있거든 복사해서 자기에게 전해줄 것을 부탁까지 하면서 바위나 석주에 새겨진 글자를 수집했다. 모은 새김글들을 종합해 보니 공통적으로 갖고 있는 특이한 사항이 있는 것을 발견했다. 즉 일정한 묶음으로 된 글자가 반복되어 석주나 바위에 새겨져 있었던 것이다. 이 묶음 새김글에는 거의 세 마리의 사자와 수레바퀴(chakra)가 함께 나왔다. 이것에서 프린셉은 이 새김글들이 인도 전역을 다스렸던 어느 왕의 포고문임에 틀림없을 것이라고 결론내렸다.

그 당시는 이 왕이 누구인지, 그 포고문의 내용이 무엇인지 알지 못했다.

1833년에 프린셉은 아시아학회 총무를 맡았고, 1년 후인 1834년에 처음 인도의 수도 델리와 알라하바드(Allahabad), 라우리야 난당가르(Lauriya Nandangarh)에 있는 세 개의 석주 비문글자를 비교해 공통된 단어를 찾아보고자 마음먹었다. 대조한 결과 비문의 글씨 세 개가 꼭 같다는 것을 밝혀냈다. 단지 밑단에 새겨져 있는 각 지방의 글자 몇 줄만이 다를 뿐이었다.

지금까지 발견된 단서보다 더욱 중요한 실마리는 보팔(Bhopal)주 산치(Sanchi)에 있는 여러 탑 중에서도 제일 중요한 큰 탑(Stupa) 주변에서 나왔다. 탑에 새겨진 글자와 그림의 복사본을 구해 보았다. 여기에서 중요한 성지의 둘레에 쳐진 울타리 돌에서 중요한 짧은 새김글이 발견되었다. 볼품 없는 글씨체로 된 글씨 조각들이 어떤 글씨보다도 더 귀중한 결과를 갖다 주었다.

산치에서 나온 복사본을 정리하고 석판인쇄를 하면서 발견한 것은 한 단어가 반복적으로 다른 단어에 붙어서 나오는데 두 개의 철자로 끝난다는 것이었다. 철자의 환경을 간단하게 하여 연결시켜보니 그 철자들은 계속 이어지는 텍스트의 일부분이 아니고 단순 텍스트로서 부고 통지서, 신도의 공양물, 선물의 품목 등을 기록한 것임을 짐작했다. 그래서 이 글자들이 곧 선물(danam)을 뜻하는 단어가 아닐까라고 생각했다. 그래서 자주 반복된 두 철자가 d와 n철자임을 알게 되었다. 고대 철자에 대한 지식을 가지고 있었던 그는 곧 남아있는 철자 모두를 즉각 읽을 수 있게 되어 쓰인 글자 전부를 파악하게 되었다. 만약 이 단서가 발견되지 않았다면 아소카왕 석주의 글 판독은 어려웠을 것이다. 그 철자를 수도 델리에 있는 'Delhi No.1'으로 알려진 석주에 새겨져 있는 글자에 적용시켜 보았다. 적용을 해 보니 금방 해석이 되었다. 이때 비로소 가장 초기의 브라흐미철자가 판독되었다.

브라흐미문자는 사실 인도에서 사용된 거의 모든 글자의 조상 글자이고, 가장 오래된 글자로 알려져 있다. 프린셉은 브라흐미문자를 델리 석주에 대입해 본 결과 다음과 같은 구절을 발견했다.

Devanampiya Piyadasi Laja evam haiva(beloved of the gods, king piyadasi proclaims thus.)

위에 쓰인 언어는 고전 산스크리트어에서 파생되어 나온 프라크리트 (Prakrit)어였다.

몇 주 내에 델리 석주의 글자가 판독되었는데 내용은 다음과 같다.

"신의 사랑을 받은 피야다시왕은 이렇게 말했다. 내가 기름 부음 받은 지가 27년째 되는 해에 이 종교적 칙령을 새김글에 새겨 널리 공표케 해서 나의 마음에 일어난 잘못들을 인정하고 고백한다. 석주에 이 종교적 칙령을 새겨서 그것을 아주 먼 훗날에까지 보존토록 할 것이다."

이 판독에서 나온 왕이 도대체 누구냐 하는 문제가 제기되었다. 판독을 한 프린셉은 처음에 그 왕은 부처를 가리키는 것으로 생각해 보았다. 왜 냐하면 그 당시의 지식으로 석주에 새겨진 것 같이 그렇게 광대한 영토를 가진 인도의 왕은 없었기 때문이었다. 그러나 이런 생각을 곧 접어야 했 다. 석주에 새겨진 글 가운데 '내 정권 시기 중에 이와 같은 해에'라는 글귀가 있는데 부처는 왕국을 다스리지 않았기 때문에 이 왕은 아마도 세속의 왕일 것으로 여겨졌다.

1837년 8월에 이 의문은 해결되었다. 이웃 나라인 스리랑카에서 실마 리가 나왔던 것이다. 죠지 터너(George Turnour)가 실론의 민간 봉사단 체(Ceylon Civil Service) 일원으로 팔리어(Pali)로 쓰인 스리랑카 부다 경전을 영어로 번역하는 작업을 하고 있었다. 번역작업으로 인하여 스리 랑카의 역사, 불교역사 등을 알 수 있는 기회를 갖게 되었다. 그가 팔리어 로 되어 있는 불교 문학작품인 '디포완소 (Dipowanso)'를 번역하던 중에 다음과 같은 글귀를 만나게 되었다.

"부처의 열반 이후, 218년에 피야다시의 취임식이 있었다. 그는 찬드라굽타 (Chandragupta)의 손자이고, 그 당시 우자야니(Ujjayani)지역 총독인 빈두사라(Bindusara)의 아들이었다."

의문이 풀리는 순간이었다. 피야다시는 바로 아소카왕을 지칭했던 것이다. 찬드라굽타의 자손으로 왕이 된 이의 목록을 산스크리트어로 이미 알고 있었기 때문이다. 또한 아소카왕은 초기 불교의 후원자로 널리 알려져 있었다. 그래서 아소카왕의 역사성이 분명하게 확립된 것이다. 거대한 제국의 왕이 아소카왕이라는 것이 밝혀진 후에 그는 인도 역사에서 가장 영광스러운 자리에 다시 복귀하게 되었다. 그 뒤에 계속해서 많은 것이 판독되었고, 더 많은 증거가 발견되었다.

그 뒤 1915년에 카르나타카(Karnataka)주 라이츄(Raichu) 지역의 마스키(Maski)와 구자라트(Gujarat)주의 조그마한 바위에 새겨 놓은 아소카 칙령에서 처음으로 'Ashoka'라는 이름이 실제로 쓰여 있는 것이 발견됨으로써 석주 칙령을 새기도록 명한 사람이 아소카왕이라고 공식적으로 인정을 받게 되었다.

아소카(Ashoka)는 산스크리트어에서 A=없이(without), shoka=슬픔(sorrow)의 뜻이고, 또 Ashoka는 팔리어로 피야다시(Piyadasi)로 '신의 사랑을 받은 사람'이고 프리야다르시(Priyadarshi)는 '좋은 모습(good looking 또는 one of the amiable look)'의 뜻이다.

프린셉은 석주나 바위에 새긴 비문에서 아소카왕에 대한 정보를 얻어 판독에 성공했다. 이 석주나 바위에 새겨져 있던 브라흐미문자와 카로슈티문자는 아소카왕의 사후에 남겨진 것으로 인도의 가장 고대 글자로 보인다. 모헨조다로(Mohenjodaro)와 하랍파(Harrapa)에서 발굴된 도장에 새겨진 글자 이후 인도에서 나온 최초의 글자이기 때문이다. 이 글이 표기한 언어는 산스크리트어가 아니고 그 당시에 사용되고 있던 구어 프라크리트어(Prakrit)였다. 아소카왕 사후 50년이 지난 B.C. 185년에 마우리아왕조의 마지막 왕인 브리하드라타(Brhadrata)가 그의 참모장인 숭가(Sunga)에 의해 살해되면서 망하게 되고 그 다음에 숭가왕조(Sunga: B.C. 185-78)가 들어섰다.

인도의 수도 델리에는 아소카왕의 석주가 두 개 있다. 그 하나는 암발라 디스트릭트(Ambala district, 현재 하야나(Haryana))의 토프라(Topra)에서 옮겨와 델리 문(Delhi gate) 가까이에 세워져 있고, 다른 하나는 미러뜨(Meerut)에서 옮겨와 델리대학 근처 바라 힌두 라오 병원(Bara Hindu Rao Hospital) 가까이에 세워져 있다. 이 석주에는 아소카왕의 칙령이나 7개의 주요 새김글, 몇 개의 그림, 다른 몇 가지 새김글들이 새겨져 있다.

아소카왕의 칙령은 부처의 14개명을 포함하고 있는데 프라크리트어로 기록된 석주의 크기는 매우 웅장하다. 높이가 평균 40-50피트이고 무게가 약 50톤이 나간다. 석주에 사용된 돌은 모두 바라나시 남쪽 추나(Chunar)에서 채석해서 수백 마일 운반하여 사용했던 것이다.

석주의 꼭대기에는 사자 4마리가 등을 맞댄 채 사방을 응시하고 있고, 그 밑에는 인도 국기에 있는 것과 마찬가지로 24개의 살이 있는 고리 모양의 바퀴(불교용어: 법륜(Dharma Chakra))가 있고, 그 옆에 4마리 동물 조각이 있는데 동쪽을 보는 코끼리, 남쪽을 보는 황소, 서쪽을 보는 말, 북쪽을 보는 사자 등이 자리잡고 있다. 석주의 밑단에는 거꾸로 된 연꽃이 석주의 연단을 형성하고 있다. 코끼리는 부처를 상징하고 있는데 그 이유는 부처의 어머니가 부처를 임신했을 때에 하얀색의 코끼리가 어머니의 자궁 속으로 들어오는 꿈을 꾸었기 때문이라고 한다. 황소는 천체의 황도 12궁도에서 황소자리 표시로 부처가 4-5월에 태어나고 4-5월에 깨달음을 얻었다는 것을 상징하는데 황소는 힌두교에서 시바(Shiva)신을 상징한다. 말은 부처가 타고 다닌 '칸타카(kanthaka)'라는 이름을 가진 말을 뜻하고 그가 궁전에서 고행과 깨달음을 얻기 위해 떠날 때에 타고 간 말이다. 사자는 깨달음을 얻은 것을 의미한다.

아소카 석주 중에서 가장 유명한 것은 사르나트(Sarnath)에 설치된 것인데 이곳은 부처가 첫 설교를 했던 곳이다. 부처가 5명의 승려에게 불법(Dharma)을 가르쳤던 곳이라 한다. 이 석주에 새겨진 칙령에서는 사회의 어떤 부분에서도 분열을 반대하는 아소카왕의 의지를 보게 된다. 이 석주는 사암(sandstone)으로 원형 그대로 유지되고 있다.

<석주의 꼭대기에 있는 조각상>
[출처: indianetzone.com/10/sculptures_mauryan_empire.htm]

아소카왕의 석주는 모두 약 33개 정도가 된다. 새김글에 표기된 언어는 3개(그리스어, 아람어, 프라크리트어)의 언어와 4개(브라흐미, 카로슈티, 그리스, 아람)의 글자로 새겨져 있다. 수적으로 가장 많은 언어는 프라크리트어이고, 소수이지만 그리스어와 아람어도 있다. 프라크리트어를 새긴 글자는 브라흐미문자와 카로슈티문자이다. 다른 글자로는 아프가니스탄 지역의 이중언어로 된 칙령에 그리스글자와 아람문자도 있다. 아프가니스탄 지역에 있는 석주에는 주로 그리스어와 아람어로 되어 있다. 그리스어와 아람어로 된 새김글의 중요성은 프라크리트 비문에 사용된 몇몇 중요한 단어의 번역에 기여한 것이다. 그 예를 들면 프라크리트 단어 dhamma는 산스크리트어에서 dharma(law of piety)와 같다. 이것이 그리스어 새김글에서 Eusebeia(law of piety)로 번역되어 있어서 곧 그 뜻을 알게 됐다. 아소카 비문 중에 중요한 것은 프라크리트어를 브라흐미철자와 카로슈티철자로 새겨 놓은 것이다. 카로슈티문자로 된 비문은 인도의 북서쪽에 많이 있어서 그 지역 철자를 암시한다. 카로슈티문자는 간다하르(Gandhari)글자라고도 알려져 있는데 간다하르는 지금의 북 파키스탄과 동 아프카니스탄 지역이다. 이 글자가 표기한 언어는 프라크리트어에 속한다. 카로슈티문자는 브라흐미문자와 동시대에 사용된 글자로 B.C. 3세기경에 사용되었다.

카로슈티문자가 처음 사용된 곳은 샤흐바즈가르히(Shahbazgarhi)와 맨세흐라(Mansehra) 지역 근처의 아소카 칙령이다. 이 글자도 프린셉에 의해 판독되었다. 이 글자는 600년간 지속되다가 3세기경에 브라흐미문자에 밀려서 사라졌다. 카로슈티문자는 셈글자의 후손인 아람문자에서 파생되어 나온 것이고, 글 쓰는 방향은 브라흐미문자의 쓰는 방향과 정반대인 오른쪽에서 왼쪽으로 쓴다. 처음에는 페샤와르(Peshawar) 인접에 국한되더니, 마우리아왕조 후기에는 점차 중앙아시아까지 확대되어갔다.

아소카왕 비문에 쓰인 칙령의 억양은 대화체에 가깝다. 바위에 새긴 칙령의 내용은 그 당시의 다양한 계층을 겨냥해서 언급한 것이다. 불교 스님에게는 불교 실천에 관한 내용을, 국가공무원에게는 백성의 안녕을 지키는 것에 관한 내용을 말하였다. 그러나 대부분의 칙령은 대다수 일반 백성에게 말하는 것이었다.

마우리아왕조 때에 광범위한 지역에서 프라크리트어가 사용되었지만 지역마다 차이가 있었다. 그래서 아소카 칙령의 원래의 내용을 엄격하게 꼭 같이 따르게 할 수는 없었던 것이다. 칙령은 왕궁의 왕에서 나왔지만 실제 돌에 새길 때에는 석수쟁이가 새겼다. 따라서 지방 용법에 어느 정도 맞추어 새겼던 것으로 원본과는 약간의 차이가 있게 된 것이다. 예를 들어 남인도 카르나타카주에서 나온 비문을 보면 왕의 칙령 끝에 새김자의 이름인 카파다(Capada)라고 카로슈티문자로 새겨져 있었다. 물론 칙령의 글자는 브라흐미문자였다. 이것에 대해서 여러 가지 추측이 있는데 석수쟁이가 북서쪽 출신이거나 아니면 석수쟁이가 브라흐미문자뿐만 아니라 카로슈티문자도 알고 있다는 것을 나타내지 않았을까 하는 것이다. 지역적 차이에서 나올 변수를 어느 정도 반영하는 유연성을 가지고 있었던 것 같다. 그래서 어떤 곳의 칙령에서는 l과 r을 서로 바꾸어 쓰기도 하는 등 단어나 용법에서 약간의 변수가 있었다.

석주에 새긴 칙령 중에 칙령 13의 일부 조각이 그리스에서 발견되었고, 그리스어와 아람어로 완벽하게 새겨진 칙령이 칸다하르(Kandahar)에서 발견됐다. 프라크리트어로 쓰인 곳에서는 Dharma로 되어 있는 것이 그리스어로 번역된 것에서는 Eusebeia로 되어 있고, Ashoka는 Piodasses로 되어 있다.

특히 그리스어와 아람어 비문에서는 아프가니스탄에 있는 카불(Kabul)과 간다하르(지금의 peshawar와 인근지역) 지역인 것이 B.C. 6세기경 페르시아의 아케메니드왕조 때에는 페르시아에 속했다. 이곳은 B.C. 4세기경에 마우리아왕조의 찬드라굽다왕 때에 전쟁을 해서 빼앗은 지역이다. 이 지역에 있는 아소카왕 비문은 그리스어와 아람어의 이중언어 비문이다. 이 지역은 이중언어사용이 흔한 지역이었다.

3) 브라흐미문자의 기원

브라흐미문자는 크메르와 티베트글자를 포함해서 현대 인도 40여개 글자의 조상 글자이다. 브라흐미문자는 셈글자 중 아람문자에서 파생된 것으로 생각된다. 그리고 B.C. 500년 이전에 인도에 나타났던 것이다. 인도인들이 주장하는 설명을 보면 브라흐미문자는 B.C. 2000년경 인더스 계곡에서 사용된 인더스글자나 하라파글자에서 발달해 나왔다는 것인데 이것은 확인되지 않은 가설이다.

브라흐미문자로 새겨진 새김글 비문이 최초로 알려진 것은 마우리아 왕조의 3대 왕인 아소카왕(약 270-232 B.C.) 시대인데 이 시대부터 구전해 오는 방식에서 기록의 시대로 바뀌게 되었다. 브라흐미문자는 프라크리트어, 산스크리트어 등을 포함하여 다양한 언어를 표기하는데 사용되었다. 브라흐미문자는 장모음과 단모음을 각각 다른 철자로 표시하지만 카로슈티문자에는 장단 구별 없이 사용된다.

브라흐미문자의 특징은 현대 인도의 여러 글자들과 비슷하다. 각 철자들은 타고난 a 모음을 가진 자음을 가지고 있다. 모음은 각각의 모습을 가지고 있다. 철자들이 발음되는 방법에 따라 묶음이 형성된다. 하나 이상의 변이형을 갖고 있는 철자가 많다. 브라흐미철자에서 발달되어 나온 철자는 뱅갈글자(Bengali), 데바나가리글자(Devanagari), 구자라트글자(Gujarat), 구르무키글자(Gurmukhi), 카나다글자(Kannada), 크메르글자(Khmer), 말라야람글자(Malayalam), 오리야글자(Oriya), 타밀글자(Tamil), 탤루구글자(Telugu), 티베탄글자(Tibetan), 시말라글자(Simala) 등 12개 글자다.

4) 브라흐미문자의 자음과 모음의 예

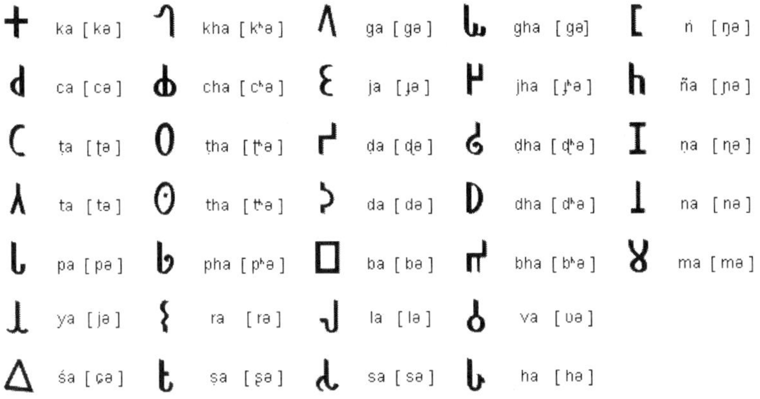
ka [kə] kha [kʰə] ga [gə] gha [gə] ṅ [ŋə]
ca [cə] cha [cʰə] ja [ɟə] jha [ɟʰə] ña [ɲə]
ṭa [ʈə] ṭha [ʈʰə] ḍa [ɖə] ḍha [ɖʰə] ṇa [ɳə]
ta [tə] tha [tʰə] da [də] dha [dʰə] na [nə]
pa [pə] pha [pʰə] ba [bə] bha [bʰə] ma [mə]
ya [jə] ra [rə] la [lə] va [ʋə]
śa [ɕə] ṣa [ʂə] sa [sə] ha [hə]

모음과 모음 표시의 예

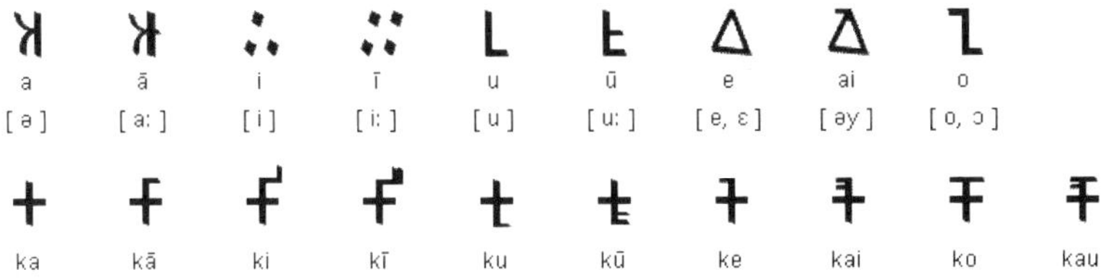
a ā i ī u ū e ai o
[ə] [a:] [i] [i:] [u] [u:] [e, ɛ] [əy] [o, ɔ]
ka kā ki kī ku kū ke kai ko kau

5) 카로슈티문자의 자음과 모음 예

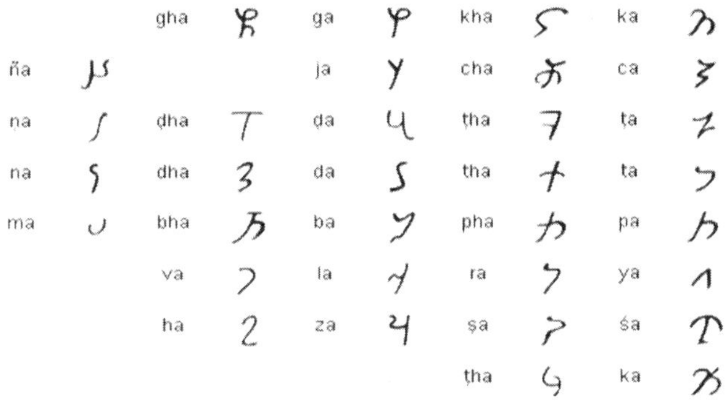
gha ga kha ka
ña ja cha ca
ṇa ḍha ḍa ṭha ṭa
na dha da tha ta
ma bha ba pha pa
va la ra ya
ha za ṣa śa
ṭha ka

석주에 사용된 예 (아쇼까왕 비문 - 호진.정수 옮김에서)

카로슈티문자(사흐비즈가리히)

브라흐미문자(룸비니)

다음은 시대별 브라흐미문자의 발전상의 도표이다.

연대와 철자	ka	ja	ma	ra	sa	a
300 BCE						
200 CE						
400 CE						
600 CE						
800 CE						
900 CE						
1100 CE						
1300 CE						
Modern	क	ज	म	र	स	अ

[출처: http://acharya.iitm.ac.in/sanskrit/script_dev.php]

아소카왕의 통치연대는 여러 가지 실마리를 풀어주는 열쇠 역할을 하
고 있다. 그가 왕위에 있던 재위 13년에 새긴 칙령 중 14장 마애칙령 제

13장에서 그리스의 다섯 왕에게 사절을 보낸 기록이 있다. 그리스의 역사에서 이 다섯 왕을 찾아보면 연대 문제가 해결된다. 칙령에 새겨진 다섯 그리스 왕들의 이름을 찾기 위해서 아쇼까왕 비문(츠카모토 게이쇼: 호진.정수 옮김. p.2)을 보니 다음과 같다.

> 앙띠요까(Aṃtiyoka) = 안티오코스 2세 테오(Antiochos Ⅱ Theo: Syria왕), 기원전 261-246년.
>
> 뜨라마야(Turamaya) = 프톨레마이오스 2세 필라델포스(Ptolemaios Ⅱ Philadelphos: Egypt왕), 기원전 285-246년
>
> 앙띠끼니(Aṃtikini) = 안티고노스 고나타스(Antigonos Gonatas: Macedonia왕), 기원전 276-239년.
>
> 마까(Maka) = 마가스(Magas: Cyrene왕), 기원전 300-250년.
>
> 알리까수다라(Alikasudara) = 알렉산드로스(Alexandros: Epeiros왕), 기원전 272-255년.

아소카왕이 사절을 보낸 5명의 왕들과 같은 시기에 살았던 시기를 산정하면 기원전 261년에서 255년까지다. 그런데 14장 마애칙령 제5장에 따라 법대관제도를 만들어 국내외에 법대관을 사절로 파견하기 시작한 것은 그의 재위 13년째부터였다고 기록한 것을 보면 아소카가 그리스에 사절을 보낸 것도 이 제도 이후일 것이다. 만약 이 제도를 만들고 곧 보냈다면 아소카왕의 즉위 해인 기원전 274년에다 13년을 더한 268년이 된다.

이와 연계해서 부처의 사망과 아소카의 탄생에 관한 연대를 추정한 연표를 보면 다음과 같다. (호진.정수 옮김. 아쇼까왕 비문, p.201)

연대표

1. 기원전 559년: 키로스(Cyros) 2세 아캐메니드(Achaimenes)왕조 창설

2. 485년: 부다 입멸(남전:스리랑카 전승. 탄생은 565년)

3. 383년: 부다 입멸(북전:마투라, 카슈미르 전승. 탄생은 463년)

4. 334년: 알렉산더 그리스의 맹주로서 페르시아 토벌 시작

5. 323년: 알렉산더 사망

6. 347년: 찬드라굽다가 인도의 마우리아왕조 창설

7. 312년: 셀레우코스 1세 니카토르(Seleucos Ⅰ Nicator)
   셀레우코스왕조 창설

8. 293년: 빈두사라(Bindusara) 즉위

9. 280년: 셀레우코스 1세 암살당함

10. 268년: 아쇼카 즉위

11. 261년: 아쇼카 즉위 8년 칼링가(Kalinga)국가 정복

12. 259년: 아쇼카 즉위 10년 칸다하르(Kandahar)제1칙령 선포

13. 256년: 아쇼카 즉위 14년. 인접국가 및 그리스의 여러 나라에 사신 파견

14. 232년: 아쇼카왕의 치세 끝남.

15. 184년: 부사미트라(Pusyamitra)가 마우리아왕조를 멸망시키고 숭가(Sunga)왕조를 창설.

유리 발렌티노비치 크노로소프
(Yuri Valentinovich Knorosov: 1922-1999)

1) 크노로소프의 생애

유리는 우크라이나의 학구적인 가정에서 태어났고, 청년시절에는 2차세계대전중 소련의 붉은 군대(Red Army)에 입대해서 포병감적수로 복무했다. 그는 1945년 소련의 마지막 공격 때에 독일 베를린전투에 참전했다. 이때에 독일 드레스덴(Dresden) 도서관에 보관 중이던 마야 그림문자가 새겨진 74페이지에 달하는 마야 두루마리(Maya Codices) 복사본 한 권을 우연히 습득하게 되었다. 이 책은 16세기 초 중앙아메리카 멕시코에서 유럽으로 건너온 책이었다. 그는 이 그림문자책을 자세히 살펴보았다. 그는 이미 이집트 상형문자와 다른 여러 가지 글자에 대해 상당한 지식을 가지고 있었다. 이렇게 우연하게 입수한 책에 대한 호기심으로 시작해서 그는 평생동안 마야 그림문자를 연구하게 되었다. 전쟁이 끝나자 레닌그라드에 있는 러시아 민족학대학(Russian Institute of Ethnography)에 등록하여 비

교언어학 특히, 고대 언어학에 열중하게 되었다. 전쟁 전에도 1940년에 모스크바에 있는 모스크바대학교에 입학하여 공부한 경력이 있었다. 그는 지도교수의 권유로 1952년에 스페인 신부 란다(Diego de Landa)가 마야 그림문자에 대하여 쓴 'de Landa Alphabet'에 관한 논문을 썼는데, 그 논문 제목은 'Ancient Writing of Central America'이었다. 이 'de Landa Alphabet'은 16세기에 중남미 유카탄(Yucatan)반도에 와서 선교한 신부 란다가 스페인알파벳에 대응하는 마야 상형문자를 음역하여 만든 알파벳이었다. 이것은 원주민 마야인의 정보제공자로부터 얻은 것을 기초로 만든 것으로, 원본은 없고 사본은 프랑스 학자 부르부르그(Charles Etienne Brasseur de Bourbourg)가 스페인 왕립도서관의 고문서 창고에서 발견한 것이 있다.

크노로소프의 논문 내용을 보면, 고대글자들 즉 고대 이집트상형문자, 메소포타미아의 쐐기문자 등이 모두 처음에는 순수한 표의문자라고 생각되었지만 나중에 많은 연구가 진척되고 나서 보니 상당한 음성요소도 포함하고 있다는 사실이 거의 전부 밝혀졌다는 것을 지적했다. 고대문자에서 사용된 기호들은 전체 한 단어를 나타내거나 한 개념을 나타내는 것도 있지만 그 기호들이 표기하는 언어의 음 요소를 나타내는 기호들도 많이 있고, 또한 심지어 알파벳이나 음절적 요소도 가지고 있는데 고대 기호를 판독해 보면 그런 요소가 다 나타나게 된다는 것이다. 마야문자도 더 많이 판독해 보면 분명히 그러한 요소가 나타날 것이라고 주장을 했다. 그의 연구 결과는 마야문자에도 고대의 다른 문자와 다르지 않게 반드시 음의 표현 요소가 나타난다는 것이었다.

그의 또 다른 주장은 'de Landa Alphabet'에서 나온 마야 그림문자가 알파벳이 아니라 음절문자라는 것이다. 마야 그림문자가 음절문자라는 것을 주장한 것이 처음은 아니지만 크노로소프는 그 당시 가장 설득력

있게 발표했다. 그는 란다가 그의 정보제공자인 마야인에게 스페인 철자 'b'와 꼭 같은 것을 쓰도록 요구했을 때 마야인은 실제 음절인 'bay'에 해당하는 그림문자를 썼다고 주장했다. 왜냐하면 란다가 말하도록 요구 했을 때에 그들은 알파벳이 무엇인지도 몰랐기 때문이었다. 크노로소프 의 논문이 마야 그림문자를 판독하는 열쇠역할을 하였다. 드 란다 신부의 드 란다알파벳 책은 이집트 로제타돌의 역할을 한 셈이 된다.

크노로소프가 마야 그림문자 판독의 중요한 원칙으로 제시한 것은 통 사조화(Synharmony)원칙이다. 자음+모음+자음(cvc) 형태를 가진 마야 단어나 음절구조는 자주 두 가지 그림문자 형태를 갖는데 그림문자는 cv 음절 또는 cv-cv이다. 읽을 때에는 cv-cv에서 두 번째의 모음은 무시되어 cvc로 된다는 것이다. 또 다른 설명으로는 cv-cv에서 두 번째 cv를 선택 할 때에 모음은 첫 번째 그림문자 음절의 모음에 합쳐져 모음 하나로 cvc 로 된다는 것이다. 이러한 그의 주장이 후에 가서 증명이 됨으로써 크노 로소프의 명성이 더욱 확고해졌다.

크노로소프가 무명시절에 이러한 이론을 발표했기 때문에 서양학자들 은 그의 주장을 거의 무시했다. 특히 영국의 톰슨(J. Eric S. Thompson) 은 마야연구의 선두 학자로서 크노로소프의 주장을 전면 부인했다. 그 당 시에는 마야 그림문자에 음을 나타내는 요소가 있다는 것을 부인하는 것 이 일반적 대세였다. 톰슨은 마야 그림문자에는 음성요소가 없다고 확신 했으며 마야의 새김글은 그들의 실제 역사를 기록한 것이 아니고 그림문 자는 뜻글자의 원칙을 기초로 두고 있다고 생각했다. 다른 학자들도 같은 견해를 가지고 있었다. 톰슨의 반대가 마야문자 판독에서 커다란 걸림돌 의 역할을 했던 것이다. 크노로소프의 논문발표 기간이 동서냉전의 최고 점에 도달된 시기라서 많은 서양학자들이 그의 논문을 막스-레닌 이데올 로기에 기초한 것으로 여겼던 것도 걸림돌이 되었다. 실제로 소련의 출판

편집자들이 'Maxist-Leninist'방법을 사용했다는 취지의 선전 문구를 첨가시켰기 때문에 많은 서양 마야학자들은 그의 논문을 무시했다. 그렇지만 1960년대에 마야문자가 음절문자라는 연구논문이 자주 발표되기 시작했다.

2) 중남미의 유카탄 반도와 스페인의 도래

<멕시코, 팔랑케에 남아있는 회반죽으로 만든 마야문자>

[출처: crystalinks.com/mayanscript.html]

마야문명의 유적지는 중남미 멕시코의 유카탄 반도 북쪽의 벨리세(Belize), 과테말라(Gutemala), 온두라스(Honduras)까지 넓게 펼쳐져 있다. 1862년 프랑스 고고학자 부르부르그가 스페인 왕립역사학회(Royal Academy of History) 고문서 보관실에서 1566년경에 중남미 마야문명 지역에서 기독교를 전파한 란다 신부가 쓴 필사본 <Relacion de las Cosas de Yucatan(유카탄 견문기)>라는 책과 그 책 속에 마야 그림문자와 라틴문자를 대조한 일람표를 발견하고부터 마야문명에 대한 관심이 시작되었다. 이 문자일람표를 <란다 알파벳>이라고 하는데 이 자료가 마야 그림문자를 해독하는 실마리가 되었다. 그 당시에는 판독되지도 않았던 마야 그림문자에 대하여 란다 신부가 'Alphabet'이라 했던 것을 보고 기초적인 마야인의 글자체계에 큰 관심을 가졌다.

란다 신부는 마야 그림문자에 주석을 붙여가면서 본인이 생각하기로 스페인철자와 일치하는 마야 그림문자에 대해서 설명하기도 했다. 신부가 질문하면 토박이 마야인이 답하는 형식으로 서술했다. 마야 날짜와 숫자는 1800년대에 판독되었고, 마야문자에 대한 실마리는 1950년에 가서야 풀리기 시작했다. 마야문자 판독의 역사는 스페인 신부 란다가 교육을 받은 토박이 마야인에게 질문을 하고 답을 받는 과정의 기록을 발견하고부터이다. 신부는 마야인들도 스페인이 가지고 있는 알파벳과 같은 문자를 가지고 있다고 생각했다. 그래서 신부는 마야의 토박이 지식인에게 스페인철자 'B'를 어떻게 쓰느냐고 질문을 했더니 마야인은 발자국 한 쌍의 그림을 그려서 보여주었다. 유럽인들은 그것을 농담으로 생각했는데 그 이유는 어떤 알파벳이 발(feet)을 포함하고 있겠냐고 의아해했기 때문이다. 그러나 1952년에 소련의 언어학자 크노로소프는 그 기호(그림)가 소리를 표현하는 기호이며, B 'bay'발음은 마야말로 '길(road)'을 뜻하는 것을 알게 되었고, '길(road)'를 나타내는 마야의 그림문자는 두 발자국이 찍힌 모양이라는 것을 알게 되었다. 이때부터 마야 그림문자의 판독은 본격적으로 시작되었다.

3) 마야문명의 발견과 대책

16세기 스페인이 유카탄 반도를 점령하고 난 후, 1541년 카톨릭 수사 디에고 드 란다(Diego de Landa:1524-1579)가 1949년에 원주민 마야인들을 위한 기독교 포교의 책임을 지고 유카탄에 파견되었다. 그의 첫 부임지는 이즈말(Izamal)에 있는 산 안토니오(San Antonio)였고, 유카탄에서의 첫 거주지였다.

　그는 마야인의 종교가 인간을 재물로 신에게 바치는 미개한 것임을 직접 목격하고부터는 가톨릭교의 기준으로 이단에 속하는 거의 모든 시설물을 파괴하도록 했고, 마야의 언어, 종교, 문화, 문자 등도 이교도의 종교와 관련된 것으로 보고 이를 말살하는 정책을 펴나갔다. 그러한 가운데에서도 그가 그동안 마야인들과 함께 지내면서 경험한 것을 저술한 책 'Relacion de la cosas de Yucatan'에서 마야 언어를 비롯한 모든 것을 망라하고 있다. 특히 이 책에 마야 그림문자와 로마자 27개를 비교해 기술하고 달력의 날짜(20일)와 월(18개월)을 나타내는 마야 그림문자를 기록해 놓았다. 수서체로 된 이 책은 수사의 임무를 마치고 1566년 스페인으로 돌아오자마자 저술했다. 그런데 이 책은 그 후에 분실되었고, 다만 그 내용이 요약된 것만 전해져왔다. 지금 현존하는 책은 1660년경에 만들어진 것인데 이것도 분실되었다가 1862년에 부르부르그가 발견했다. 2년 후에 이 수서체를 프랑스어와 스페인 이중언어로 'Relation des choses de Yucatan de Diego de Landa'라는 제목으로 발행되었다. 스페인이 중남미 지역에 들어가서 16세기 마야문자를 발견한 이후 500년간 그 글자의 의미는 밝혀지지 않고 남아 있었다. 많은 사람들이 마야문자는 판독하기 불가능한 글자로 생각하고 있었다. 그러던 중에 소련의 민족학자 크노로소프가 그림문자를 판독할 수 있는 실마리를 찾아 발표를 했지만 그 당시는 국제적으로 냉전시대였기 때문에 그의 업적을 서양에서 무시했고 20년 후에 가서야 그의 업적과 발견을 인정해 주었다.

　마야문명은 중남미의 유카탄 반도에서 생겨났다. 이 유카탄(Yucatan)이란 말은 처음 스페인 사람들이 유카탄 반도에 도착해서 토착민들에게 '당신이 사는 땅 이름이 무엇인가?'라고 물었을 때에 토착민들이 그 대답으로 'Uicathan'이라고 말한 것에서 유래한다. 이 말은 '나는 당신이 무슨 말을 하는지 알지 못한다.'(What do you say, we do not understand you.) 는 뜻의 마야토착민의 말이었다는 것이다. 이 말을 들은 스페인 사람들은 그 이후부터 이 지역을 유카탄으로 부르게 되었다.

마야문자가 중앙아메리카 지역에서 발전되어온 가장 정교한 글자조직이라고 고고학자들은 생각하고 있다. 지금까지 연구된 것을 종합해보면 글자 수는 표의문자 550개와 음절문자 150개를 합친 700개의 표의음절문자로 구성되어 있고 여기에다 장소이름과 신의 이름을 표기하는 그림문자 100개를 합치면 모두 800개의 문자인데 실제로 상용되는 글자 수는 300개 정도이다. 왼쪽에서 오른쪽으로, 위에서 아래로 함께 읽어 내려간다. 마야 그림문자는 단어나 음절로 구성되어 있고, 마야 언어에서 사용되는 숫자, 시간, 왕족이름, 왕족명칭, 왕족의 여러 가지 사건, 신의 이름, 서사생 이름, 조각가 이름, 물건이름, 건물이름, 장소이름, 음식이름 등을 표기하고 있다. 이 그림문자는 주로 기념비의 돌이나, 건축물에 새겨져 있고, 석회석의 벽과 도자기에도 새겨져 있다.

마야 그림문자의 단위는 그림문자로 구성된 이집트상형문자에서처럼 꽃 테두리인데 현대 언어에서 단어나 문장에 해당된다. 마야 꽃 테두리는 적어도 3-4개의 그림문자 또는 많게는 50개의 그림문자가 새겨져있다. 물론 꽃 테두리에는 접두사와 접미사에 해당하는 그림문자가 있다.

마야문자는 다른 문자와는 좀 특이한 형태로 구성되어 있어서 설명하기가 어려운데 그 내용은 다음과 같다.

(1) 그림문자는 음을 나타낼 때도 있고 뜻만을 나타낼 때도 있다. 또한 둘 다를 나타낼 수도 있다. 경우에 따라서는 각 그림글자나 꽃 테두리를 어떻게 읽어야 할지 알지 못할 때도 있다.

(2) 그림문자는 한 가지 이상의 뜻을 나타낸다. 그리고 많은 마야인은

뜻을 하나 이상의 방법으로 표기하고 있다. 예를 들면 마야숫자는 숫자기호로 표기할 수 도 있고, 그 숫자와 관계가 있는 신의 그림으로도 표현할 수도 있고, 또한 두 가지를 복합시켜 표현할 수도 있다.

(3) 어떤 그림문자는 한 가지의 뜻을 나타내지만 음은 하나 이상을 나타내고 있다. 한가지의 뜻이 여러 가지 방법으로 표현된다는 것이다. 예를 들면 팔랑케 통치자 이름인 파칼(pacal)은 손방패와 같은 표의 그림문자로 표현되기도 하고, pa-cal-la 와 같이 음을 나타내는 그림문자로도 나타내고, 또한 표의문자와 표음문자를 복합시켜 표기하기도 한다. 이와 같이 복잡한 마야문자도 여러 학자들의 노력으로 완전하게 판독되어 있지는 않지만 거의 85% 판독되었다. 마야문자는 일반대중이 사용한 문자는 아니었다. 마야인들은 마야문자를 신들이 준 신성한 선물로 여겨서 일반 백성들은 마야문자를 쓸 수도 읽을 수도 없었다. 소수의 권력 엘리트 집단만이 사용했던 것이다. 이들은 그들만이 신과 교류를 할 수 있고, 신들과 일반백성들과의 중간 교류자로 역할을 한다고 생각했다.

4) 마야글자 판독 선행 연구가들

마야문자 판독에는 오랜 고통의 세월을 보내야 했다. 19세기 및 20세기 초기에 마야연구가들은 천문 및 마야 달력에 관한 마야인들의 숫자와 텍스트를 판독하는 데는 성공했으나 나머지 판독에는 많은 시간이 걸렸다. 1960년대에는 마야통치자들의 왕조기록을 판독했고, 1980년대 초에는 그 이전에 판독되지 않은 기호들도 음절문자인 것이 밝혀졌고, 그 이후 마야문자 판독에 가속도가 붙었다.

마야인들은 올멕(Olmecs)인들에게서 고대글자 조직의 기본골격을 가져와서 그들 고유의 요소를 가미하여 글자를 만들었다고 한다. 올멕인에게서 가져온 글자는 고전이전시대(Pre-Classic)텍스트로 마야인들에 의해서 크게 변화되었고, 확대되었다. 사실 고전이전시대 텍스트는 훨씬 이후의 고전시대와 후기 고전시대의 텍스트보다는 고고학자들이 잘 이해하지도 못하고 또한 숫자도 적은 편이다. 그 시대의 중미 문화와 관계된 것은 올멕문자 조직을 물러 받은 것이고 발전시킨 것이다.

그러나 마야인만이 중미지역에서 완성된 글자조직을 개발했다고 믿고 있는데 이 말은 마야인만이 말하는 것을 모두 글로 남긴 유일한 문명을 만들었다는 것이다.

마야문자의 판독에는 어느 특정인 한 사람의 공헌으로 이루어진 것이 아니고 한 사람 한 사람이 조금씩 판독에 보탬을 줌으로써 현재까지 약 85%까지 판독되었다. 여러 사람의 공헌에 의해서 판독이 이루어지고 있지만 그 중에서 가장 특출나게 공헌한 두 사람을 꼽는다면 소련의 민족학 연구가인 크노로소프와 소련계 미국인 타티아나 프로스코우리아코프 등 두 사람을 꼽는다. 이 두 명 이외에 다른 사람들도 마야그림문자 판독에 많은 공헌을 했다. 그 사람들의 업적을 살펴보면 다음과 같다.

(1) 부르부르그(Brasseur de Bourgourg: 1814-1874)
그는 란다의 수서체본과 마야에 관한 책 3권을 발견했던 사람이다. 그는 란다의 수서체본 등을 발견함으로써 마야 그림문자를 판독하도록 안내한 최초의 사람이다.

(2) 토마스 씨러스(Thomas Cyrus: 1825-1910)
란다의 마야 알파벳에 관심을 가지고 연구를 했으며 마야문자의 표음문자 가능성을 연구했다. 개(tzul), 칠면조(cutz), 집(otoch) 등의 단어를 최초로 알아냈지만 마야 문자는 결코 소리 값을 가진 표음문자가 아니라고 했다.

(3) 에릭 톰슨(Sir John Eric Sidney Thompson: 1898-1975)

그는 캠브리지 대학에서 인류학을 전공했고, 1925년에 마야 지역 발굴과 탐험을 했다. 또한 영국령 온두라스의 유적 발굴에 참여했고, 마야인의 생활상을 연구했다. 그는 마야달력과 일반 그레고리(Gregorian)달력과의 상호관계를 연구했다. 달력과 천문학에 관련된 그림문자와 명사의 뜻을 밝혀냈고, 그림문자가 나타내는 숫자 목록표를 만들어냈다. 이 숫자 목록 표는 약간 수정했지만 지금도 마야문자 연구에 사용하고 있을 정도다. 그가 판독할 때 마야그림문자는 소리글자의 특성을 일부 가지고 있다는 것을 상상도 하지 않았고 오직 표의문자적인 요소만을 가진 문자로 여겼다. 따라서 소리문자요소가 있다고 주장하는 유리 크로로소프의 주장을 격렬하게 반대했었다.

(4) 제이. 티 굳맨(J. T. Goodman)

그는 마야의 달력연구에 매진했던 사람이다. 일반적인 달력인 그레고리 달력과 마야달력의 상관관계를 처음으로 규정하고자 했고, 그의 계산법과 그 이후의 연구자들의 수정으로 인해 마야원년인 기원전 3114년 8월 13일이 만들어졌다.

(5) 레온 드 로시니(Leon de Rosny)

그는 단어와 문장의 읽는 순서 즉 독해순서를 밝혀냈고, 색깔과 동서남북 방향 문자를 알아냈다.

(6) 에인릭 베를린(Heinrich Berlin)

그는 각 도시의 이름과 가문의 성과 이름에 해당하는 문자를 찾아냈는데 이는 지금도 보완 수정되어 사용된다. 또한 팔랑케 지역 유적의 석관 뚜껑에 새겨진 그림문자가 실제 역사에 기록된 사람의 이름이라는 것을 같은 유적지의 건물에 새겨진 그림문자와 대조해서 밝혀냈다. 이로 인하여 모든 조각물, 그림, 책 등에 표현된 것을 신이라고 생각했던 것이 잘못된 해석임을 밝혀냈다.

(7) 린다 쉬리(Linda Schele:1942-1998)

그녀는 테네시주 네시빌(Nashiville)에서 출생하여 1964년에 신시네티 대학에서 교육 및 예술학을 전공했다. 1970년에 유카탄 마야유적을 답사한 후 마야유적의 그림문자판독을 전공하였다. 그녀는 팔랑케 유적지를 방문했을 때에 '나는 이곳이 정말 마음에 들었다.'라고 했으며, ' 누가 그것을 건축했으며, 왜, 언제, 어떻게 건축했는지를 알고 싶어 죽을 지경'이라고 했다. 그 당시 유명한 비문학자인 피터 마터(Peter Mathews)와 공동연구를 하면서 팔랑케 유적지에 있는 왕 목록표의 주요부분을 판독하는데 온 힘을 기울였다. 이것이 성공하자 자극제가 되어 많은 발견이 이루어지게 되었다. 그녀는 텍사스 대학에서 박사학위논문으로 마야그림문자-동사를 중심으로-(Maya Glyphs: the Verbs(1982)를 발표했고, 그 뒤 1986년에 The Blood of Kings(Miller와 공동), 1990년에 A Forest of Kings(Friedel과 공동), 1993년에 Maya Cosmos(Freidel, Parker와 공동), 1998년에 The Code of Kings(Mathews와 공동)을 각각 발표했다. A Forest of Kings 에서 팔랑케비문에 마야인의 아버지가 옥수수신으로 기원전 3122년 6월 16일 태생이고, 마야인의 어머니는 기원전 3121년 12월 7일에 태어났는데 옥수수신이 하늘로 올라가서 자리 잡은 날이 기원전

3112년 2월 5일로 기록되어 있다고 주장하였다. 다른 지역인 키리구아 (Quirigua)비문에는 그들의 세계를 펼친 날이 기원전 3114년 8월 13일로 기록되어 있다고 밝혔다.

이상과 같이 마야그림문자 판독에 기여한 사람들을 간단하게 언급했지만 결정적인 연구결과를 발표한 유리 크로로소프와 타티아나 프로스쿠리아코프를 중점적으로 논의하고자한다.

(8) 타티아나 프로스쿠리아코프(Tatiana Avenirovna Proskouriakoff:1909-1985)

① 인생과 연구업적

프로스쿠리아코프

그녀는 러시아 시베리아 톰스크(Tomsk)에서 화학자 아버지와 내과의사 어머니 사이에서 태어났다. 그녀의 아버지는 1915년 1차 세계대전을 위한 군수품 생산현황을 미국에 가서 살피고 오라는 러시아 황제 니콜라스 2세(Nicholas Ⅱ)의 명령을 받고 가족과 함께 미국을 여행하게 되었다. 마침 미국에 있을 때에 러시아에 혁명이 일어나서 그 가족은 영구히 미국에 정착하게 되었다. 그 후에 그녀는 크노로소프를 만나려 단 한차례만 러시아를 방문했다. 그녀는 펜실베니아주에 살면서 학교생활을 잘 적응했으며 펜실베니아주 주립대학에서 건축과를 졸업했다. 몇 년간 놀다가 펜실베니아 대학교 박물관에 건축물이나 그림을 복사하거나 그리는 일을 했다. 1936년에 마야문명지역인 피에드라스 네그라스(Piedras Negras)의 발굴단으로 참여하여 그곳의 유적지에 있었던 옛날 건축물을 그림으로 재생시키는 작업을 했다. 그 곳에서 돌기둥이나 건축물의 그림문자와 달력을 보게 되었다. 이때 보았던 고대 건축물을 재생한 그림을 아주 멋있게 그렸는데 이것이 마야고고학 박물관 단장의 주목을 받게 되어 고대 마야문자와 인연을 맺게 되었다. 1939년에는 코판(Copan)과 유카탄에 여행을 했고, 옛날 건축모형의 그림을 완성했다. 유적에 있는 건축물이나 비석의 크기를 자로 재고, 측량해서 실제의 옛날 건축모형을 실감나게 그린 그림이 뛰어나서 보는 사람들의 감탄을 자아내게 했으며, 그 결과로 카네기(Carnegie Institution)연구소의 책임자까지 되었다. 그녀는 사라진 마야문명의 여러 가지 건축물을 훌륭하게 재구성한 그림을 그렸기 때문에 유명해졌다.

그녀의 업적은 돌이나 건축물에 새겨진 그림문자를 판독한 것이다. 특히 돌에 새겨진 그림문자는 마야인의 역사적 사실을 그림문자로 새겨놓았던 것이라고 주장하고 실제로 판독해서 증명했다. 특히 1959년에 피에드라스 네그라스에 있는 돌 기념비석에 새겨진 새김글에서 그림문자의 일정한 형태를 갖춘 달력과 그 다음에 새겨진 그림 문자들을 분석한 끝에 이 새김글은 톰슨 등 수구학자들이 주장해 온 종교, 천문학 및 예언과 관계된 것이 아니라 실제로 한 인생의 역사 기록으로 통치자의 탄생과 죽음, 왕좌 즉위날짜 등이 기록된 일종의 개인의 일대기의 역사인 것을 밝혀냈다. 날짜들과 그림문자에서 200년간 그 지역을 통치해 온 지배자 7명의 이름을 시대별로 밝혀냈다. 또한 새김글에서 문맥이 있음을 알게 되어 마야 비문 연구가들에게 그림문자를 문장으로 판독할 수 있는 계기를 제공하였다.

그녀는 그림문자 판독에 많은 공적을 남겼는데 특히 1960년에 미국 고대사 논문집 'American Antiquity'에 실은 'Historical Implications of a pattern of Dates at Piedras Negras, Guatemala'라는 논문에서 야마의 돌 비석에 새겨진 새김글에는 지배자의 탄생과 권력계승 및 통치자의 생애에 일어났던 주요사건을 다루고 있었다는 것을 증명했다. 즉 고대 마야인들은 역사를 썼다는 단순하고도 명백한 사실을 밝혔다. 이 논문은 지금까지 마야 텍스트를 판독하면서 일어나는 문제점을 해결하는 지침서로 쓰이고 있다. 그녀는 이 논문으로 'Alfred Vincent Kidder Award 상'을 수상했다.

그 이후 수십 년 간 크노로소프의 언어학적 증거와 프로스코우리아코프의 획기적인 논문에서 나온 역사적 자료를 결합하여 보다 완벽한 이론이 정립되고 있다. 그래서 오늘날 마야새김글의 85%를 읽을 수 있게 되었고, 글자체계는 근본적으로는 완벽하게 판독되었다.

5) 마야 그림문자

마야문명의 흔적은 주로 코판, 티칼(Tikal), 팔랑케(Palenque), 치첸잇차(Chichen Itza)등지의 대형 피라미드, 돌기둥, 석조건물, 석조물 등이며 이것들에는 일정한 체계를 갖춘 그림문자들이 새겨져있다.

남아있는 두루마리(codex)는 보관된 지명을 따서 그롤리어(Grolier Codex), 드레스덴(Dresden Codex), 마드리드(Madrid Codex) 또는 트로-코테사노(Tro-Cortesano Codex), 및 파리(Paris Codex)또는 페레사노(Peresano)라고 이름지었다.

그롤리어 두루마리는 가장 늦게 발견된 것으로 1970년대 초에 뉴욕의 그롤리어 클럽에서 처음 전시되었다. 이것은 치아파스(Chiapas)에 있는 동굴 나무상자 안에 있던 것을 발견한 것인데 보존상태가 좋지 않다. 금성(venus)의 운행에 관한 내용으로 20쪽 중에 반가량만 남아있다. 만든 날짜는 A.D. 1230년으로 가장 오래된 두루마리이다.

드레스덴 두루마리는 1739년에 코르테스(Cortes)가 유럽에 가져가서 독일의 작센주(Sachsen)의 주도인 드레스덴(Dresden) 궁전의 왕립도서관에서 구입해 보관하고 있는데 이 두루마리는 78쪽으로 구성되어 있고, 치첸잇짜에서 A.D. 1200년에서 1250년 사이에 기술된 듯하다. 내용은 천문력, 날짜계산법, 예언, 일월식 표, 금성의 운항에 관한 것 등이 포함되어 있다. 이 두루마리의 길이는 3.5m이고, 적어도 8명의 서자생이 그린 것으로 생각된다.

마드리드 두루마리는 두 부분으로 구성되어 있다. 길이는 112쪽으로 구성되어 있고, 종교적인 글자와 예언들로 차있다.

파리 두루마리는 12쪽으로 되어있고 예언과 달력이 들어있다.

마야문자의 연대는 B.C. 1000년에서 A.D. 300년 사이로 시기는 선 고전기(Pre-Classic)인데 이 기간에 그림문자가 주로 형성되었다. 문자의 기록이 대부분 남아있는 시기는 A.D. 300년에서 A.D. 900년 사이의 고전기(Classic)에 사용된 것이다. 그리고 스페인 군대가 중남미에 상륙하여 점령하던 시대부터 17세기 까지는 마야문자가 거의 말살된 시기로 본다.

마야문자를 읽는 것도 일반적인 문자와 조금 다르다. 예를 들면 다음에서 보는 것같이 아리비아글자 순서와 같은 방식으로 쓰고 읽는다.

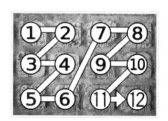

[출처: commons.wikimedia.org]

마야그림문자에는 그림문자 하나가 많은 음가 또는 많은 뜻을 가지고 있었고, 마야사람들이 하나의 음을 나타내기 위해서 많은 다른 기호들을 찾아서 사용했다. 예를 들면 ba라는 마야음절을 표현하기 위해서 선택할 수 있는 기호는 적어도 5가지가 있다. 음절 표에서 음표기는 특별한 자음 하나와 5개의 모음 a, e, i, o, u 중에서 하나와 결합하여 이루어진다. 예를

들면 마야인이 '글을 쓰다'(마야어로 tz'ib')를 표기 하고자 하면 여러 가
지 다른 기호를 선택하게 된다. 다음의 그림글자를 보면 알 수 있다.

마야 그림문자의 예

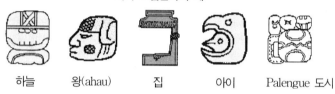

| 하늘 | 왕(ahau) | 집 | 아이 | Palengue 도시 |

6) 마야어의 음절표

a	e	i	o	u
ba	be	bi	bo	bu
cha	che	chi	cho	chu
ch'a			ch'o	
ha	he	hi	ho	hu
ka	ke	ki	ko	ku
k'a			k'o	k'u

la	le	li	lo	lu
ma	me	mi	mo	mu
na	ne	ni		nu
pa	pe	pi	po	pu
	p'e	p'i		
sa	se	si		su
ta	te	ti	to	tu
	t'e			t'u

tza	tze	tzi	tzu
tz'a		tz'i	tz'u
wa		wi	wo
xa	xe	xi	xo	xu
ya	ye	yi	yo	yu

[출처: crystalinks.com/mayanscript.html]

7) 마야의 숫자

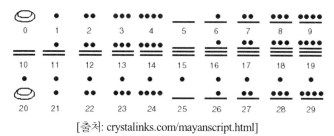

[출처: crystalinks.com/mayanscript.html]

8) 마야 그림문자의 구성도

마야 그림문자 모양은 본 문자를 중심으로 앞뒤, 위아래 등에서 접사가 붙어 이루어진다. 다음은 문자구성도이며 각 접사의 그림문자 예들이다.

	머리접사	
전치접사	본 문자	후치접사
	기단접사	

(1) 머리접사(Top affixes)에 사용되는 그림문자

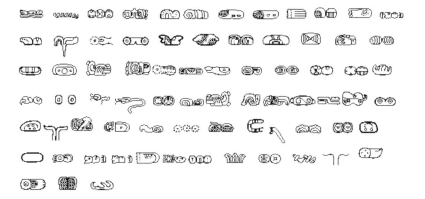

(2) 전치접사(Front affixes)에 사용되는 그림문자

(3) 후치접사(Back affixes)에 사용되는 그림문자

(4) 기단접사(Bottom affixes)에 사용되는 그림문자

(5) 본 문자(Main sign)로 사용되는 그림문자

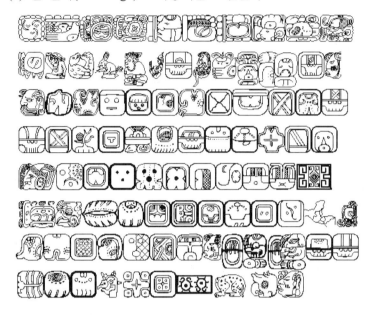

(6) 마야그림문자에서 남성과 여성 구분

마야문자는 남성과 여성을 구별하는 문자로서 특히 여성문자는 분명히 여성임을 밝히는 접사를 쓴다. 여성은 달의 여신 머리를 뜻하는 Na에 해당하는 그림문자를 붙이고, 남성은 Ah에 해당하는 그림문자를 첫머리에 붙이지만 여성만큼 의무적이지 않다. 또한 Na는 "그녀" 또는 "숙녀" 뜻으로, Ah(au)는 "지배자" 또는 "최고의 신"을 뜻하는 그림문자로도 사용했다.

다음은 Ah(au)와 Na의 그림문자의 예이다.

AH 글자 표기

NA 글자 표기

　(7) 마야그림문자는 다른 문자와 달리 달력부분과 문장부분으로 구성되어 있다.

　달력부분은 천문학적 연구를 거듭한 결과로 이루어진 것이다. 태양력, 음력 그리고 260달력을 중심으로 오늘날의 달력과 다르게 종교, 정치 사회에 관한 정보를 담고 있어서 다양한 역할을 한다. 마야문자는 달력으로 시작하는데 텍스트의 절반이상이 달력부분으로 되어있다. 마야의 달력체계는 52년을 주기로 하는 짧은 달력(Cueta Corta)와 다른 체계의 긴 달력(Cueta larga)이 있다. 짧은 달력은 쫄킨(Tzolkin)과 하압(Haab)으로 나누는데 쫄킨은 260일로 구성된 종교달력으로써 20개의 문자가 있다. 하압은 365일의 태양력으로 농사와 일상생활에 사용되는 달력이며 19개의 문자가 있다. 짧은 달력에 사용되는 문자는 모두 39개 문자로 구성되어 있다. 긴 달력은 20진법의 단위로 구성되어 있으나(뚠(Tun)이라 것은 18진법) 예외도 있다. 긴 달력은 무한의 주기를 가지는데 그 계산법은 다음과 같다.

킨(Kin)	= 1 kin	1일
우이날(Uinal)	= 20 kin	20일
뚠(Tun)	= 18 uinal	360일(18진법)
까뚠(Katun)	= 20 tun	7200일
박뚠(Baktun)	= 20 katun	14400일

따라서 마야그림문자는 달력 + 서술, 달력 + 서술의 연속으로 구성되어 있다.

9) 마야문명 지역과 언어

마야문명의 흔적은 고대 마야도시의 4개 지역에서 찾아볼 수 있다.
(1) 제1 중심지역: 티칼이 중심이고 고대도시 중에서 가장 큰 도시이며 페텐 이차(Peten Itza)호수가 가까이에 있다. 그 주변에는 기원 4세기 아주 초기에 마야 새김글이 있는 우악삭툰(Uaxactun)이 있다.
(2) 남부지역에는 티칼 다음으로 큰 도시인 퀴리구아(Quirigua)와 코판인데 거기에는 유명한 그림문자계단이 있는 조각물과 건축물이 있다.
(3) 남서쪽지역의 우수마신타(Usumacinta) 계곡에 있는 도시들인 팔랑케(Palenque), 약칠란(Yaxchilan), 보남팍(Bonampak), 피에드라스 네그라스(Piedras Negras)등이 있다.
(4) 북쪽에는 유카탄 도시들을 포함하는데 유명한 도시로는 치첸 이차(Chichen Itza), 욱스말(Uxmal), 마야판(Mayapan) 등이 있다.

마야민족의 조상은 동아시아에서 베링 해협을 지나 북아메리카에 도착했다. 수 천 년 전에는 아마도 아시아와 북아메리카 사이에 육지다리가 있었던 것 같다. 많은 사람들이 추운 지방을 떠나 가장 따뜻한 지역을 찾아서 정착했다. 이렇게 이주한 민족은 마야족, 자포텍족, 올멕 민족이다. 이들은 각각의 그림문자를 가지고 있었는데 이 그림 문자는 그림과 달리 음성을 전달하는 수단으로써 이집트, 수메르 등과 같이 표의문자, 표음문자와 혼합된 문자로 구성되어 있었다.

얼마 전까지도 마야인이 올멕이나 에피올멕(Epi-Olmec)에서 글자를 가져 왔을 것이라고 생각하고 있었으나 최근에 여러 가지 자료가 발견됨으로써 마야문자 기원을 수 세기 앞당겼고, 또한 마야인이 중부 아메리카에서 글자를 창제했다는 의견이 우세해 졌다. 왜냐하면 중부 아메리카에서 마야인만 완성된 글자체계를 개발하여 그들이 말하는 모든 것을 글자 기록으로 남긴 유일한 문명을 만들었기 때문이다.

마야문자는 고도로 정교하게 구성되어 있는데 주로 도자기, 벽 또는 나무껍질, 종이에 그려져 있거나, 나무, 돌에 새겨져있고, 회반죽으로 모형을 떠놓은 것도 있다.

마야인들은 촐티(Ch'olti)어로 고대 텍스트를 장식하고 있었다. 이 언어는 마야인이 사는 전 지역에서 공용어처럼 사용되었고 특히 지식인 집단에서 통용되었다. 텍스트에서는 페텐어(Petan), 유카탄어로 쓰인 것이 많다. 멕시코와 중남미등지에서 세 민족의 문자가 발견되었는데 이중에서 가장 우수한 문자가 마야문자이다.

마야문자의 구조는 표어음절문자(Logosyllabic system)이다. 각 기호들은 한 단어(또는 형태소)를 나타내거나 한 음절을 나타내지만, 경우에 따라서 두 가지로 다 사용되기도 한다. 예를 들면 달력글자로 뜻글자인 MANIK는 음절 Chi를(관습적으로 뜻글자는 대문자로, 음절글자는 이탤릭체로 쓰고 있다.) 나타내기도 한다. 마야문자는 블록 형태로 쓰여지는데 넓이로는 칸마다 두 블록으로 정렬시킨다. 마야새김글자는 가장 흔하게 세로로 두 블록 넓이로 쓰고 블록 안에서 왼쪽에서 오른쪽으로 읽고 위에서 아래로 읽는다. 각 블록은 마치 명사구나 동사구에 해당하는 것 같다. 글자는 둘을 하나로 합치는 것도 있는데 한 글자의 일부 요소가 두 번째 글자의 일부 요소로 들어와 있게 된다. 이와 같은 합성법의 다른 글자 예를 보면 영어 et의 융합자 &를 들 수 있다.

마야문자는 처음에 표어문자였다가 음절문자가 개발되어 혼합형이 되었다. 일반적으로 표음요소로 사용되는 글자들은 원래 표어문자였는데 이것은 단일음절 단어를 나타낸다. 이 음절들은 모음으로 끝나거나 아니면 성문파열음인 y, w, h와 같은 약 자음으로 끝나게 된다.

이러한 마야문자는 문장(紋章)글자라고 한다.

6 베드리히 흐로즈니(Bedřich Hrozný: 1879-1952)

히타이트어를 밝혀내고 히타이트 쐐기문자를 판독해 낸 학자는 체코 태생이며 오스트리아 비엔나대학교 교수인 흐로즈니이다. 그러나 여러 선행 연구가들이 밝혀 놓은 기반위에서 판독을 했기 때문에 우선 선행연구가들을 살펴보고 난 후에 그의 업적을 살펴보고자 한다.

기독교 성경에서 헷(Heth) 족속의 아들이 아브라함에게 그의 아내 사라의 장사를 지낼 땅을 팔았다는 대목이 있다. 그러나 헷 족속의 왕국 즉 히타이트 왕국과 그 위치를 19세기까지도 알 수 없었다.

다음은 히타이트의 쐐기문자 이전의 상형문자판이다.

[출처: lexiline.com/lexiline/lexi16.htm]

1) 선행 연구가들

(1) 부르크하르트(Johann Ludwig Burchhardt)는 스위스 태생이고 독일과 영국에서 아라비아어를 연구했으며, 영국 시민이 된 뒤에 아라비아 시민권도 획득했다. 그는 무슬림이 되었고 이브라힘(Ibrahim)이라는 아라비아이름도 가지고 있었다. 그는 중동지역을 여행하면서 1812년에 시리아의 옛 도시 하마(Hama)에서 이집트 상형문자와 전혀 다른 새로운 상형문자가 새겨진 새김글 판을 처음 발견했다. 이 발견사실을 노트에 꼼꼼하게 기술했고, 그 뒤에 이 노트를 책으로 출판했다. 이것이 뒤에 히타이트 상형문자로 밝혀진 상형문자였다. 당시에는 학자들의 관심을 끌지 못했다.

(2) 윌리엄 라이트(William Wright)는 아일랜드인으로 1870년에 시리아 하마에서 상형문자와 쐐기문자 새김판을 복사해서 이스탄불의 여러 학자들에게 보냈다. 이때 학자들의 관심을 크게 끌었다. 처음에 시리아인들은 그 상형문자와 쐐기문자를 복사하는 것을 싫어했기 때문에 이를 방해했다. 그 지역 사람들은 상형문자가 새겨진 돌을 가지고 류마티스와 같은 질병부위에 마찰시키거나 갖다 대기만 해도 그 질병이 낫는다는 생각을 가지고 있었다. 라이트는 이 새김글이 기독교 성경에 언급된 헷의 아들(son of Heth)의 것으로 생각했는데 옥스퍼드대학교 언어학자인 A. H. 세이시(Sayce)교수도 이에 동의했다.

(3) 헨리 세이시(Archibald Henry Sayce)는 영국 웨일즈 출신의 언어학자로서 아나톨리아 지역과 중동 지역 여러 곳에서 발견된 상형문자와 그것과 관련된 여러 예술품들이 히타이트의 문명과 제국의 실질적인 증거물이라는 것을 확인한 사람이다. 그는 헬레니즘 이전에 에게 해에서 시

리아 남부까지, 카르케미쉬(Carchemish)와 하마스, 소아시아에 강력한 국가가 존재한 것이 분명하고, 그들은 문자를 가지고 있었다는 것을 메모장에 기록해 놓았다. 이 국가의 수도는 현재 터키의 앙카라에서 동쪽으로 100마일 떨어져있는 지점인 보가즈코이 시라는 것을 밝혀냈다.

(4) 윌리엄 헤이스 워드(William Hayes Ward)는 돌에 새겨진 상형문자가 고대 이집트의 상형문자와 관련이 없다고 생각했다. 또한 그 그림이 예술적이지 않고 부적기호도 아닌 글자조직인데, 글 읽는 방식은 황소밭 갈이식으로 읽어야 된다고 생각했다. 그는 몇 년간의 연구 끝에 상형문자 몇 글자의 뜻을 밝혀냈다.

(5) 휴고 윈클러(Hugo Winkler)는 독일 고고학자로서 1906-1908년 사이에 보가즈코이를 발굴해서 그 지역이 히타이트의 수도인 하투사스(Hattusas) 지역임을 밝혀냈다. 그는 1906년에 터키의 보가즈코이에서 히타이트 유물을 발굴했다. 그 중에 유명한 것은 바빌로니아 쐐기문자로 기록된 윈클러 평판(Winkler tablet)인데 이것에는 B.C. 1270년 이집트의 람세스 2세와 히타이트왕 핫투시리(Hattushili) 3세가 맺은 평화협정이 새김되어 있다. 이 발굴 작업에서 히타이트 쐐기문자(Arzawa)로 쓰여진 25,000개의 기록물을 히타이트 왕립 고문서창고에서 발굴했다. 이때까지만 해도 히타이트어는 셈어족에 속하는 것으로 모두 믿고 있었다.

이들 선행 연구가들은 아나톨리아 지역과 이집트 지역에서 히타이트의 유물들을 발견하였다. 특히 이집트의 왕 람세스 2세와 히타이트 왕이 맺은 조약문서가 발견되었다. 이 문서는 두 가지의 문자로 구성된 것으로 이집트 상형문자가 아닌 히타이트 상형문자를 해독하는 실마리를 제공해 주었다. 또한 히타이트의 상형문자에 대한 자료를 제공해 주었다. 특히

1887년 이집트 아말나(Amarna) 지역에서 이집트 왕과 히타이트 왕 사이에 주고받은 서신의 보관소가 발견되었는데 그 곳에는 쐐기문자로 기록된 기록물도 포함되어 있었다. 이 쐐기글자를 남서부 아나톨리아에 있는 아르짜와(Arzawa) 도시 이름을 따서 아르짜와 쐐기문자로 이름지었다. 이 쐐기문자는 바빌로니아 쐐기문자와 힛따이트 상형문자와 연관시키는 고리역할을 했다.

2) 베드리히 흐로즈니

그는 1879년 5월 오스트리아-헝가리연합국의 보헤미아(Bohemia)에서 태어났다. 그는 소도시 코린(Kolin)에서 히브리어, 아라비아어를 배웠고, 비엔나대학에서 아카디아어, 아람어, 에티오피아어, 수메르어, 산스크리트어를 공부했다. 또한 소아시아, 페르시아, 메소포타미아에서 사용된 쐐기문자를 공부했다. 그 후에 독일의 홈볼트대학에서 동양학을 공부했다. 그는 비엔나대학교 교수로 재직하면서 동양학을 가르쳤다. 1925년에 아시리아 상인들이 사용했던 계약서 및 서신들을 포함한 1000여개의 쐐기문자판을 발견했다. 히타이트의 쐐기문자를 판독한 후에 히타이트의 상형문자도 판독하려고 많은 노력을 했으나 실패했다. 1952(1944년 설도 있음)년 심장마비로 사망했다.

그는 1915년에 터키의 보가즈코이(처음이름 Boghaz Keui)에서 나온 쐐기문자 텍스트를 입수했는데 처음 판독 작업을 할 때에 고유명사 즉 이름을 밝혀내는 작업을 했다. 그리고 히타이트 문자는 표의문자를 가지고 있을 것으로 생각하고 판독에 임했다. 보가즈코이 텍스트는 바빌로니아-아시리아 쐐기문자로 가장 초기의 그림문자형태였고, 그것이 차츰 음절문자로 발전되었다. 많은 수의 표의문자가 히타이트에 도입되었다. 바빌로니아 쐐기문자를 연구했던 학자들은 이것들을 읽을 수 있었다. 그는 표의문자의 도움으로 '물고기', '아버지' 등의 단어를 읽게 되었다. 단어와 단어, 형태와 형태 등을 조합해보니 히타이트어는 인구어의 전형적인 문법 형태를 갖고 있는 것을 발견했다. 특히 인구어족에 꼭 맞는 것은 분사형태였다. 이 발견은 크게 혼선을 가져오게 된다. 왜냐하면 그 당시에 히타이트어에 대한 많은 논문이 제출되었으나 호르쯔니를 제외하고는 어느 누구도 히타이트어가 인구어라고 생각한 사람은 없었기 때문이다. 그러나 이러한 그의 주장을 반대할 기반을 가진 자가 없었다. B.C. 2000년 중반에 아나톨리아 내륙에서 인구어가 압도적으로 쓰였다는 것은 근동 연구가들이 그 동안 연구한 것을 모두 부정하는 것이 되었기 때문이다. 처음에 그도 이 결론을 의심하면서 인구어임을 증명하는 보다 많은 증거를 모았다. 그러던 어느날 확실한 증거가 되는 텍스트를 판독했는데 그의 해석은 완벽하고 중의성이 없었다. 텍스트의 번역과 분석에 앞서서 그는 이미 쐐기문자의 음가를 알고 있었기에 두 줄의 운율이 맞는 글줄의 예를 발견하고 그것을 쐐기문자에서 라틴글자로 전사해 옮겨보았는데 그 예는 다음과 같다.

nu ninda-an ezzateni
wa-a-tar-ma ekutteni

이 전사 중에서 알고 있는 바빌로니아 단어와 표의문자인 ninda-an이 해석의 실마리였다. 이 표의문자의 뜻은 수메르의 표의문자를 유추해서 보니 '음식' 또는'빵'에 해당되었다. 그리고 -an은 어미로서 히타이트 직접 목적격의 격 표시어이다. 음식 또는 빵과 관계있는 단어는 '먹다'라는 것을 생각했다. 여러 단어를 찾는 도중에 고대 고지독일어(Old High

German)의 ezzan(eat) 단어가 있는데 이 단어는 히타이트어에 ezzateni와 많이 닮았다는 것을 발견했다. 동사 '먹다'는 히타이트어에서 ezza-, 그리스어 edein, 라틴어 edere, 독일어 essen인데 특히 중세독일어 ezzan과 유사한 것을 찾아냈다. 이것을 근거로 삼아서 인구어에서 히타이트어가 발달되어 나왔다는 결론을 내리게 된다. 또한 접미사 -an은 아직도 그리스에 -n으로 남아있는 대격 표시라는 것을 밝혀냈다. 둘째 줄에 wa-a-tar는 쉽게 영어 water, 독일어 wasser로 판독했다. 이렇게 해서 계속 단어를 찾아보니 전체 문장은 이렇게 된다.

> Now bread you eat,
> then water you Drink.
> (지금 빵을 네가 먹고, 그리고 물을 네가 마신다.)

호로즈니는 이 독해를 기반으로 히타이트어가 인구어족에 속한 언어임을 밝히게 됐다. 1902년에 노르웨이 동양학자 크누천(Knudtzon)은 히타이트어가 인구어족의 일원이라는 주장을 했지만 근거를 충분히 제시하지 않았고, 또한 다른 동양학자들의 조롱을 받았다. 그러나 이것이 올바른 평가였다는 것이 뒤에 가서 밝혀지게 되었다.

호로즈니는 히타이트어가 인구어 중에서 가장 오래된 언어라고 주장했으며 그 시기는 B.C. 1400-1300년경이라고 진단했다. 히타이트의 텍스트는 인도에서 가장 오래된 리그베다(Rig-Veda)와 비교되었다.

1915년 11월 24일에 호로즈니는 독일 베를린의 근동학회(Near Eastern Society)에서 히타이트어 쐐기문자 판독에 관한 강연을 했고, 그 강연의 내용이 다음 달에 인쇄되어 배포되었다. 그리고 1917년 라이프찌니(Leipzig)에서 그의 판독에 관한 책인 'Th Language of the Hittites: Its

Structure and Its Membership in the Indo-European Linguistic Family'
이 출판되었다.

이 판독의 결과는 3000년간이나 침묵했던 히타이트인에게 그들의 생활상을 말하게 함으로써 그때까지 몰랐던 여러 정보를 세상에 알리게 되었다. 이것을 계기로 흐로즈니와 다른 연구가들이 히타이트 새김글을 계속 판독해 나가면서 히타이트제국과 그 문화를 조금씩 알게 되었다.

B.C. 1600년경에 초기 히타이트왕 하투시리스(Hattusilis)는 아나톨리아를 정복했고, 북시리아도 정복했다. 그 뒤에 B.C. 1300년경에는 메소포타미아를 침입해서 바빌로니아왕을 대파시켰다. 큰 제국을 형성한 히타이트제국은 중동의 가나안(Canaan) 지역에서 이집트제국과 대치하게 되었는데 두 제국의 치열한 전투끝에 히타이트가 큰 승리를 거두고 평화조약을 맺게 되었다. 이때의 이집트왕은 이집트 제19왕조 3대의 람세스 2세였고, 히타이트왕은 하투시리스 3세였다. 이 평화조약문은 이집트의 상형문자와 히타이트 상형문자로 되어 있었기에 히타이트 상형문자를 판독하는 계기가 되었다. 히타이트가 이렇게 강성한 국가로 성장한 것은 철의 생산과 철로 만든 무기 때문이었다. 상대국 군사들의 무기는 주로 청동기로 무장된 것에 비해서 월등히 강력한 무기를 가진 것이 히타이트제국의 원동력이었다. B.C. 1300년 이후 1세기쯤 되어서 히타이트제국은 바다에서 온 사람들(Sea People)의 침입과 왕실의 갈등으로 인해 갑자기 몰락하게 되었다.

그 동안 이론으로만 있었던 히타이트어의 판독을 실제 증명한 사건이 발생했다. 1927년에 쿠리로위츠(Kurylowicz)는 히타이트어가 그때까지 소쉬르(Saussure)의 이론적 가설로만 제시되었던 특별자음 후두음(laryngeal)을 가지고 있는 것을 실제로 확인하였다. 이 후두음은 인구어에는 없는 것으로 알려져 왔지만 원시-인구어 음성학을 구성하는 데에 꼭 필요한 것이었다. 소쉬르가 그 음이 인구어에 있다고 주장을 했지만 실제로 예를 찾지 못해왔던 것이다.

그 예를 살펴보면 'fire'는 그리스어의 'pyr'에 연관되어 있으나 히타이트에서는 'paHHur'인 것이 밝혀졌다. 'paHHur'에서 대문자 부분이 후두음이다. 그 때까지는 후두음을 어떻게 발음하는지 조차도 알지 못했다. 이 발음이 H와 같은 종류의 발음이었다는 것이 밝혀졌다. 다음의 예 중에 두 번째에 해당된다.

a–da–an–zi	pa–aḫ–ḫu–ur	e–eš–zi
adantsi	pahhur	estsi
'they eat'	'fire'	'is'

히타이트어와 인구어가 서로 유사한 예가 많지만 그 중에 하나를 보면 히타이트어 akwantsi 'they drink'을 들 수 있다. 이것 중에 akwa는 라틴어 aqua와 같은 뿌리를 갖고 있다. 또한 문법적으로 라틴어의 3인칭 복수어미 -ant를 가지고 있다. 히타이트어에는 3개의 성(gender)표시가 없고 대신에 유생성(animate) 혹은 무생성 표지를 갖고 있다. 이것은 성 구별을 하는 시기보다 앞선 시기에 사용된 현상이다.

다음은 히타이트 쐐기문자에 사용된 기호의 예이다.

이 음절문자는 하나의 모음, 자음+모음, 모음+자음으로 구성된다.

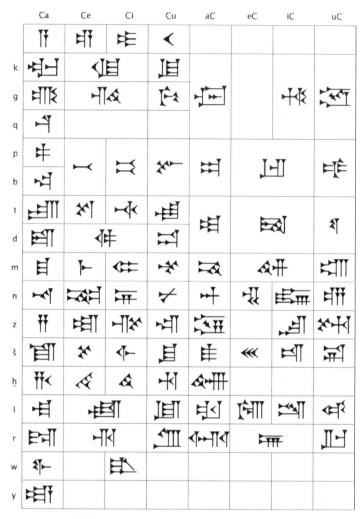

[출처: http://www.ancientscripts.com/hittite.html]

/z/는 치찰음[ts]를, 이곳에는 /š/가 [s]와 [š] 둘 다를 나타낸다.

히타이트의 상형문자는 루위안(Luwian)어의 동부방언을 표기하기 위해서 시리아 지역 히타이트국가에서 사용된 그림문자이다. 사용된 시기는 B.C. 10세기에서 8세기까지이다. 쐐기문자로 쓰인 이전의 루위안 텍스트는 루위안 중부방언으로 생각된다. 이 상형문자는 위쪽 오른편에서 시작하고 대부분의 글자는 표의문자로 구성되어 있으나 음절문자도 있다. 히타이트 상형문자는 루위안 상형문자를 말하며 1930년과 1935년 사이에 판독되었다. 히타이트 상형문자는 이집트의 상형문자와 직접적인 관계는 없다. B.C. 8세기 후반부의 상형문자 텍스트로 보이는 것이 발견됐다. 이 상형문자 판독은 1930년에 여러 학자들에 의해서 이루어지기 시작했다.

1947년에 터키의 카라티프(Karatepe)에서 이중글자로 쓰인 새김글이 발견되었는데 이것에 루위안 상형문자와 페니키아 알파벳이 사용되었기에 루위안 상형문자의 의미를 더욱 많이 알게 되었다.

히타이트국가는 동부, 중부, 서부방언으로 구분되어 글자도 차이난다. 즉 루위안 동부방언은 상형문자로, 루위안 중부방언은 쐐기문자로, 루위안 서부방언은 알파벳으로 기록되었는데 B.C. 600년경의 리시안(Lycian)어는 루위안 서부방언에서 파생되어 나온 것이다.

상형문자, 쐐기문자를 판독함으로써 히타이트의 역사를 알게 되었다. 우선 'Hittite'는 히브리어로 'Hittim'에서 나왔다. 이 민족은 시리아북쪽, 아나톨리아, 터키의 중부고원지방이 있는 하티(Hatti)땅에 거주했다. 이 민족의 기원은 알 수 없고 인구어를 쓰고 있었다. 또한 B.C. 1900년경에 하티 지역을 침입했고, 첨가어를 쓰는 그 지역 민족에게 그들의 언어, 문화 및 규칙을 지키도록 강요했다.

히타이트족의 첫 거주지는 오늘날 터키의 가이세리(Kayseri) 가까이에 있는 네사(Nesa)였다.

B.C. 1800년경에 오늘날의 보가즈쾨일(Bogazkale)지역 가까이에 있는 하투사스(Hattusas)를 점령했다. B.C. 1680년경에 히타이트의 지도자 라

발나(Labarna:재임기간: B.C. 1680-1650)가 왕국을 건설하고 하투사스를 수도로 정했다. 라발나는 아나톨리아 지역 전부를 점령하고, 국력을 바다 건너까지 펼쳤다. 다음의 왕인 물실리(Mursili:재임기간: 1620-1590 B.C.)는 지금의 Halab(옛 알레포)를 포함해 시리아를 점령했고, B.C. 1595년에는 바빌로니아를 공격했다. 그 후에 물실리가 살해당하자 내부의 권력투쟁이 벌어지고 국력이 쇠약해졌다. 텔리피누(Telipinu)왕이 B.C. 1450년경에 새로운 히타이트왕국을 건설했지만 외국의 침입을 기회삼아 왕자 수피루리우마(Suppiluliuma:재임기간: B.C.1380-1346)가 왕위를 찬탈해서 히타이트국을 다스렸다. 그는 강력한 왕이 되어 이집트, 바빌로니아, 아시리아 등과 견줄만한 대국으로 성장시켰다. 그가 죽고 난 후에도 B.C. 15-14세기에 서쪽으로 에개해, 동쪽으로 아르메니아, 남동쪽으로 메소포타미아, 남쪽으로는 오늘날의 레바론인 시라아까지 영토를 넓혔다.

    B.C. 14세기 후반에 히타이트는 이집트와 충돌이 잦았다. 두 대국은 시리아 지역의 지배권을 놓고 시리아 카데쉬(Kadesh)에서 싸웠다. 히타이트의 무와타리(Muwatalli:재임기간:B.C. 1315-1296)왕과 이집트에는 람세스 2세 때였다. 그 뒤에 히타이트왕 하투실리(Hattusilli:재임기간:1289-1265) 3세는 이집트 람세스 2세와 평화협력조약을 체결하고 자신의 딸과 결혼시켜 평화를 유지했는데 이집트의 기록에 의하면 히타이트제국은 'Sea Peoples'에 의해 멸망할 때까지 지속되었다. 1세기 후에 히타이트가 멸망하자 각 지역마다 혼란과 전투가 계속되었다. 따라서 많은 도시국가가 생겨났고, 그 중에서 카르케미쉬(Carchemish)가 단연 유명한데 이 국가는 아나톨리아 동쪽과 북시리아 지역에 세워졌다. 이들 국가들은 혼합 민족으로 시로 히타이트(Syro-Hittites)족으로 불리며, 이 부족은 루위안어를 사용했고, 상형문자를 그들의 글자로 채택했다. B.C. 10세기에 들어와서

이들 나라들은 아람인들에 의해 흡수되었다. 이후에 아시리아인들은 시리아를 하티라고 불렀다. 아람인에 의해 정복된 도시국가와 독립을 유지한 도시국가들은 B.C. 715년경 아시리아의 사르곤 2세에 정복되어 모두 아시리아제국이 되었다.

루위안 상형문자 음성기호(Hieroglyphic Luwian Phonetic Signs)

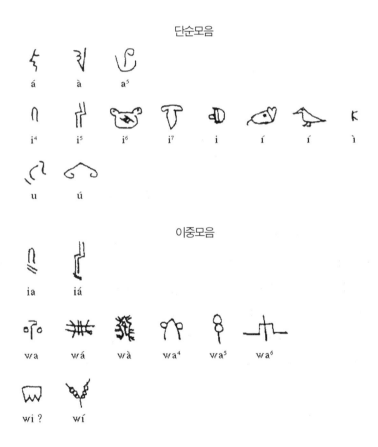

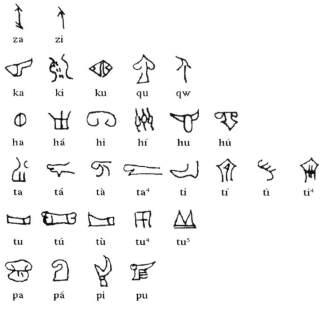

자음+모음기호

[출처: http://www.crystalinks.com/luwian.html]

위의 상형문자는 히타이트 상형문자(Hittite Hieroglyphic script)로 잘 못 알려져 있는데 사실 이 상형문자는 루위안(Luwian)이라는 히타이트와 인척관계에 있는 언어였다. 따라서 정확한 용어는 루위안 상형문자 (Luwian Hieroglyphs)이다. 인구어인 아나톨리아어의 하부언어로는 히타 이트어와 루위안어가 있다. 이 루위안 상형문자는 B.C. 1000년에서 700 년 사이에 아나톨리아 남부와 시리아 북부 지역의 도시국가들에서 사용 된 글자로 500개 정도의 기호로 구성되어 있다. 이 상형문자에는 모양은 달라도 같은 음가를 나타내는 기호가 많다.

이 루위안 상형문자의 판독은 1960년 프랑스 학자 엠마누엘 라로쉬 (Emmanuel Laroche)에 의해서 부분적으로 이루어졌고, 1973년에 이 상형문자가 표기한 언어가 루위안어라고 판정한 사람은 데이비드 호킨스(David Hawkins), 안나 모퍼고 데이비스(Anna Morpurgo-Davies)와 귄터 노이만(Günther Neumann)등이었다. 히타이트에는 여러 가지 방언이 있었는데 그것을 살펴보고자 한다.

3) 히타이트의 여러 방언

우선 글자형태는 쐐기문자와 상형문자로 사용되었고 지역에 따라 사용된 언어를 크게 6개로 하티어(Hatti), 히타이트어, 팔라어(Palaic), 루위안어(Luwian), 후리안어(Hurrian), 우랄티어(Urartian)로 나눌 수 있다. 그 뒤에 페니키아알파벳과 그리스알파벳으로 표기된 언어는 프리지안어(Phrygian), 리디아어(Lydian), 카리아어(Carian), 리시아어(Lycian) 등 4가지가 있다. 이 중에서 고대에 사용된 6가지의 언어를 살펴본다.

(1) 하티어에 대해서

이 언어를 원조-히타이트어(Proto-Hittite)라고도 한다. 이 언어는 히타이트 쐐기문자로 표기되었고, 할리스(Halys)강 지역과 북쪽지역에 사용되었다. 하티어의 자료는 종교생활에 관한 것이 많은데 예배, 마법, 탄원 신화 등이 있다. 히타이트어 텍스트에 하티어가 삽입된 예가 있다. 인구어족이 히타이트 나라에 들어오기 전에 하티 인들이 아나톨리아지역에 얼마나 오래 살았는지는 알 수 없지만 히타이트 새 제국(Hittite New Empire(c. 1400-1190 B.C.))기간에 하티어가 죽은 언어가 되어 있었던 것은 분명하다.

하티어에 대한 연구는 1922년에 독일인 아시리아 학자인 에밀 포레(Emil Forrer)에 의해 시작됐다. 뒤이어 1935년 독일인 동양학자 한스 구테르보크(Hans G. Güterbock)가 하티어 자료를 모아 출판했고, 그 다음에 빈클러(Winckler) 발굴(1905-12)에서 시작된 하티 텍스트의 발간으로 연구의 절정을 맞이했다.

(2) 히타이트어에 대해서

1905년에 독일 고고학자들이 보가즈코이-하투사(Bogazkoy-Hattusa)고문서에 보관된 25,000평판을 찾음으로써 히타이트어에 관해서 알게 되었다. 히타이트 쐐기문자 텍스트에서 히타이트어는 네사(Nesa)어 즉 네실리어(Nesili(Nasili)) 또는 Neshite어 즉 Nesumnili라고 알려져 있다. 더 옛날의 자료로는 카파도시안(Cappadocian)평판에 새겨진 지역 방언에서 나온 몇 개의 차용어와 토착고유이름에서 찾아볼 수 있다. 카파도시안 평판은 약 B.C. 1900-1720년 사이에 지금의 카이세리 가까이에 있었던 쿨테페(Kültepe)에 있는 상점에서 아나톨리아에 살고 있는 아시리아인과 주고받은 거래편지내용이다. 쿨테페에서 나온 자료는 카네쉬트(Kaneshite)라고 하는데 이 말은 Kültepe의 옛날 이름인 Kanesh에서 나온 것이다. 이것은 히타이트 텍스트에서 발견된 카네쉬트어인 Kanisumnili라는 현대단어와 일치한다. Kanesh와 Nesa는 같은 지역이다.

히타이트 새김판은 수도 이외의 지역에서도 나오는데 주로 타르수스(Tarsus), 알랄라크(Alalakh), 우가리트, 아마르나(Amarna)등지에서 발견된다. 이런 현상은 B.C. 1400-1190년 사이에 히타이트가 거대한 제국이었음을 보여주는 것이다.

히타이트어 중에 고 히타이트어는 고대왕국 B.C. 1700-1400기간에 사용된 것이며, 전형적인 글 쓰는 방식인 수서체인 'Old Ductus'로 보존되어 있다. 그 다음 암흑시대 B.C. 1500-1400인 중반기는 중 히타이트어 시대인데 이 시대의 자료 대부분은 그 이후의 제국시대에 나온 자료에 보존되어 있다.

보가즈코이-하투사의 고문서 보관소는 요새, 큰 사원 단지, 큰 언덕배기 건물 등 여러 곳에서 발견되었다. 이 고문서들의 내용은 역사. 정치, 행정, 문학, 법에 관한 것들이었다.

히타이트 필경사들이 사용한 쐐기문자는 메소포타미아의 기원을 가진 글자형태에서 변화된 형태이다. 이 쐐기문자는 B.C. 1650년 직후에 히타이트인이 시리아 필경사에게 그들의 활동을 히타이트 수도에 전달하도록 권유한 결과로 도입된 것이다. 도입된 글자는 처음에 아카디아어 표기에 사용되었고, 뒤에 가서 히타이트어에도 적용되었다. 이 글자는 종교생활에 쓰일 뿐만 아니라 학자들의 문학에도 쓰였다. 왜냐하면 필경사들의 글자공부의 핵심이 바로 학자들의 문학을 기술하는 것이고 그 결과로 자료들이 남아있게 되었다. 고문서 보관소에서 발견된 수메르 텍스트도 문학계통이 많다.

그 당시 외국과의 조약과 서신어로는 아카디아어가 주로 사용되었는데 이 언어는 그 시대의 국제 언어였다. 수메르어와 아카디아어는 유능한 필경사 교육과정의 필수과목으로 구성되어 있었고, 이들 언어가 히타이트 고문서 보관소에서 발견된 '8개 언어'중에 속해 있었다.

히타이트어를 최초로 판독자한 사람은 노르웨이인 J, A. 크누존이다. 그는 1902년에 소위 Arzawa철자(즉 히타이트철자)로 표기된 언어가 아마르나고문서에서 발견된 것인데 인구어와 뚜렷한 유사성이 있다는 것을 지적했었다. 쐐기문자가 이미 판독이 되었기 때문에 크누존과 그의 뒤를 이은 흐로즈니는 그들의 텍스트를 읽어 나갔던 것이다. 실제로 그들의 업적은 쐐기문자로 쓰인 자료를 판독해낸 것 보다는 자료를 해석한 것이다. 1905년에서 1912년까지 8년간 계속된 독일 발굴단의 첫 발굴에서 무려 10,000개 가량의 평판이 발견되었다. 이 평판의 내용을 흐로즈니가 해석

함으로써 히타이트어가 인구어족의 언어임을 밝혀내는 획기적인 업적을 거두었던 것이다.

(3) 팔라어에 대해서

팔라움닐리어(Palaumnili)라고도 부르는 팔라어는 아나톨리아 북서쪽 팔라(Pala) 지역의 언어이며 히타이트 쐐기문자로 표기되어 있다. 고대 히타이트왕국 때에 히타이트의 아나톨리아 지역은 팔라(Pala), 루위야 (Luwiya), 하투사(Hattusa) 등 3개 지구로 구성되어 있었다. 중기인 암흑기 이후에 카스카 유목민이 북 아나톨리아 지역까지 세력을 확장하여 이 지역의 중요성이 감소되기 시작했다.

팔라어에서 인구어의 특징을 처음 찾아낸 학자는 에밀 포러(Emil Forrer:1922)이다. 소수의 어휘지식만으로 부족한 면이 있지만 특히 명사 굴절형, 지시, 관계, 전접대명사의 형태 및 동사어미의 대조 등으로 히타이트어와 루위안어는 아주 가까운 관계인 것을 밝혀냈다. 이 텍스트 일부분이 'Old ductus'평판에 보존되어 있다.

(4) 루위안어에 대해서

아나톨리아 남부 해안지대의 언어로, 3대에 걸쳐 나온 텍스트에서 나오고 있다. 3대란 첫 시대로 새 히타이트제국(Hittite New Empire) 시대로 B.C. 1400-1190년까지이고, 둘째 시대는 신 히타이트 국가들(Neo-Hittite States) 시대로 B.C. 1190-700년까지이고, 셋째 시대는 리시안(Lycian)기념비를 새긴 시대인 B.C. 400-200년까지이다.

시대의 변화에 따라 글자표기에도 변화가 일어났다. 초기에는 메소포타미아의 쐐기문자에서 아나톨리아 상형문자로 변화했고, 그 다음에는 그리스알파벳 시대로 변화하였다. 방언에 따른 차이도 많이 나타났다.

B.C. 15세기에서 14세기 초에는 서부 루위안어(알파벳으로 쓰인 리시아어의 선조어)와 동부 루위안어(Neo-Hittites 국가들의 후기 루위안 상형문자의 선조 격)가 있었다. 이 방언들은 수도지역인 보가츠코이-하투사(Bogazkoy-Hattusa)고문서 보관소에서 발견된 중앙의 루위안 방언과 차이가 있었다.

쐐기문자로 쓰인 루위안어 연구는 1922년 에밀 포러에 의해 시작되었다. 1953년에는 루위안어의 문법과 어휘연구서가 발간되었고 1959년에는 쐐기문자로 된 표준사전이 편찬되었다. 아나톨리아의 상형문자조직은 오랜 역사를 가지고 있는데 B.C. 18-17세기 초기 히타이트의 도장, 그림시대까지 거슬러 올라간다. 그렇지만 초기의 텍스트는 B.C. 8세기 초까지 올라간다. 새김글의 분포지역을 보면 서쪽으로는 시피루스(Sipylus)와 카라벨(Karabel)까지, 북쪽으로는 알라카 휘위크(Alaca Huyuk)와 보가츠코이-하투사까지, 동쪽으로는 텔 아마르(Tell Ahmar(Til Barsib))까지, 남쪽으로는 하마(Hama)와 알-라스탄(ar-Rastan)까지 광범위하게 펴져있다. 상형문자는 B.C. 16-15세기 암흑기 동안 초기 글자의 형태가 충분히 발달되었고 뜻글자, 음절문자 및 보조기호까지 갖춘 글자조직체로 발달되었다. 새 히타이트제국 시대에 와서는 상형문자가 다양한 목적에 사용되었는데, 군대 및 사원의 일상적인 새김글로 도장 및 목판 등에 새겨져 있다.

루위안 상형문자를 처음 판독하고자 시도한 학자는 영국의 고고학자 아치볼드 세이스(Archibald H. Sayce)이며, 1930년에 여러 나라의 학자들이 조직적으로 연구함으로써 철자의 음가를 찾아내고, 새김글의 문장구조를 올바르게 분석하게 되었다. 이 중에서도 돋보이는 학자로는 독일의 한스 구테르보크(Hans G. Guterbock)인데 그는 1940년과 1942년까지 이중언어로 되어있는 「Hittite Royal Seals」을 발간하여 히타이트제국 시대의 새김글과 후기 Neo-Hittite States의 새김글의 차이를 연결해주는 공로를 세웠다. 또한 우가리트(Ugarit, 북부시리아)에서 프랑스 발굴단이 발굴한 여러 개의 도장에 새겨진 글자들도 이와 같은 연결역할을 한다.

최근에 발견된 것 중에서 가장 중요한 것은 1947년 독일 고고학자 헬무트 보저트(Helmuth T. Bossert)가 페니키아철자로 쓴 루위안어와 상형문자로 쓴 루위안어의 이중새김글이 카라테페(Karatepe)에서 발견된 것이다. 루위안어의 여러 지역 방언이 아나톨리아의 다른 하부언어와 가까운 근친관계라는 것은 여러 가지 언어 대조방법에 의해서 확인되고 있다. 특히 명사의 단수 굴절형, 일정한 대명사 형태, 동사어미와 많은 어휘 일치 등으로 확인되고 있다.

(5) 후리안어에 대해서

초기연구에서는 미타니어(Mitani)와 수바리안어(Subarian)가 후리안어를 나타내는 언어로 알려져 있었다. 히타이트 쐐기문자 텍스트에서는 허릴리(Hurlili)가 사용되었는데 이것이 바로 후리안어이다. 이 언어는 B.C. 3000년 후반에 이미 마르딘(Mardin)지역에 나타나 있었는데 이곳은 지리적으로 메소포타미아의 북쪽지역에 속한다. 아카드왕조시대에 이미 메소포타미아 텍스트에서 후리안사람 이름과 물건들 이름이 발견되었다. 후리안어를 쓰는 민족은 비셈족이면서 비인구어계인데 아르메니아 산맥을 넘어 온 사람들이다. B.C. 2000년 초 후리안족은 남동 아나톨리아와 북쪽 메소포타미아의 많은 지역에 분포하고 있었다. 그 이후 중간 기간인 암흑시대에 실리시아(Cilicia)와 인접한 타우루스(Taurus)와 안티타우루스(Antitaurus) 지역에 들어왔었다. B.C. 2000년 중반전에 인도-아리안족이 후리안 영토까지 위협하는 힘을 과시했다. 그 증거로 근동텍스트를 보면 인도-아리안족의 이름과 단어들이 이미 들어와 사용되고 있음이 확인된다. 이들 단어들 중에서 말을 훈련시키는 전문용어가 많이 발견되는데 그 주제에 관한 논문이 많이 나와 있다. 이런 자료는 역사적인 관점에서 아주 중요한 것이다. 히타이트 고문서에서 수메르어, 아카드어, 하티어, 팔리어 및 루위안어 다음으로 6번째에 후리안어와 7번째의 언어 인도-아리안어를 밝혀주기 때문이다.

후리안어 텍스트는 여러 곳에서 발견되었는데 우르키쉬(Urkish), 마리(Mari), 아마르나(Amarna), 보가츠코이-하투사(Bogazkoy-Hattusa) 및 우가리트(Ugarit) 지역에서 발견되었다. 이 중에서 가장 중요한 곳은 아마르나(이집트. B.C.1400년)인데 가장 중요한 후리안어 기록물이 발견되었기 때문이다. 거기에는 이집트 파라오 아멘토테프(Amentotep) 3세에게 보낸 정치적 서신이 있다. 마리(중부 유프라테스. B.C. 18세기)에서는 약간의 종교텍스트가 나왔고, 보가츠코이-하투사(제국시대)에서 나온 것은 문학텍스트와 종교텍스트이다. 우가리트(북 시리아 해안가. 14세기)에서는 우가리트알파벳으로 쓴 후리안어 종교 텍스트와 문학어휘들이 나왔다. 그리고 여러 지역에서 나온 자료 중에서 후리안 사람들의 이름이 아주 중요한 언어적인 자원이다.

후리안어에 대한 연구는 1890년에 여러 학자들에 의해서 동시에 이루어졌다. 그 다음으로 흐로즈니(1920)와 에밀 포레(1919, 1922)가 보가츠코이-하투사 고문서에서 후리안 자료를 찾아내어 연구했다.

(6)우랄티어에 대해서

초기에는 우랄티어란 용어 대신에 칼데아어(Chaldean)와 바닉어(Vannic)로 사용되었다. 우랄티어는 조상은 같지만 후리안어의 후기 방언이 아니라 독립된 언어이다. 이 언어는 B.C. 9-8세기 동안 우라르투(Urartu)국가의 공식 언어로 아나톨리아 동북 지역에서 사용되었다.

이 국가는 반(Van) 호수 지역 주변을 중심으로 현대 러시아의 트랜스

코카서스(Transcaucasian)지역까지, 또한 이란의 북서쪽과 시리아 북쪽까지 세력을 넓혔다.

우랄티어의 표기글자는 신 아시리아글자의 변이형 쐐기문자가 사용되었고, 대부분의 기념비 새김글과 사원에 봉헌된 투구와 방패에 새겨져 있고, 몇 개의 경제와 관련된 평판에 쓰였던 것이다. 우랄티어와 아시리아어로 구성된 이중어 새김글이 발견되어서 우랄티어를 이해하는데 중요한 열쇠 역할을 한다. 같은 시대의 아시리아 텍스트와 형식이 닮아 있어서 우랄티어를 해석하는데 크게 기여하고 있다.

우랄티어를 처음 연구한 사람은 아치볼드 세이스이다. 그는 1880부터 10년간에 걸쳐 우랄티어를 집중적으로 연구했다. 그 다음으로 독일 역사학자 칼 레흐만 하우트(Carl. F. Lehmann-Haupt)가 1892부터 1935년 사이에 언어학적인 면에서 큰 역할을 했다. 또한 독일 동양학자 요한 프리드리히(Johannes. Friedrich)는 1933년에 우랄티어문법을 발간했다. 아직도 쐐기문자로 쓴 것과 원주민이 사용한 상형문자는 판독되지 않았다.

윈터스와 저스트슨(Clyde A. Winters and Justeson)

중남미 지역에는 아직도 판독되지 않은 문자가 많이 있다. 그 이유는 원 언어에 대한 지식이 없기 때문이다. 이들 글자의 추정연대는 B.C. 1000년에서 A.D. 1500년까지 다양한 시기에 사용된 글자로 보고 있다. 그 글자들을 보면

1) 올멕글자(약 B.C. 900년경으로 가장 오래된 글자다. 이 글자는 두 가지로 판독이 나와서 아직 어느 것이 올바르냐에 논쟁이 뜨겁다)

2) 이시미안글자(Ishmian)(약 B.C.500년경으로 표어음절문자임)

3) 자포텍글자(Zapotec)(약 B.C. 500년경에 사용된 것으로 추정)

4) 믹스테글자(Mixte)(약 14세기 글자)

5) 퀴푸글자(Quipu)(약 15세기의 Inca제국의 글자) 등 다섯 가지다.

이 글자 중에 가장 오래된 올멕문자의 판독에 관한 논의가 뜨겁다. 다음은 올멕문자에 관한 것을 알아보고자 한다.

올멕문자에 대한 자료로 1986년 멕시코 베라크루즈(Veracruz) 주, 라 모자라(La Mojarra)마을 가까이 아쿨라(Acula)강 바닥에서 글자 같은 기호가 새겨진 석판(Slab)이 발견되었다. 이것을 라 모자라 석판 1호라 한다. 다음 그림이 그것인데 지배자의 모습과 21칸에 465개의 기호가 새겨져있다.

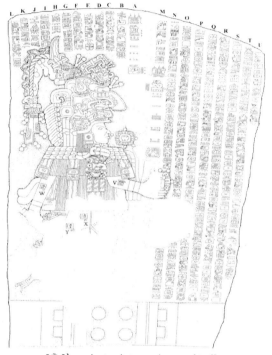

　이 기호는 중미 지역에서 나온 글자들은 마야, 자포텍, 믹스텍, 아즈텍과 같은 기호와 닮은 점이 없었다. 다만 마야문자에서 보는 것과 같은 긴 달력을 사용하는 모습을 보였다. 이 글자에 대한 이름은 여러 가지로 불리고 있는데 에픽 올멕글자(epic-Olmec), 라 모자라글자, 이스미안글자(Isthmian script), 툭스틀라글자(Tuxtla script) 등 4가지나 된다. 이 기호를 판독하고자 노력한 사람은 저스트슨과 코프만(Kaufmann)이며 이들은 이 기호를 판독했다고 1993년 미국의 'Science'지에 발표를 했었다. 그런데 문제가 발생했다. 저명한 비문학자인 스테픈 호스튼(Stephen Houston)과 미쉘 코(Michel Coe)가 저스트슨과 코프만이 판독한 글자에다 새로

발견된 가면(New Mask)에 쓰인 글자에 대입해 보았더니 올바른 해석을 얻지 못했다. 따라서 올멕인이 중남미 언어인 믹스-조크어(Mixe-Zoquean)를 사용했다는 가정이 잘못됐다는 의견이 제시되었고 고고학자들의 지지를 받지 못하게 되었다.

곧 이어서 다른 이론이 제기되었다. 윈터스가 1997년 'Science'지에 논문을 게재했는데, 저스트슨과 코프만이 라 모자라 석판의 판독에서 믹스-조크어를 사용한 에픽-올멕인의 글자라고 주장한 것에 대해서 그 주장은 거짓이라고 비판했다. 그리고 그는 석판에 쓰인 언어는 올멕어로 쓰였는데 그것은 중미아메리카가 아니라 아프리카의 만드어(Mande)군의 변이형이라고 주장했다.

올멕 문명 지역과 그 중심지

[출처: http://andaman.org/BOOK/chapter54/text-Olmec/text-Olmec.htm]

<메리 폴(Mary Pohl)이 올멕 중심지 라 벤타(La Venta)에서 발굴한 원통도장과 프린트 형상>
[출처: msnbc.msn.com/id/3077435]

원터스를 지지하는 몇 가지 사항을 살펴보면 첫째, 1832년에 콘스탄틴 사무엘 라피네스크(Constantine Samuel Rafinesque)가 올멕문자 판독에 관한 단서가 될 만한 마야문자에 대한 논문을 발표했다. 그는 논문에서 마야문자는 그들의 성분구조로 따로 분리시킬 수 있다는 사실을 밝혔는 데 이것은 바로 고대 아프리카의 리비코-버버글자(Libyco-Berber)와 유사했다. 이 논문은 마야문자를 리비코-버버글자와 비교해 가면서 읽을 수 있는 가능성을 제시한 것이다. 둘째, 간접적인 단서로 아프리카의 만드인은 자주 자기들을 Sye 또는 Si 흑인민족이라 했는데 이것은 바로 마야인들이 자기들을 Si(Tozzer, 1941)민족이라고 불렀던 것과 일치한다. 원터스(1979, 1997)는 리비코-버버기호를 읽을 수 있다고 주장했다.

올멕문자는 B.C. 900-A.D. 450까지 올멕의 중심지에서 사용된 표어음절문자이다. 이 글자는 아메리카에서 사용된 가장 최초의 글자로서 이 글자의 판독은 그 글자가 사용된 시기의 정치, 경제, 문화, 종교 등을 알 수 있는 가장 중요한 일이다.

셋째, 1862년에 조세 멜가(Jose Melgar)가 휴야판(Hueyapan, 현재 트레스 자포테스)에서 처음으로 거대한 머리석상을 발견했는데 그는 이것을 관찰한 후에 올멕인이 아프리카인과의 연관이 있다는 것을 제시하고 이 거상머리는 흑인의 것 'Negro race'로 생각했다고 한다.

올멕 거상머리, 이것이 아프리카 흑인의 머리 상으로 추정된다.
[출처: http://andaman.org/BOOK/chapter54/text-Olmec/text-Olmec.htm]

넷째, 1922년에 레오 비엔나(Leo Wiener)는 'Africa and the Discovery of America(1922)'라는 책에서 만딩글자(Manding)와 툭스틀라의 작은 석상(Statuette)에 새겨진 글자와의 유사성을 인정한 최초의 학자였다. 그는 멕시코 고도의 문명 즉, 마야와 아즈텍은 서아프리카 말린케-밤바라(Malinke-Bambara, 만딩민족)의 문화와 종교전통을 획득해 온 것이라는 증거를 제공했다. 그는 만드지역 바위에 새겨진 만딩글자와 툭스틀라의 작은 조각상에 새겨진 글자의 유사성을 언급했다.

다섯째, 1962년에 해롤드 로렌스(Harold Lawrence)는 남반구의 많은 지역에 새겨진 암석선화새김글이 만딩글자 조직과 일치한다는 것을 밝혔다.

올멕을 고고학과 연관해서 보면 올멕인이 그 지역의 처음 거주자는 아니었던 것 같다. 첫 거주자는 아마도 서아프리카 또는 북아프리카에서 온 만딩인들이었다고 본다. 이 사람들이 B.C. 1200년경에 12번의 대 이민 시기에 멕시코에 왔다고 보면 이 이야기는 이자파(Izapa)에서 나온 석판 5호에 기록되어 있다. 윈터스(1983, 1984c, 1986)는 올멕인의 조상이 만딩어를 사용한 북아프리카 사하란지역에서 왔는데 그들의 조상이 Oued Mertoutek에 최초의 새김글을 남겼으며 이들은 충분히 발달된 글자를 멕시코에 가져왔다고 주장한다. 윈터스가 제시한 증거로서 1) 올멕새김글을 읽을 수 있도록 했고 2) 마야문자 *c'ib 단어는 만딩어 기원이라는 것이 확인됐고, 3) 마야의 글자들이 아프리카에서 사용된 만딩글자와 동족 글자라는 사실이고, 4) 마야인에게 글자를 도입시킨 사람이 만딩어를 말하는 올멕인들이라는 것이 입증됐다고 한다. 즉 La Vanta Offering 4호에서 올멕 지역에서 만딩글자가 발견된 것은 아프리카와 올멕과의 접촉에 결정적인 증거를 제시한다는 주장이다. 또한 올멕의 도끼, 탈, 조각에 아프리카글자가 새겨진 것이 남아 있는 것을 아프리카와 올멕의 교류를 확인시키는 증거로 보고 있다.

중미 지역에서 발견된 글자들의 공통점을 찾아보면 첫째, 아주 복잡한 그림문자의 형태를 가지고 있다. 그래서 이집트의 상형문자와 같이 생각해서 상형문자로 부르고 있다. 둘째, 중미의 상형문자들 서로가 많이 닮았다는 사실이다. 이것은 실제의 동물, 사람 및 자연의 특징을 그대로 그림으로 표현한 것이기 때문이기도 하다. 흔히 동물과 사람의 신체 일부가 구체적인 행동 또는 동사의 글자로 사용되기도 한다. 또는 글자로서 복잡한 기하학적인 도형 즉 원, 사각, 삼각 등이 사용되기도 하여 서로가 비슷한 형태를 나타내고 있다. 그 예를 다음의 글자 비교에서 확인할 수 있다.

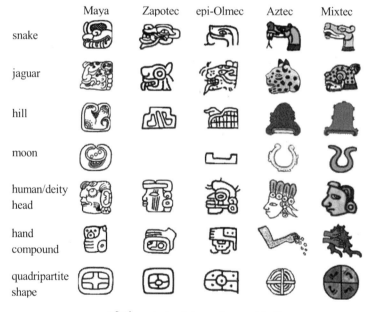

[출처: ancientscripts.com/ma_ws.html]

셋째, 숫자 표현 글자가 공통적이라는 사실이다. 중미 글자에서 채택한 기본은 점과 줄선인데 점은 1, 줄선은 5를 표현한다.

최근에 여러 가지 유물들이 새로이 발견되어 올멕문자의 판독에 관심을 기울이게 한다. 2002년에 메리 폴(Mary Pohl)교수는 멕시코의 산 아드레스(San Andres)에서 원통도장하나와 푸른 돌을 발굴했는데 그것에는 글자가 새겨져 있었다. 이것들의 고고학적 연대로는 약 B.C.650년대의 것으로 추정되며 중미에서 가장 오래된 예의 하나일 것으로 추정된다.

impression of cylindrical seal
bearing possible glyph "3 Ahaw"

greenstone plaque
fragment #1

greenstone plaque
fragment #2

Drawings from Pohl et al 2002

2006년에 보다 놀라운 것을 발굴했는데 이것은 많은 사람의 관심을 끌었던 것이다. 이것은 카스카잘(Cascajal) 블록으로 이 작은 돌판에 정교하게 다듬어진 62개의 글자가 새겨져 있는데 아직 판독이 되어 있지 않았다. 이것 또한 올멕 예술에서 사용하는 그림과 유사하다. 이 카스카잘 블록이 올멕문자의 예로서 제시될 정도로 인정되고 있다.

이 블록은 고고학적 유물 지역인 채석장에서 발견되었는데 이것의 연대를 조사한 결과 추정연대는 약 B.C. 1000-800년 사이로 밝혀졌다. 비록 산 안드레스 원통도장이나 도자기와 같이 거의 확실한 추정연대는 아니더라도 이 블록이 가장 오래된 중미의 텍스트가 아닐까하고 많은 학자들은 생각하고 있다. 판독하기에는 텍스트 새김글의 양이 얼마 안 되지만 더 많은 자료를 발굴해서 판독되기를 희망할 뿐이다.

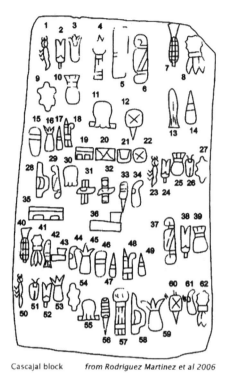

Cascajal block   *from Rodriguez Martinez et al 2006*

[출처: ancientscripts.com/ma_ws.html]

제 3부 새 문자를 만든 사람들

1. 조선의 세종대왕
2. 아메리칸 인디언 세퀘이아(Sequoyah or Sequoia: c1760-1843)
3. 티베트 승려 파스파(八思巴)
4. 태국의 람캄행대왕(King Ramkhamhaeng: 1275-1317)
5. 성 메스로프 마시토츠(Saint Mesrob Mashtotz: 361-439)

1 조선의 세종대왕

세종은 이성계가 세운 조선의 제 4대 왕이다. 태조가 조선을 세운지 26년 만에 3대 태종 이방원의 셋째 아들인 세종이 22세인 1418년에 왕위에 올라 1450년까지 32년간 왕으로 재직했다. 그의 이름은 이 도, 자는 원정(元正)이며, 아버지 태종 이방원과 원경왕후 민씨의 아들이다. 세종의 아내는 심 온의 딸 소헌왕후이다.

세종은 왕 재위 기간에 우리나라 역사에 남을 만한 업적을 여러 가지 남겼다. 특히 언어학과 과학계에는 눈부신 업적을 남겼다. 언어학에서는 세계적으로 라틴글자와 겨눌 수 있을 정도의 음소문자인 훈민정음글자를 세종이 직접 만들었고, 과학계에서는 장영실이라는 과학자로 하여금 혼천의, 간의, 해시계, 물시계, 측우기 등을 만들게 하여 백성의 생활에 직접 활용할 수 있게 했다. 여기에서는 세종의 업적 중에 훈민정음 창제에 관한 것을 다루고자 한다.

1) 언문을 창제한 동기

글자 창제의 동기를 찾고자 하면 우선 왕의 직분은 국가를 안정시키고 국민을 배불리 먹이고 편안하게 생활하도록 하는 것이니 그것을 위해서 여러 가지를 궁리했을 것이다. 이성계가 조선을 건국하고 얼마 지나지 않았기 때문에 초기에 있었던 반역과 형제간의 살상 등의 부도덕한 과정을 거친 후에 어느 정도 나라가 안정되어 건국의 이념인 숭유교화 정책을 착실히 실천해야 할 때가 되었던 것이다. 그러나 가끔 백성들 가운데에서 불충, 불효하는 사람들이 생겨났다. 이런 어리석은 백성을 교화시킬 수 있는 방법을 여러 가지로 강구하고 있었다.

첫째, 백성을 계몽하기 위해서 여러 가지 방안을 강구하여 실천하는 과정에서 어리석은 백성을 가르치는 가장 효과적인 방법은 알기 쉽고 쓰기 편한 글자를 만들어서 가르치는 것이라는 생각을 하게 되었다. 그 과정은 다음과 같다.

(1) 처음에 어리석은 백성을 계몽하고자 '삼강행실'을 편찬하여 배포했다.

1428년 세종 10년에 경상도 진주에서 김화라는 사람이 자기의 아버지를 살해한 사건이 발생했다는 보고를 세종은 받았다. 큰 충격을 받은 세종은 여러 가지 방안을 강구하도록 했다.

판부사 변효량은 '효행록'을 만들어 전국에 배포해서 부모에 대한 효심을 가르치자는 제안을 했다. 판부사 허조는 세종에게 건의하기를 아들이 아버지를 범하는 죄는 엄히 다스려야 한다고 제안했다. 물론 그의 제안대로 김화는 엄히 다스림을 받아 사형되었다. 그 뒤에 무지하고 어리석기 짝이 없는 백성을 교화시킬 목적으로 세종 16년 설순을 시켜 만든 '삼강행실(三綱行實)'을 편찬했다. 이 책은 충, 효, 열의 모범적인 사례를 모아 백성에게 읽혀서 행실을 바르게 하자는 데 있었다. 그런데 '삼강행실'을 편찬하고 널리 배포를 한 후 그 결과를 보고 받은 바, 별로 효과가 없음을 알게 되었다.

세종은 '다만 백성이 문자를 알지 못하여 책을 비록 나누어 주었을 지라도 남이 가르쳐 주지 아니하면 어찌 그 뜻을 알아서 감동을 하고 착한 마음을 일으킬 수가 있으리오, 내가 '주례'를 보니, '외사(外史)는 책이름을 사방에 펴 알리는 일을 주관하여 사방의 사람들로 하여금 책의 글자를 알게 하고 책을 능히 읽을 수 있게 했다.' 하였으므로, 이제 이것을 만들어 서울과 외방에 힘써 회유의 방술을 다 하여라.' 라고 했다. 세종실록 16년 4월쪽에 보면 '내가 유신에게 명하여 옛 것과 이제 것을 다 짜 모으고 아울러 그림을 붙여 이름을 삼강행실이라 하고 글 새기는 이로 하여금 새겨서 중외에 널리 반포하였다. 생각건대 학식이 있는 사람을 택하여 늘 가르치고 이끌어주어 어리석은 남자나 어리석은 여자로 하여금 모두 아는 바가 있어서 도(道)를 다하고자 하는데 어떠한가?'하셨다.

(2) 삼강행실도에 배우기 쉽고, 쓰기 편리한 글자를 만들어 설명을 붙이면 효과가 있을 것인가에 대해서 신하와 상의한 증거가 있다.

언문으로 삼강행실을 번역하여 민간에 배포하면 백성이 인간의 근본도리를 깨우쳐서 충신, 효자, 열녀 등이 나오고 도덕적 해이를 고칠 수 있을 것이라고 희망했던 세종의 생각을 최만리 등이 세종께 올린 상소문의 처리과정에서 찾아볼 수 있다. 적어도 언문을 제작하는 과정에서 집현전 학사인 직전 김문과 응교 정창손에게는 그 효과에 대해서 논의했던 사실을 엿볼 수 있다.

상소문을 올린 학자들을 불러 모은 자리에서 세종이 김문의 심문에서 전번에는 언문을 제작함에 불가할 것이 없다고 말해 놓고 지금은 도리어 불가하다고 하는 것에 못마땅함을 나타낸 장면과, 특히 정창손에게 심문하면서 전번에 정창손이 세종에게 했던 말 중에서 세종이 '만일 언문으로 삼강행실을 번역하여 민간에 반포하면 어리석은 남녀가 모두 쉽게 깨달아서 충신, 효자, 열녀가 반드시 무리로 나올 것'이라고 했는데 지금에 와서 '삼강행실을 반포한 후에 충신, 효자, 열녀의 무리가 나옴을 볼 수 없는 것은 사람이 행하고 행하지 않는 것이 어찌 꼭 언문의 번역한 후에야 사람이 모두 본받을 것입니까?' 라고 말을 바꾸어 한 것 때문에 화가 잔뜩 난 세종이 "내가 너희들을 부른 것은 처음부터 죄를 주려 한 것이 아니고 다만 소안에 한두 가지 말을 물으려 하였던 것인데 너희들이 사리를 돌아보지 않고 말을 변하여 대답하니 너희들의 죄는 벗기 어렵다." 라고 한데서 나타나고 있다.

세종은 이미 언문을 가지고 삼강행실도를 설명한 것을 전국에 보내고 그 결과를 정창손과 이야기한 내용이 증거가 된다.

그 뒤에 '삼강행실'에 그림을 그려 넣어서 글을 모르는 사람들로 하여금 그림만 보아도 뜻을 알 수 있게 하고자 '삼강행실도'를 작성하여 배포하기도 했다. 그러나 이것도 큰 효과를 보지 못하였다. 어느 학식 있는 사람이 무지하고 어리석은 백성을 옆에서 가르치고 이끌어 줄 것인가. 확실한 방법은 아주 배우기 쉽고 쓰기 쉬운 글자를 만들어서 누구나 안내문을 보면 쓰고 읽을 수 있도록 해야한다는 생각을 했을 것이다.

따라서 세종이 언문을 만든 근본 이유 중의 하나는 어리석은 백성을 깨우치는 훈민(訓民)에 있었다는 것을 알 수 있다.

(3) 글자 만든 대상은 어리석은 백성이다.

   강신항(1990)은 훈민정음 본문(예의편)에 나오는 우민(愚民)을 '한자 소양이 없는 일반 대중을 가리키는 말' 이라 하지만, 우(愚)에 대한 대다수의 번역에서는 옛말은 '어린'이고 현대말은 '어리석은' 뜻으로 풀이하고 있다. 어리석은 녀석이라 하면 바보 같은 녀석이라는 말로 통한다. 즉 우매하고 못 배운 무식한 사람들을 어리석은 백성으로 보았다. 백성 전체를 생각한 것이 아니고 일부의 계층을 생각해서 말한 것으로 보인다. 백성 중에는 양반을 제외하고도 농·공·상에 종사하는 사람들 중에 한문을 모른다고 어리석은 백성은 아니다. 철없고, 무식하고, 행동이 올바르지 않은 사람을 어리석은 사람으로 보고, 어리석은 백성으로 지칭한 것으로 본다. 일반 대중이라고 하면 한자를 익힌 사람도 포함될 수 있다. 조선시대에는 한자문화를 접하고 과거에 진출하기 위해 한자로 된 한문을 공부하는 양반 계층이 있고, 양반 계층에 대비되는 일반 대중이 있으며, 일반 대중보다 못한 계층인 노비가 있었다. 세종이 양반 계층을 위해서 글자를 만들었다기 보다는 글 모르는 어리석은 사람과 노비 계층을 위해서 만들었다고 생각한다. 그 한 예로 세종이 훈민정음을 만든 후에 "내가 만일 언문으로 삼강행실을 번역하여 만간에 배포하면 어리석은 남녀가 모두 쉽게 깨달아서 충신·효자·열녀가 반드시 나올 것이다." 라고 언급한 곳에서도 볼 수 있다. 훈민정음은 주로 하층민을 대상으로 삼았다는 의견도 있다. 즉 상층민의 글자가 한자이면, 중인(서리)의 글자는 이두이고, 하층민의 글자는 새로이 만든 훈민정음이라는 것이다. 이것을 뒷받침하는 것은 세종이 종종 양반 계층은 경서한문을 기본으로 함에 있다고 강조했다는 것이다. 세종 스스로 신하들에게 '經學爲本(경학위본)'을 강조하기도 했다.

세종은 언문을 창제한 후에는 훈민정음의 보급을 위해서 차츰 양반 계급에까지도 확장시켰다. 그것의 증거를 보자면 1446년 세종 28년에 12월 이과, 아전 과거시험에 훈민정음과목을 부과했고, 1447년 세종 29년 6월에 용비어천가를 훈민정음으로 제작한 것을 아악가사로 만들어 연주하도록 했던 것이다.

둘째, 그 당시 혼란스러운 조선 한자음의 표준발음(정음)이 꼭 필요하고 우리말을 표기하기 위한 고유한 문자가 절실히 필요해서 훈민정음을 만들었다고 본다. 세종이 언문을 창제한 후에 제일 처음 시작한 일이 '운회' 번역 사업이었고, 번역글이 언문이었던 점은 조선의 한자음을 정리할 목적도 언문 창제의 동기로 봐도 될 것이다.

세종이 상소문 사건으로 한 말이 있다. 즉 "또 그대가 운서를 아느냐? 사성과 칠음을 알며, 자모가 몇인지 아느냐? 만일에 내가 저 운서를 바로잡지 않는다면, 그 누가 이를 바로잡겠느냐?" 그 당시는 운서를 바로잡지 않으면 안 될 정도로 혼란스러웠다는 것이고 세종이 이 일을 할 수 있는 적임자라는 것을 표현한 것이다.

세종은 1448년에 명나라의 '홍무정운'의 편찬을 보고 이 책을 번역해야 되겠다는 마음과 또한 우리 조선에서도 새로운 국가를 세웠기에 명나라의 '홍무정운'과 같은 '동국정운'을 만들 계획을 가졌을 것으로 생각된다. '홍무정운'은 발음표기로 반절법으로 표기되어 있는데 '홍무정운역훈'에는 발음표기 반절법을 언문으로 번역해 놓았다. 동국정운을 편찬할 때에 동국정운을 북경 관화음과 대비하여 정리했는데 이때에 북방 음을 참고할 운서로서 '고금운회거요'가 채택된 것이다. 고금운회거요의 발음표기는 몽고의 파스파문자이다. 이 파스파문자도 처음에 중국어를 학습할 수 있도록 한자의 발음을 표기할 목적으로 도입된 것이다. 파스파문자로 표기된 북경 관화음의 운서는 원대 주종문이 편찬한 '몽고자운'만이 남아 있다. 이 책에서는 중국 운서의 전통적인 36자모를 들고 있는데 이 체계는 '고금운회거요'의 자모체계와 같다. 따라서 언문 창제에 참고한 글자는 중국의 전자와 더불어 몽고의 파스파문자도 참고했을 가능성이 크다는 것을 짐작할 수 있다.

셋째, 그 시대의 시대적인 정신인 자주독립정신을 실천한 것이다.

그 당시 동아시아의 문화 중심은 중국이었고, 문화의 매개체가 한자였다. 10세기에 들어오면서 중국에 인접한 조선, 일본, 여진, 거란, 월남 등은 한자문화권에 있으면서도 한자문화권에서 벗어나고자 하는 자조독립 정신이 자라고 있었다. 독립정신의 일환이 바로 자기 민족의 글자 창제에 있었다.

거란은 국가를 세워 중국과 대항하기 위해 한자와 비슷한 문자를 만들었고, 명대에는 동북의 여진인이 여진문자를 만들었고, 일본도 가나문자를 만들었다. 몽고도 파스파문자를 만들었고, 월남도 한자를 기초로 한 추놈문자를 만들었다. 한자가 중국말을 표기하는 데에 알맞은 글자라면, 각 국가는 그들의 말을 표기하기에 알맞은 글자를 만들려고 노력했던 것이다. 위에 언급된 새로운 문자는 전부 한자를 기초로 만든 문자들이다. 일부는 표의적인 것에 표음적인 요소를 가미해서 한자보다 진보된 글자를 만들기도 했으나 기본은 한자에 두고 있었다. 위에 언급된 글자보다는 다소 뒤에 만들어진 조선의 훈민정음 글자는 한자에 기본을 둔 것이 아니라 전혀 새로운 순수한 표음문자였다. 표음문자의 기조는 글의 뜻을 표현하는 것이 아니라 사람이 말하는 말소리를 그대로 옮겨 적을 수 있도록 하는 것이다. 이때에 용이성과 편리성이 글자 창세의 기본 방향이었을 것이다. 그 당시에 창제된 문자들 중에서 가장 간단하고 표기하기 쉬운 문자로 훈민정음을 따라올 문자는 없다. 가장 획수가 적고 눈에 금방 들어와 익히게끔 된 글자이기 때문이다. 그래서 정인지는 '지혜로운 이는 하루 아침이 다 가기도 전에 알 수 있으며, 어리석은 이라도 열흘이면 배울 수 있다.'고 배우기 쉬움을 자랑했을 정도이다.

2) 훈민정음 창제에 대한 여러 가지 논쟁

(1) 세종 임금이 혼자 만들었나, 아니면 신하가 만들고 임금이 만들었다고 발표한 것인가에 대한 논쟁이 있다.

훈민정음의 창제자가 누구이며 그 기원은 어디인가에 대한 의문이 생겨난 것은 창제 직후부터이다. 그 이유는 세종이 극히 비공개적으로 언문을 만들었기 때문일 것으로 추측된다. 그래서 세종 최측근의 신하들조차도 언문 제작과정을 속속들이 알지 못하고 있는 실정이었던 것이 드러났다. 최만리의 상소문에 보면 '갑자기 널리 펴려 하시니'란 구절을 발견하게 되는데 비밀리에 창제해서 전격 발표하게 됐다는 것을 감지하게 된다. 세종의 측근 신하들도 언문 제작에 참여한 것이 아니고 언문 창제 후에 언문으로 편찬사업을 할 때에 투입되는 실정이었다.

훈민정음 창제에 대해서 가장 근거 있는 기록은 세종실록이다. 세종실록에 근거해서 누가 창제한 것인가에 대한 기록을 검토하고자 한다.

① 세종 25년 서기 1443년 12월조에 '是月上親制諺文二十八字....是謂訓民正音.'(시월 상 친제 언문 이십팔자... 시위훈민정음) 즉, '이달 12월 임금께서 친히 언문 28자를 만들었는데.... 이것을 훈민정음이라 이른다.'라고 하였다.

② 세종 26년 서기 1444년 2월에 중국의 운서인 '韻會(운회)'를 훈민정음으로 번역케 했다. 이 운회는 원대(몽고) 황공소(黃公紹)가 북

경 음을 근거로 하여 편찬한 '古今韻會(고금운회)'이거나 그의 제자인 웅충이 이를 줄여 간행한 '古今韻會擧要(고금운회거요)'를 말하는 것으로 이 번역 작업이 후에 '동국정운'으로 편찬되었다.

③ 세종 26년 서기 1444년 2월에 집현전 부제학 최만리 등이 언문 창제에 대한 상소문을 올렸다.

④ 세종 27년 서기 1445년 4월에 '용비어천가'를 한자와 훈민정음을 사용해서 창작했다.

⑤ 세종 28년 서기 1446년 9월조에 '是月訓民正音成'(시월훈민정음성)의 기록은 훈민정음글자를 해설하는 책인 훈민정음을 완성했다라고 해석된다.

이상의 세종실록의 기록에는 분명 언문 창제한 분은 세종 임금임을 밝히고 있다. 또 다른 기록 사항을 찾아보면 다음과 같다.

⑥ <훈민정음 예의 편> 세종의 서문: "… 내가 이를 불쌍히 여기어 새로 28자를 만드나니 사람들로 하여금 쉽게 익혀 나날이 쓰기에 편하게 하고자 함이다"

⑦ <훈민정음 해례본> 정인지 서문: "우리 전하께서 정음 28자를 창제하사 대략 례와 의를 올려 보이시고 이름지어 훈민정음이라 하시니…"

⑧ 최만리의 상소문: "군이 언문을 만들어야 한다하더라도 마땅히 재상에서 신하들까지 널리 상의한 후 행해야 할 것인데 갑자기 널리 펴려 하시니 그 옳음을 알지 못하겠나이다."

⑨ 최만리 상소문을 반박한 세종의 말: "너희들이 설총만 옳게 여기고 군상의 일은 그르다고 여기니 어찌된 일이냐?"

⑩ 최만리의 상소에 반박하는 세종의 말: "너희가 운서를 아느냐? 또 너희가 사성 칠음과 자모가 몇인 줄 아느냐?"

⑪ 강희맹의 <문충공 행장>: "우리나라 음운과 한자가 비록 다르나… 각국이 모두 나라 음과 글이 있어 제 나라 말을 적는데 유독 우리나라만 글이 없어 임금께서 언문 자모 28자를 만드시니…"

⑫ <태허정집>에 수록된 강희안의 묘지: "세종께서 언문을 창제하시고 금중에 부서를 설치하시어 친히 각 유생 8원을 간택하시고 <훈민정음>과 <동국정운> 등을 만드는 일을 장악 관리케 하였다."

⑬ 임원준의 <보한재집>: "세종이 언문을 창제하고 금중에 부서를 두고 친히 이름 있는 유생을 간택하여 해례를 저술케 함으로써 사람들에게 쉽게 익히게 했다."

위의 기록들로 보아서 언문을 창제한 사람은 세종인 것을 부인 못할 사항이다.

(2) 훈민정음은 언제 만들었느냐의 문제

훈민정음을 만든 해는 분명 1443년 음력 12월이다. 그리고 만들고 난 후에 글자 이름에는 '언문'과 '훈민정음' 둘이 나온다. 처음부터 글자 이름이 두 가지로 쓰였다.

그런데 어떻게 해서 오늘날에 1446년을 훈민정음을 만들어 반포한 해로 정하게 되었는가? 그 경위를 살펴보면 다음과 같다.

① 최현배(1983)의 <한글갈>에 '是月訓民正音成'에 대해서 처음으로 '上記 訓民正音頒布의 記事는 陰 九月二十九日임이 밝혀졌다'라고 했다. 즉 훈민정음을 반포한 날을 1446년 음력 9월 29일로 주장

한 것이다. '是月訓民正音成'은 훈민정음 글자를 완성한 것으로 보았다.

② 이희승(1937)의 <國語學槪論(국어학개론)>에서 '...後(28年 丙寅)에 國內(국내)에 正式(정식)으로 公布(공포)한 것으로 생각된다.'에서 1446년을 훈민정음을 반포한 연대로 잡고 있다. 실제로 훈민정음을 공포나 반포한 기록은 없지만 그렇게 이해한 것이다.

위의 두 학자의 연구를 바탕으로 훈민정음 창제 및 반포한 해를 1446년으로 생각하게 됐다.

③ 한글학회의 <한글학회50년사>를 살펴보면, 한글학회의 전신인 '조선어학회'에서 1926년에 9월 끝날 29일을 '가갸날'로 정했다. 세종실록의 1446년 세종 28년 음력 9월조에 '是月訓民正音成'라는 내용에 근거하여 정했다. 그 다음에 1932년부터 양력 10월 29일을 '한글날'로 정했다. 그 이후에 1940년 7월 '훈민정음'원본을 발견하고 그 원본에서 '正統 十一年 九月 上澣'이란 기록에 따라 1945년부터 '九月上澣(구월상한)'을 양력 10월 9일로 '한글날'을 확정했다고 기록하고 있다.

④ 훈민정음은 글자 이름인 동시에 글자를 풀이한 해설서의 이름이기도 하다.

해설서 훈민정음은 세종이 글자를 1443년에 만들고 난 3년 뒤인 1446년에 완성된 것이다. 이 책은 오직 한 권만이 남아 있는데 현재 서울 간송미술관에 보관되어 있다. 이 책은 1940년 7월 경북 안동 와룡면 이한걸 씨의 집에서 전형필 선생이 발견하였고, 국보 제70호로 지정되었으며,

1997년 10월에는 유네스코 세계기록유산으로 등재되었다. 이 책은 훈민정음 원본, 훈민정음 해례본, 또는 훈민정음 한문본 등으로 불리고 있다. 이 책은 목판본으로 인쇄되어 있고, 1책 33장으로 구성되어 있다. 이 책의 구성을 보면 3개 부분으로 예의 편, 해례 편, 정인지 서문 등으로 되어 있다.

첫째, 예의 편: 훈민정음 창제 취지를 밝히는 세종의 서문이 있고, 초성 17자, 중성 11자에 대한 설명이 있고, 또한 종성은 초성을 다시 쓴다는 것, 순경음과 병서에 관한 것, 초성과 중성의 결합관계 및 평성, 거성, 상성, 입성의 성조 표기에 관한 설명이 있다.

둘째, 해례 편: 새 글자의 제자원리와 그 음가의 운용법, 문자가 표시하는 음운체계 등에 관한 내용으로 제자해, 초성해, 중성해, 종성해, 합자해, 용자례 등이 수록돼 있다.

셋째, 정인지의 서문: 정인지의 서문이 기술되어 있다.

훈민정음 해설책의 발견으로, 이 책이 1446년 음력 9월 상한에 완료되었다는 기록을 발견하게 되었다. 그래서 한글날도 10월 9일로 정한 것이다. 문제는 훈민정음글자 창제는 1443년 음력 12월이고 훈민정음 해설책의 원고 완성은 1446년 음력 9월 상한이다.

그리고 세종이 <훈민정음> 책을 신하들에게 반사(=반포)한 것은 1446년 9월보다 최소한 몇 달 뒤의 일이다. 원고가 완성되고 신하들에게 반사되기까지 1년 이상 걸리는 것도 있다. 따라서 1446년 9월은 <훈민정음>이 반사 내지 반포된 시기도 아니다. 이 내용은 1930년대에 방종현(方鍾鉉) 선생이 밝힌 바 있고 고려대 김민수(金敏洙) 교수(1955)도 양력 1월(음력 12월 그믐날을 양력으로 환산한 것)로 바꾸자고 주장한 바가 있다.

문제는 한글이 1443년에 창제되었으나 심의와 수정을 거쳐 1446년에 반포되었다는 잘못된 주장을 국민이 신뢰하고 있다는 것이다. 한글이 1443년 12월에 완성된 것은 분명하다. 그러나 1446년에 반포되었다는 것은 <세종실록>을 비롯한 사료에서 전혀 찾아볼 수 없다. 그렇게 중대한 일이, 그것도 공식적인 일이 사료에 누락되었을 리는 없다.

북한의 관점은 어떠한지 권종성의 '문자학개요'(1987)에서 살펴보면 ''훈민정음이' 1444년 1월(세종 25년)에 창제되었다.' 라고 했고, '곧 정린지(집현전 대제학), 최항(집현전 부교리), 박팽년(집현전 부교리), 신숙주(집현전 부교리), 성삼문(집현전 수찬), 강희안(동녕부 주부), 리개(집현전 부수찬), 리선로(집현전 부수찬) 등 8명의 학자집단은 1444년 2월부터 '훈민정음 해례'의 편찬사업에 착수하였으며 그것을 1446년 10월에 완성하였다.'라고 설명하고 있다. 여기에 1월과 10월은 각각 음력이 아니고 양력으로 표현된 것이다. 요약하면 북한의 관점은 훈민정음 창제는 1444년 1월이고, 훈민정음 해례 책의 원고 완성은 1446년 10월이라는 것이다.

한글학회에서는 최현배와 이희승의 논문에 근거한 것이 잘못된 것임이 밝혀진 이상 다시 한 번 검토해서 훈민정음 창제 년, 일을 바로 잡아보았으면 한다. 훈민정음 해례 책이 완성한 때를 한글의 창제와 반포 년, 월, 일로 여기는 것은 시정되어야할 사항이다.

(3) 처음에 몇 자를 만들었는가에 대한 문제

① 세종 25년(1443년) 음력 12월에 처음 세종이 만든 글자는 28자이다. 세종실록 25년 12월쪽에 보면 '이 달에 임금님께서 몸소 언문(諺文) 28자를 만드셨는데 글자는 고전(古篆)을 본받았고 초성과 중성과 종성이 나뉘었으며 합한 뒤에야 글자가 이루어진다. 무릇

문자로부터 우리나라 말의 속된 말까지 모두 적을 수 있고 글자는 비록 간단하고 쉬우나 돌려씀이 그지없다. 이것을 훈민정음(訓民正音)이라 일렀다.'라고 기록돼 있다.

훈민정음 예의 편을 보면 다음과 같다.

　　자음(初聲)을 조음위치에 따라 5가지 어금니 소리(牙音), 혓소리(舌音), 입술소리(脣音), 잇소리(齒音), 목구멍소리(喉音)와 반혓소리(半舌音), 반잇소리(半齒音)로 분류하고, 어금니 소리에 3가지 ㄱ, ㅋ, ㆁ, 혓소리에 3가지 ㄷ, ㅌ, ㄴ, 입술소리에는 3가지 ㅂ, ㅍ, ㅁ, 잇소리에 3가지 ㅈ, ㅊ, ㅅ, 목구멍소리에 3가지 ㆆ, ㅎ, ㅇ이다. 그리고 반혓소리에 1가지 ㄹ, 반잇소리에 1가지 ㅿ로 모두 17자이다. 이것은 모두 초성(初聲)이다.

　　모음(中聲)은 ·, ㅡ, ㅣ의 기본자 3자이고 이것을 합하여 ㅗ, ㅏ, ㅜ, ㅓ, ㅛ, ㅑ, ㅠ, ㅕ(ㅓ처럼 합할 때처럼 아래아 · 표기를 해야 되지만 예가 없음)의 8자를 합하면 모두 11자이다. 그런데 예의 편에서 초성 17자 중성자 11자이며 종성에는 다시 초성을 쓴다라고 언급하고 있지만 초성 모두를 다 종성에 쓴 것이 아니라, 17자 중에 8자(ㄱ, ㆁ, ㄷ, ㄴ, ㅂ, ㅁ, ㅅ, ㄹ)만을 썼을 뿐이다. 또한 문제는 용자례에서 보면 초성 17개의 예 중에 ㆆ의 예가 없고, 대신 ㅸ의 예가 들어와 있다. 이 ㆆ음은 그 당시 조선의 음을 적기 위해 만든 것이라기 보다는 한자음을 적기 위해 만든 것이라는 주장이 설득력을 높이는 예가 되겠다. 그러니까 조선음의 예를 들 수 없었다고 본다. 처음 예의 편에서 철자 소개에서는 ㆆ는 목구멍소리니 挹(읍→웁에서 ㅇ이 아니고 ㆆ자임)의 처음 나는 소리와 같다라고 소개하고 있지만 이것은 한자음의 표기가 아닐까 한다.

　② 세종 26년 서기 1444년 음력 2월에 집현전 부제학 최만리 등이 언

문 창제에 대한 상소문을 올렸다. 이 상소문에는 '27자 언문(諺文)'
이란 기록이 있다. 권재선(1998)은 이것에 대한 설명으로 세종이 최
초로 27글자를 만들었고 그것을 일반에 알리기 전에 최만리 등이
이것을 보았고 또 그 기억을 상소문에 기록했다고 하면서 일반에
알릴 때에 1자가 뒤에 첨가된 것인데 그 첨가된 자는 한자음 체제
를 고려해서 △글자일 것이라고 한다. 다른 견해로는 27자에서 ㆆ
글자가 첨가되었다는 주장도 있다.

최만리 등 언문창제반대상소문을 보면 '27자 언문만으로'란 구절이 나
온다. 이것은 최만리가 잘못 기록한 것이 아니고 처음 훈민정음 원안에는
여린히읗(ㆆ)을 제외한 27글자였는데 후에 한자음을 표기하기 위해서 만
든 것이 아닐까하는 추측도 있지만 현재로서는 확인할 길은 없다.

훈민정음은 28개를 만들었지만 처음부터 글자 1개(ㆆ(여린히읗))는 한
자음 표기를 위한 것이라서 곧 없어졌다고 생각할 수도 있다. 27자 중에
서 3개는 점차 없어져서 현재는 24로 구성되어 있다. 없어진 글자를 보면
ㆆ, △, ·, ㆁ 4개다. ㆆ(여린히읗)-- 창제 때도 거의 사용되지 않았고,
한자음 표기 때에 사용코자 했지만 곧 없어졌다. △(반치음)-- △은 ㅇ이
나 ㅅ으로 변경되어 지금도 그 음은 남아 있다. 예로는 여ᅀᅮ → 여수, 병
이나ᅀᅡ → 병이나사 등이 있다. ·(아래아)-- 소리가 없어지자, 글자도 없
어졌다. ㆁ(옛 이응)-- 글자는 없어졌지만 소리는 남아 ㅇ에 합쳐졌다. 원
래 ㅇ은 초성에만 사용되고 ㆁ은 종성 즉, 받침에만 사용되었다.

③ 세종 28년 음력 9월, 세종이 지은 훈민정음 글자의 설명서를 정인지
   등에게 짓도록 명하였는데, 글자를 이해하기 쉽도록 상세한 설명을
   하고 풍부한 보기를 달아 훈민정음 해례를 짓도록 해서 완성했던
   것이다. 여기에는 원래 훈민정음은 28자로 초성은 17자인데 동국정

운에서 전탁음 'ㄲ, ㄸ, ㅃ, ㅆ, ㅉ, ㆅ' 6자를 추가하여 초성을 23자 체계로 하고 보기 글자를 동국정운의 쓰는 글자와 같게 했다. 이때의 글자 수는 34자였다.

④ 세종 때에 시작해서 단종 때에 완성된 홍무정운역훈에서 한자음 치두음 'ᄼ, ᄽ, ᅎ, ᅔ, ᅏ'과 정치음 'ᄾ, ᄿ, ᅐ, ᅕ, ᅑ' 글자가 사용되었다. 글자는 모두 39자 체계이다. 훈민정음에는 없지만 나중에 나온 훈민정음 언해에서 중국어의 다른 두 가지 잇소리를 표기하기 위해서 치음 ㅅ, ㅆ, ㅈ, ㅉ, ㅊ 의 획 모양을 조금 다르게 표시한 것이다. 왼쪽 획이 긴 것이 치두음이고, 오른쪽 획이 긴 것이 정치음이다.

(4) 창제를 도운 사람은 누구인가?

① 세종의 세 아들이 도왔다.

문종이 된 세자, 세조가 된 수양대군, 안평대군 3명에게 언문 창제 뒤에 '운회' 번역사업을 관장하도록 한 것은 언문에 관한 지식이 있어서 책임을 맡겼던 것이다(이기문, 1976). 홍무정운역훈 서문에서 신숙주는 '문종 공순 대왕께서 동궁에 계실 때부터 성인(聖人)으로서 성인을 보필하여 성운(聲韻)을 참정(參定)하시었다'라고 해서 문종의 언문 참여를 언급하고 있다. 또한 성삼문은 '직해동자습' 서문에서 '우리 세종과 문종께서 이를 딱하게 여기시어 이미 훈민정음을 만드시니 천하의 모든 소리가 비로소 다 기록하지 못할 것이 없게 되었다.'라는 기록이 있다.

② 세종의 딸이 도왔다.

죽산 안씨 문중 족보 기록에서 세종의 딸 정의공주가 안씨 집안에 시집을 왔는데 이 정의공주가 '정음의 변음과 토착을 세종이 대군들에게 풀어보라 하니, 대군들이 못 풀어서 세종이 정의공주에게 하명을 하였더니, 정의공주가 변음과 토착을 풀어 올리니 세종이 극찬하여 상으로 노비 수백 구를 하사하였다'는 기록이 있다고 한다.

(5) 언문은 어떤 글자를 바탕으로 만들었느냐에 대한 문제

① 전자를 모방했다는 설의 근거로 '언문은 모두 옛 글자를 바탕으로 한 것이지 새 글자가 아니라고 하신다면, 곧 자형은 비록 옛날의 고전글자와 비슷합니다만 소리로써 글자를 합하는 것은 모두 옛 것에 어긋나는 일이며, 실로 근거가 없는 일입니다.'라는 최만리의 상소문 번역을 든다. 여기서 알 수 있는 두 가지 사실은 언문은 모두 옛 글자를 바탕으로 한 것이라는 것과 글자의 모양은 倣古之篆文(방고지전문) 즉, 옛날의 고전 글자와 비슷하다는 것이다.

이 倣古之篆文(방고지전문)은 두 가지의 견해가 있다. 하나는 중국의 옛 글자체의 篆書(전서), 隷書(예서), 楷書(해서) 중에서 처음 글자체인 전서의 篆字(전자)에 바탕을 두었다는 견해다. 그런데 현존하는 전자체의 유형을 살펴보니 한자의 'ㅁ(입 구)'자만이 언문 'ㅂ'와 유사할 뿐 그 나머지는 언문과 같은 것을 찾을 수 없다. 다른 하나는 몽고전자의 모양은 각이진 모습인데 ㄱ, ㄴ, ㄷ 등 각이진 것을 모방했다는 것이다.

정인지의 훈민정음의 서문에서 '象形而字倣古篆'(상형이자방고전)이라고 한 것을 보면 글자를 상형해서 만들되, 글자모양은 고전(古篆)을 본떴다고 기술하고 있다. 따라서 글자 창제는 분명히 전자(篆字)가 들어 있는 글자와 관계가 있는 것은 분명하다. 이 전자가 중국의 전자와 관련이 있는 것인지 아니면 몽고의 전자와 관계가 있는 것인지가 문제를 해결하는 핵심일 것인데 아직 통일된 의견은 없다.

그런데 원나라인 몽고의 글자가 언문 창제와 어떤 관계가 있는가를 알아볼 필요가 있다. 언문을 창제하고 난 후에 세종이 취한 최초의 조치는 중국의 운회책자를 언문으로 번역하게 한 일이다. 구체적인 책명이 나와 있지 않지만 '고금운회'이거나 '고금운회거요' 중에 하나일 것이다. 이 책은 몽고의 파스파문자로 기록된 한자(중국어)를 음독할 수 있도록 표기된 몽고운략(蒙古韻略)을 참고하여 만든 책이다. 고려시대 때에 중국 한자의 운서는 주로 '고금운회거요'인데 고려말기와 조선조 초기에 파스파문자로 쓰인 '몽고운략'의 보조수단으로 사용된 것이다. '고금운회거요'와 '몽고운략'은 서로 연관이 있는 책이다. 집현전 학자들이 '홍무정운역훈'을 편찬할 때에 '홍무정운'(한자음 표기는 반절법으로 했음)에 근거를 두기보다는 고려시대에 사용한 '고금운회거요'(한자음 표기는 파스파문자로 했음)를 참고해서 중국 음을 찾았다는 것이다. '홍무정운'은 명나라를 세운 주원장이 원나라를 멸망시키면서, 몽고식 한자 발음표기법이 가미된 원시대의 운서를 없애고 반절음표기식으로 간행한 운서다. 이때에 사용한 표기법은 중국 한자의 음을 절반씩 따서 발음을 표기하는 방법인데 이것을 反切式(반절식) 표기법이라고 한다. 중국 성운의 표기법은 2분절법인데 예를 들면 성은 '들'자에서 'ㄷ'에 해당하고 운은 '들'자에서 'ㅡㄹ'에 해당하는 것이다. 중국의 한자음을 표기한 것이 파스파문자이고 세종 임금도 파스파문자에 대한 지식이 있었다는 것을 간접적으로 알 수 있다.

② 각필 부호를 바탕으로 한 창제이론

지금 문자학계에서는 실로 오랜만에 훈민정음 창제에 관한 새로운 학설이 제기되어 뜨거운 논쟁이 시작되었다. 이 논쟁은 서울에서 열린 구결학회 제 2회 국제학술대회에서 훈민정음의 글자가 고려시대 불경 등에 사용했던 각필 부호에서 기원됐다는 주장이 제기되면서부터 시작되었다. 그 내용을 보면 고려시대에 한자로 쓰인 불교경전을 우리말로 쉽게 읽고 해석하기 위해 토(吐)를 달았는데, 이 토를 점(點)과 선과 같은 부호로 표시했던 것이다. 대나무로 만든 끝이 뾰족한 막대기인 각필로 점을 찍든가, 선을 그어서 문장부호나 어미, 조사를 쓴 것이 훈민정음의 글자모양과 꼭 같다는 주장이다.

이 주장에 상당히 신빙성이 있는 이유가 몇 가지 있다.

첫째, 1446년에 완성된 훈민정음을 설명한 해례본을 보면 훈민정음 글자체가 붓으로 쓴 모습이 아니고 막대기 같은 도구로 쓴 모양을 나타내고 있다(아래의 훈민정음 예의 편에 나온 ㄱ자를 참고할 것). 필자도 '문자학'(98·부산대 출판부) 저서에서 훈민정음 글 자체는 붓으로 쓰기에는 적합하지 않고 막대기와 같은 단단한 도구로 써야 된다는 사실을 지적한 바 있다. 세종 임금이 다스리던 그 당시의 보편적인 필기도구가 붓이었다는 것을 상기할 때, 각필했을 것이라는 생각을 갖게 한다. 또한 1447년에 발간된 석보상절에 쓰인 훈민정음 글씨도 막대기와 같은 도구로 쓴 흔적이 이를 뒷받침하는 증거라 할 수 있다.

[출처: cha.go.kr]

　둘째, 지금까지 훈민정음 창제에 영향을 끼쳤다고 제시된 글자들이 한결같이 증거가 미흡하거나, 자음모양은 같되 모음모양은 없거나 하여 그 주장들이 주장으로 끝나는 것이 많았다. 그러나 이번에 제시된 각필 부호를 자세히 관찰해 보면 정말 이것을 참고했구나하고 감탄하게 된다. 그 예를 들면 한자를 둘러싼 각종 문장부호 표시모양이 훈민정음 자음에 해당하는 ㄱ, ㄴ, ㄷ, ㅁ, ㅇ이 나타난다. 또한 조사, 어미 등의 역할을 한 점(•), 수직선(ㅣ), 수평선(ㅡ) 등의 결합이 훈민정음 초기 당시의 모음을 보는 듯한 모습을 띄고 있다. 더욱 확실한 것은 ㅛ, ㅠ, ㅕ, ㅑ의 옛날 형이 그대로 다 나타나 있는 것이다.

　각필 부호를 훈민정음의 기원이라고 본다면 훈민정음에 기술된 글자의 구조원리가 학설이 아닌 문헌기록이기 때문에 각필 부호를 어떻게 훈민정음 글자로 적절하게 활용했는지를 규명하는 것과 정인지가 훈민정음을 만들 때에 왜 '상형이자방고전(象形而字倣古篆)'이라고 했는지 고전글자와의 관계를 찾아보는 것, 그리고 또한 자음은 발음기관의 모양을 본떴다는 상당히 과학적인 훈민정음 해례본의 이치설명을 어떻게 연관시킬 것인가하는 문제를 푸는 것이 앞으로의 과제이다.

그런데, 각필 부호를 참고하여 훈민정음의 글자를 만들었다고 하더라도 최만리의 주장인 '소리로써 글자를 합하는 것은 모두 옛 것에 어긋나는 일이며, 실로 근거가 없는 일이다'라는 말을 역으로 잘 새겨보면 독창성이 뛰어나다는 것을 대변해 주는 것과 같이, 각필 부호들을 이용하여 글자를 만들었다고 해도 훈민정음의 독창성은 조금도 훼손되지 않을 것이다.

(6) 훈민정음 책이 여러 권이 있다.

책이름으로서의 훈민정음은 훈민정음해례본과 훈민정음언해본 두 가지가 있다. 이 책들은 모두 새로 만든 우리글인 '훈민정음'을 설명한 것이다. 한문으로 되어 있는 해례본은 세종이 지은 본문과 해례 및 정인지의 서문으로 되어 있고, 언해본은 예의 편인 본문을 중심으로 여기에 중국의 치두음과 정치음을 더하여 언해한 것이다. 언해본의 판본으로 월인석보 첫째 권 머리에 실려 있는 것을 희방사본이라고 부른다. 해례본은 정인지의 서문에서 밝힌 1446년 지어진 것이지만 언해본의 연대와 지은이는 모른다. 다만 중국의 치두음과 정치음을 구별한 점, 이영보래법을 규정하고 있는 점 등을 보아 <동국정운>이 이루어진 때부터 <월인석보> 간행 사이에 집현전 학자들이 만든 것으로 추측된다. 희방사본 외에 언해본의 이본으로는, 박승빈 소장 단행본, 일본 궁내성 소장본, 일본인 가나자와 소장본이 있다.

3) 창제 이후 실제로 어리석은 백성들이 글자를 쉽게 배워서 사용했나?

훈민정음 책의 예의 편에서 세종이 '...내가 이를 딱하게 여겨 새로 스물 여덟 자를 만드니 사람들로 하여금 쉽게 익혀 날로 씀에 편하게 하고자 할 따름이라'라고 했다. 세종임금이 한자를 모르는 어리석은 백성을 위해서 스물여덟 자를 만들었는데 이 글자는 한자보다 배우고 익히기 쉬워서 매일 쓸 수 있도록 한 뜻이 들어나고 있다. 쓰기 쉽고 익히기 쉬운 훈민정음을 보고 백성들이 과연 쉽다고 여겼을까?

(1) 실제에 있어서 세종의 창제 반포문조차 전부 한자로 표기되었기에 한자를 모르는 어리석은 백성은 세종이 만든 훈민정음이 자기들을 위해 만든 글자인 줄도 모르지 않았을까? 사실 28글자 설명을 한 훈민정음 책은 전부 한자로 쓰고 한자로 예를 들어 설명하고 있기 때문이다. 따라서 글 모르는 어리석은 백성을 위해서 설명한 글자교습 책이 아닌 것이다. 이 훈민정음 책을 한자공부를 하지 않았거나 게을리한 초등 또는 중등학교 학생들에게 주면서 훈민정음 글자를 깨우치라고 하면 과연 가능할까? 모르긴 몰라도 아마 거의 불가능할 것으로 생각된다. 따라서 훈민정음 책은 한자를 잘 아는 양반들을 위한 훈민정음 학습교재가 분명하다. 이 훈민정음 안내책자로 훈민정음을 배워 훈민정음으로 표음된 한자음을 이해했지만 일상의 모든 문자생활과 학문은 모두 한자로 하는 양반 지식층의 훈민정음 교습서라고 생각할 수밖에 없다.

그러나 세종이 한자를 모르는 어리석은 백성을 위해 훈민정음을 만들었다고 했으니, 훈민정음 반포 후 글자 보급을 위해 여러 가지 후속조치를 취했다.

① 문종의 노력을 볼 수 있다. 최만리의 한글 창제 반대 상소에 "세자는 공적인 일이라면 비록 아주 작은 문제라 해도 참석해서 결정하지 않을 수 없으나, 급하지 않은 일에 무엇 때문에(언문창제) 시간을 허비하며 마음을 쓰시게 하시옵니까?" 문종은 최만리의 반대 상소에 언급될 정도로 부왕의 한글 창제에 적극적으로 협조했다. 그는 2년 3개월 만에 병사했지만, <동국정운>을 진사시과목으로 정하고, '언문청'을 '정음청'으로 이름을 바꾸는 등 부왕의 글자 창제 유지 및 보급의 뜻을 받들었다.

② 세조는 왕위에 오른 뒤 언문 보급에 대해서는 세종 못지 않은 노력을 했다. 그는 훈민정음 언해본 중 가장 중요한 해례본을 간행했다. 이책에는 자신이 훈민정음으로 지은 석보상절과 부왕이 지은 월인천강지곡의 합본인 '월인석보'가 실려 있다. 또한 경국대전을 편찬했다. 경국대전은 조선시대의 헌법과 같은 법전이다. 이 책의 규정에, '삼강행실을 언문으로 번역하여, 서울과 지방의 양반 사대부중 가장 마을의 대표가 되는 사람 또는 가르칠 만한 사람들로 하여금 부녀자와 어린이들을 가르쳐 이해하게 하고…이하 생략'이 있다. 즉, 삼강행실을 언문으로 번역하라고 공식적으로 규정하고 있다.

또한, 이 법전에 매년 정월과 7월에 실시하는 녹사(錄事)시험에 언문을 과거시험과목으로 명시하고 있다. 이것은 훈민정음의 학습과 보급을 국가에서 공식적으로 시행했다는 증거다.

③ 성종 때 성현의 ≪용재총화≫에 '초 종성 팔사, 초성 팔자'라는 기록이 있는 것으로 보아, 창제 후 얼마 되지 않아 이 반절식이 고안되었을 가능성이 있다. 성종, 중종 때에 한문서적을 언문으로 번역해서 훈민정음을 보급했다. 향약집성방, 구황촬요 등 일반 백성들에게 꼭 필요한 약이

나 곡식에 대한 서적을 국가에서 언문으로 번역하여 보급했다.

④ 중종 22년 1527년 역관 최세진이 어린이들의 한자학습을 위하여 편찬한 책 훈몽자회(訓蒙字會) 범례에서 처음으로 구체적인 설명을 찾아볼 수 있다. 이름은 언문자모(諺文字母)라고 했는데 주를 달아 '반절(反切) 27자'('諺文字母 俗所謂反切二十七字')라고 한다고 지적했다. 반절이란 훈민정음이 음소문자(낱소리글자)라서 소리를 나타내는 방법이 한자음을 표현하는 반절과 비슷하다하여 생겨난 이름이다. 반절은 원래 한자의 음을 표시할 때, 쉬운 한자를 이용하여 성과 운으로 나타내는 방법인데 예를 들면 한자 東의 음 '동'은 德(덕)의 성모(첫 음 ㄷ)에다 紅(홍)의 두 번째 중성+종성(ㅗ+ㅇ)의 합으로 <ㄷ + 옹> '동' 으로 소리를 나타낸다. 이 방법의 중국의 이름을 따와서 이름붙인 것이다. 훈몽자회에서 반절이 어떤 것인지를 설명하는 글이 있다.

> 'ㄱ, ㅋ 아래 각 소리를 초성을 삼고 ㅏ 아래 각 소리를 중성을 삼아 글자를 만들면 '가, 갸'와 같은 예인데 176자를 만든다.(훈몽자회 범례)'(권재선, 1998)

예를 들면 다음과 같다.

其 尼 池 梨 眉 非 時 異 箕 治 皮 之 齒 而 伊 히(尼의 첫변+米의 글자임)
ㄱ ㄴ ㄷ ㄹ ㅁ ㅂ ㅅ ㅇ ㅋ ㅌ ㅍ ㅈ ㅊ ㅿ ㅇ ㅎ
가 나 다 라 마 바 사 아 카 타 파 자 차 ㅿㅏ 아 하
갸 냐 댜 랴 먀 뱌 샤 야 캬 탸 퍄 쟈 챠 ㅿㅑ 야 하
이하 생략

자모의 분류와 같은 언문자모의 골격은 최세진 이전에 이미 이루어져 있던 것으로 보이며 최세진은 약간의 주석을 붙인 것으로 보면 될 것이다. 그는 이 책 범례(凡例)에 '언문자모(諺文字母)'를 실어 그 당시 훈민정음 체계와 용법에 대한 간단한 설명을 붙였다. 그는 '언문자모'에서 언문자모의 순서를 정리하여 정착시켰으며 자모의 명칭을 정하였고 이두로 신문자 사용법을 설명했다. 훈몽자회에 보면 초성과 종성에 두루 쓰이는 8자(初聲終聲通用八字)로 ㄱ(其役), ㄴ(尼隱), ㄷ(池末), ㄹ(梨乙), ㅁ(眉音), ㅂ(非邑), ㅅ(時衣), ㆁ(異凝)의 이름이 붙어 있다. 초성과 종성으로 두루 쓰이는 글자 8자를 든 것이다. 자음에 모음 'ㅣ'와 'ㅡ'를 결합시킨 음을 기준으로 삼았는데 마침 한자에는 '윽, ﹍, 읏'에 해당되는 글자가 없어서 각각 '其役(역)과 이두로 末(귿), 衣(옷)'를 사용하여 池末과 時衣을 달게 되었던 것이다. 또 자음의 배열 순서에 있어 『훈민정음』의 '아음, 설음, 순음, 치음, 후음'에 따른 순서인 'ㄱ, ㅋ, ㅇ, ㄷ, ㅌ, ㄴ, …'를 따르지 않고 오늘날과 같은 'ㄱ, ㄴ, ㄷ, …' 순서를 취하고 있다.

⑤ 헌종 7년 10월 11일 다음과 같은 상소문이 있다.

'원자가 현재 강독하고 있는 책을 다 마치면, 언해에 잘못된 곳이 꽤 있으니 지금 바로잡아야 하겠습니다.'

왕실과 사대부들이 한문을 배울 때 언해서가 필수였다는 것을 암시한다.

⑥ 선조 임금의 언문 교지
선조는 왜적에게 잡혔거나 왜적에 협조하는 백성들에게 꾀를 써서 빠져나오기를 권유하는 교지를 훈민정음으로 써서 발표했다.

⑦ 영조와 정조는 국가 포고문을 한문과 언문으로 동시 발표했다.

영조와 정조는 구휼(가난 구제)에 관한 윤음을 한문과 언문으로 옮겨서 동시에 발표했다.

이것은 언문과 한문이 거의 대등한 모습으로 조정 발표에 쓰인 것이다.

⑧ 왕실 여성들의 언문 사용: 왕실의 여성들이 사용한 글은 주로 언문으로 되어 있다. 수렴청정을 했던 대비나 대왕대비의 글들을 보면 언문으로 되어 있다. 그 중에 대표적인 것이 혜경궁 홍씨의 '한중록'이다.

⑨ 일부 양반들이 창작한 문학작품이 언문으로 되어 있다.

정철, 박인로, 윤선도 등의 양반들은 시조나 가사 작품을 언문으로 문학창작 활동을 했다. 특히 허균과 김만중의 언문소설은 언문의 보급에 큰 역할을 했을 것으로 생각된다.

이상과 같이 국가적으로 훈민정음 보급에 노력을 했다는 기록을 살펴보았다. 그러나 국가적인 노력에도 불구하고 한자의 위력으로 훈민정음을 어리석은 백성들의 일상도구로 삼기에는 상당한 거리가 있었다. 다음은 위의 노력에도 불구하고 훈민정음이 보급에 성공하지 못하고 있다는 예를 살펴보고자 한다.

(2) 세종, 문종, 세조, 성종 등이 훈민정음 보급에 노력했지만 크게 성공하지 못했다.

아무리 좋은 문자를 가지고 있더라도 백성들에게 직접 제공될 수 있어야 되는데, 과연 백성들에게 어느 정도 제공되어 사용되고 있었는지 살펴볼 필요가 있겠다. 세종 때부터 연산군 때까지 언문이 그렇게 보급되지 않았다는 기록들을 간추려 보면 다음과 같다.

① 성종 13년에 여러 사람들이 알지 못하게 비밀 유지를 위해 한자로 된 병서를 언문으로 번역 서사하여 간행하자는 상소가 있었다.

② 성종 10년 6월 왕후 윤씨가 폐비가 될 때에 윤씨의 죄상을 인수대비(仁粹大妃)가 언문으로 기록한 것을 그 당시 승지가 그것을 오래 보존하고자 한자로 번역하기를 간절히 원한다고 간청한 일이 있었다. 그 이유가 군신간의 대담에 증거가 된다. 즉 언문은 영구히 보전되지 못할 뿐만 아니라 언문을 많이 사용하지 않고 있다는 당시의 현상을 보여준다.

③ 성종 때에 왕비들이 언문을 즐겨 사용했는데 성종 23년 11월 大妃들이 언문으로 억불정책을 반대한다는 글을 발표했다. 성종은 그 언문을 한자로 변역하게 하여 그 한자 변역본을 신하들에게 나누어주고 대책을 강구했다는 기록이 있다. 당시의 고관 신하들이 언문을 몰랐거나 하찮게 여겨 관심을 기우리지 않았다는 뜻이 된다.

④ 연산군 때의 언문익명서 사건이 발생했다. 연산군 때에 자기의 성명을 밝히지 않고 남의 죄를 언문으로 적어 밀고한 투서 사건이다. 언문 익명서는 모두 3장인데, 전체 문자를 언문으로 쓰고, 사람 이름만 한자로 썼는데 투서 제목에는 '無名狀(무명장)'이었다. 내용은 연산군의 탈선과 살상에 대한 비방이 주 내용이었다. 화가 난 연산군은 언문학습을 금지시켰고, 언문서적의 소각명을 내렸고, 언문을 아는 자를 모두 찾아서 언문 필적을 조사하도록 했다.

그 당시에는 '當時(당시) 漢城(한성) 五部(오부) 內(내)에서 누구누구가 諺文(언문)을 쓸 줄 아는 者(자)라는 것까지 알 수 있을 程度(정도)로, 諺文(언문)은 아직 普及(보급)되지 않았던 것이다'(강신항.1990).

⑤ 경종 원년(1720년)에 청나라에 사신으로 간 고부사 이이명은 왕비 책봉에 관한 청나라의 상황을 언문으로 조정에 알렸다. 한문으로 썼을 경우, 비밀 보장이 되지 않을 것으로 여겨 고육책에서 나온 것이다. 언문으로 내용을 쓰면 비밀유지가 된다는 의미였다.

4) 글자 이름 '훈민정음'에서 '한글'까지의 역사

(1) '訓民正音(훈민정음)', '正音(정음)' 및 '諺文(언문)'의 세 가지 이름이 최초로 쓰였는데 그 근거가 '訓民正音(훈민정음)' 책의 정인지 해례서문에 나오고 '諺文(언문)' 이름은 이조왕조실록에서 나온다.

① 癸亥冬, 我殿下創制正音二十八字, 略揭例義以示之, 名曰訓民正音.

계해 년 겨울에 우리 전하께옵서 正音 스물여덟 글자를 창제하시고, 간략하게 예와 뜻을 들어 보이시니 이름 지어 가로되 訓民正音이라 하셨다. (정인지 해례 서문)

② 正音之作, 無所祖述, 而成於自然.

正音을 지으심에 선인의 서술에 의지함이 없이 스스로 그러함의 이치로 이룬 것이다. (정인지 해례 서문)

③ 언문이라는 이름이 최초로 나타난 예는 「朝鮮王朝實錄」에 '是月上親制諺文二十八字'이다. 이것은 세종 25년(1443년) 12월 30일의 실록이고, 이어서 세종 26년(1446년) 2월 16일에 최항, 박팽년 등에게 언문으로 「韻會」를 번역하게 했다는 실록 기록에서, 같은 해 2월 20일 최만리 등이 언문 제작의 부당함을 아뢴 상소문(실록 번역문)에서도 또한 상소문을 본 후 최만리 등을 불러 꾸짖는 세종의 말에도 '언문'이란 말이 사용되었다.

훈민정음 또는 정음이 공식적인 명칭이라면 언문은 속칭으로 사용했던 용어라 본다. 언문은 비칭(卑稱)이 아니다. 그 근거는 두 가지로 첫째는, 조선왕조실록에 '是月 上親制諺文二十八字'(세종 25년 12월 30일)라는 기록이다. 두 번째는 최만리의 반대상소에 '諺文(언문)' 용어가 있다. 언문이 비하적 의미를 가지고 있었다면 임금이 직접 만든 문자를 지칭하는 데 비하적 용어를 쓰지 않았을 것이다.

(2) '諺字(언자)'란 이름이 사용된 적도 있다. 다음 세 개의 예가 있다.

① 임금이 동궁에 있을 때 서연관(書筵官)에게 명하여 「대학연의」를 諺字(언자)로써 어조사(語助辭)를 써서 종실 가운데 문리(文理)가 통하지 않는 자를 가르치려고 하였다.(문종 원년(1451년) 12월 17일)

언자를 이용하여 「대학연의」의 본문에 구결을 달았던 것을 적은 것인데, 예전에 한자의 약체(略體)로 된 차자(借字) 구결을 사용하는 대신하여 언자 구결을 만들어 사용했음을 밝혀준다.

② 지중추원사(知中樞院事), 최항(崔恒), 우승지(右承旨), 한계희(韓繼禧) 등 문신(文臣) 30여 인에게 명하여, 언자(諺字)를 사용하여 「잠서(蠶書)」를 번역하게 하였다.(세조 7년 3월 14일) 「잠서 언해」에 관한 기록에서 우리 문자를 '언자(諺字)'라 한 예이다.

③ 승전색(承傳色), 설맹손(薛孟孫)이 언자와 한자를 섞은 편지 한 장을 가지고 와서 승정원에 보였다.(성종 10년(1479년) 9월 4일)

(3) '反切(반절)'이란 이름이 사용되었다.

이 이름은 최세진이 지은 「훈몽자회」의 '범례' 항에 나온다. 여기에는 '諺文字母(언문자모)' 아래 '俗所謂反切二十七字'라 하여 '반절'을 썼던 것이다. 그러나 「조선왕조실록」에 '반절'이 사용된 예는 없다.

'반절'은 원래 중국 한자음을 성모와 운모라는 두 개 단위로 나타내는 것이었다. 중국의 성운학에서 쓰이던 용어가 전용된 것이라 생각되지만, 이 용어는 어리석은 백성의 훈민정음 글자 학습용으로 '반절표'라는 것을 만들어 사용하면서 많이 사용되어 오고 있었다.

(4) '國文(국문)' 이름이 등장했다.

19세기 말엽 조선이 서구 제국과 수교를 맺으면서 상대적으로 청나라와의 사대관계가 약화됨에 따라 훈민정음은 국가의 문자로 자리 잡았다. 즉 諺文(언문)이 '國文(국문)'으로 바뀌게 된 것이다. 공식적으로 '國文(국문)'이라고 부르게 된 시기는 「고종실록(高宗實錄)」에서 볼 수 있다.

軍國機務處啓, 議政府以下各衙門官制職掌. 學務衙門 管理國內敎育學務等政 (··중략··) 編輯局 掌國文綴字各國文繹及敎課書編輯 等事.

학무아문은 국내의 교육과 학무 등을 관리하는 기관이다. 편집국을 두어 '國文(국문)' 철자와 각국의 문장을 번역하고 교과서를 편찬하는 일을 관장케 한다(고종 31년(1894) 6월 28일).

이 규정으로 '언문'에서 '국문'이 국가의 공용 문자로 되었다. 1443년에 창제된 이후 450년 만에 훈민정음이 비로소 국가의 공식 글자로 인정되었다고 할 수 있다.

(5) '한글' 이름이 등장하다.

'한글'은 일제의 억압으로 쓸 수 없게 된 '國文' 이름을 대신하여 우리 글자를 보존하고자 하는 애국적 의도에서 나온 이름이다. '한글'을 누가 언제 만들었는가하는 문제는 고영근의 '한글의 유래'(1994)에서 찾아볼 수 있다.

최남선(1946:179~180, 1973:87)에서는 朝鮮光文會(조선광문회)에서 '한글'을 만들었다고 서술하였으나, 1910년 주시경의 글에 나타나는 '한나라글'에서 '한글'의 유래가 비롯되고, 주시경의 손으로 쓴 각종 증서에 '한말', '배달 말글', '한글'이 실용되고 있는 증거가 존재하는 것으로 보아 '한글'의 작명부는 주시경으로 봄이 옳다(고영근, 1983a/1994:294). 또한 '한글'이 처음 출현한 것은 1913년 3월 23일에 창립한 조선 언문회 창립총회 기록에 나타난다. 창립총회의 전말을 기록한 「한글모 죽 보기」의 '四二四六年 三月二十三日(日曜) 下午一時 … 本會의 名稱을 '한글모'라 改稱(개칭)하고…'에서 '한글'이 처음 등장한다. 따라서 한글의 최고(最古) 사용 연대는 1913년 3월 23일이 된다(고영근, 1983a/1994:293).

그 이후 '한글'이라는 명칭은 「아이들보이」(1913.9)의 '한글풀이'란에 처음 실용화되었다.

주시경의 후학으로 '한글'이 처음 쓰인 기록은 김두봉의 「조선말본」(1916)의 머리말에 '한글모임자 한샘'이다. 이규영의 「한글적새」와 「한글모 죽 보기」의 두 원고는 1916~1919년에 엮어진 것인데 여기에서 '한글'이 쓰인 것으로 보아, 주시경의 제자들이 이 말의 보급에 앞장섰던 것을 알 수 있다(고영근, 1983b/1994:295).

'한글'이 새 이름으로 널리 쓰인 것은 1926년 훈민정음 반포 기념식을 성대히 거행한 이후다. 1927년에 '한글'이 창간되어 이 이름이 일반인의 의식에 오르게 되고 이 해의 기념일부터는 '한글날'로 고쳐 일컫게 되어, 한글이란 이름도 더욱 널리 퍼지고 깊이 뿌리를 박아 일반 사회가 즐겨 쓰게 되었다(최현배, 1976:52~53).

훈민정음의 이름 변천을 다음과 같이 요약한다.

① 훈민정음 창제 시기: '훈민정음', '정음', '언문'이 공존한 시기. 이때의 '언문'은 비하적 의미를 가졌던 것이 아니다.

② 16세기~19세기 말: '언자'(諺字)가 부분적으로 쓰였으나 '언문'이 주로 사용되었다 언자는 글자라는 뜻이 강하여 좁은 의미로 쓰인 것으로 보인다.

③ 16세기~19세기: '반절'은 주로 실제적 글자 교습용 '반절표' 등에 사용되었다.

④ 19세기 말~20세기 초: '국문'은 개화기 이후 민족의식이 본격적으로 발로되면서 등장하였다.

⑤ 20세기 초~현대: '한글' 이름이 만들어져 널리 쓰이게 되었고 이것이 현대로 이어졌다. 일제 점령기에서 '국문'이라는 용어를 쓸 수 없어서 등장한 것이 '한글'이다.

2 아메리칸 인디언 세쿼이아(Sequoyah or Sequoia: c1760-1843)

1) 세쿼이아의 인생

그는 1821년에 인디언 토박이 언어를 표기하는 음절문자를 만들었기에 서양에선 그를 일명 체로키 캐드무스(Cherokee Cadmus)라고 부르고 있다. 그는 영어를 전혀 배우지 않았지만 세쿼이아가 만든 글자의 상당수는 영어를 표기하는 로마철자에서 가져왔음이 분명하다.

세쿼이아의 출생이 명확하지 않으니 이름 또한 여러 가지다. 그래서인지 이름이 네 가지나 된다. 즉 세쿼야하(Sequoyah), 세쿼이아(Sequoia), 세쿼야(Sequoya), 시콰이(Sikwayi) 등이다. 1760년과 1770년 사이에 그는 테네시(Tennessee)주 아팔라치아 지역의 강 저지대 투스기지(Tuskigi 또는 Tushkeegee)라는 체로키인디언 마을 가까운 곳인 오버힐즈 카운티(Overhills country)에서 체로키인디언 어머니인 우 테허(Wu-teh: 모계사회)와 백인 기스트(Nathaniel Gist, Guess

또는 Guist) 아버지 사이에서 태어났다. 아버지의 직업은 영국의 상인이나 또는 미국정찰병 등 여러 가지 설이 있는데 아이가 태어나기 전에 인디언가족을 버리고 떠나버려서 확실한 사실은 모르고 있다. 세쿼이아가 성인이 되어서야 그의 아버지쪽 영어 이름인 기스트(George Gist 또는 Guess)를 쓰기 시작했다고 한다.

그는 어려서 공부를 할 수 없는 인디언족의 환경에서 인디언의 풍속에 따라 자라면서 사냥꾼이 되었고, 동물의 털을 팔기도 했다. 사냥을 하다가 사고로 다쳐서 평생 절음발이 신세로 지내야 하는 고통을 겪기도 했다. 세쿼이아라는 이름도 체로키말로 돼지발 "pig's foot"이라는 뜻인데 다리를 다친 이후에 붙인 이름이다. 그는 자라면서 대장장이나 은세공업 그림 등을 그리면서 지냈다.

그는 어렸을 때에 이미 글자의 위력을 알았다. 종이에다 생각이나 일어난 사실을 기록해서 전하는 백인의 기술이 경제, 기술, 정치적으로 인디언의 능력보다 우세하게 만드는 제일 큰 원인이라고 늘 생각하고 또한 주장했다. 백인에 비해서 인디언의 의사소통에 주로 이용하는 것은 기억에 의존하는 것이었다. 이러한 기억에 의한 정보는 개인의 능력에 따라서 정확하게 생각과 사건을 기억해 다른 사람에게 구전되는 경우도 있지만, 생각과 사건에 대한 기억이 시간의 경과에 따라서 변경되거나 내용이 달라질 수 있어 정보의 신빙성에 문제가 있다는 것을 늘 생각했다. 백인의 글자로 적어서 전하는 정보는 정확성이 훼손되지 않고 기억보다 더 정확한 것이라고 생각했다. 그의 사촌이 기숙학교에서 돌아와 그가 배운 단어들을 로마자로 철자할 때에 인디언 언어를 표기하는 글자를 만들어야 되겠다는 결심을 더욱 군히게 되었다.

그는 인디언 여인과 결혼하고서 조지아(Georgia) 체로키 거주지로 이사했다. 그는 영어를 읽고 쓰는 것을 어렸을 때에 배우지 않았으며, 배울 수 있는 환경도 아니었다. 그래서 조지아에서도 백인들이 종이에다 기호를 표시해서 의사소통하는 것을 매우 신기하게 여겼다. 종이에다 기호 표시하는 것을 인디언들은 '말하는 잎사귀(talking leaves)'라고 불렀다. 그가 생각하기로 백인이 가진 주요한 능력과 힘은 그들이 '말하는 잎사귀'라고 부르는 것을 사용해서 메시지를 전달하는 능력이라고 확신하고 인디언들도 반드시 쓰여진 정보를 수집하고 보내는 장치를 가지는 힘을 가져야만 비로소 백인들에게서 독립할 수 있을 것이라고 생각했다.

다리를 다친 이후에 사냥을 못하게 되자 사색과 함께 글자 만드는 연구에 몰두하게 되었다. 그는 처음에 하나의 단어에 하나의 그림기호를 고안했으나 그렇게 하니 너무 복잡하게 된다는 사실을 알았다.

백인이 쓰는 로마글자를 읽을 줄도, 쓸 줄도 몰랐지만 조지아주의 이웃 백인들이 종이에 기호를 적는 '말하는 잎사귀'로 의사를 전달하는 방법을 보고 1809년부터 자기 자신만의 의사소통 조직을 만들기 위한 연구에 착수했다.

전쟁이 나서 글자 만드는 일을 잠시 중단하고 1812년에 입대하여 미국의 잭슨(Andrew Jackson) 장군의 편에서 영국에 대항하여 싸움을 했다. 전쟁 때에 백인들이 집에 편지를 써서 보내는 것을 보았지만 그는 편지를 쓰지도 못했고 군에서 전달하는 명령서를 읽을 수도 없었다. 전쟁이 끝나자 글자의 중요성을 더욱 뼈저리게 느껴서 글자 만드는 일에 더욱 매진하게 되었다.

그가 글자를 개발하는 동안 동료 인디언들은 그를 보고 바보짓을 하면서 너무 많은 시간을 보낸다고 학대도 하고 조롱도 했다. 그의 친구들은 그들이 하는 말을 글자로 써 보여 주면 바보라고 놀리면서 그에게 농장을 돌보고 가족을 돌보는 일이 더 나은 일이라고 충고하기도 했다.

그는 글자를 만드는 동안 동네에서 조금 떨어진 곳에 오두막을 새로

지었다. 거기에서 수 년간 밤낮 없이 단어들을 크게 발음해 보고 필요한 기호를 나무껍질에 새기면서 연구를 거듭했다. 그는 그의 딸 아요카 (Ayoka)와 함께 기호를 이용한 놀이를 하면서 글자 창제에 몰두했다. 한 때는 동료 인디언들이 그를 마법(witchcraft)에 걸린 마술사라고 비난을 하기도 하고, 한 때는 그의 아내와 친척들이 그의 오두막을 부수고 들어와 그 동안에 연구했던 모든 자료를 불태우고, 오두막도 불태우기도 했다. 박해가 심해질수록 더욱 굳게 결심하고 글자 연구에 몰두했다. 그는 서쪽 아칸소(Arkansas)로 이사해서 탄광에서 일도 했고, 소금 장사를 하기도 했지만, 글자 만드는 일은 계속했다. 그는 로마철자를 빌려서, 일부는 약간 모양을 변경하고 이들 철자에 자의적인 음가를 부여하여 85개 내지 86개의 기호를 가지고 체로키 언어를 표기하는데 별 손색이 없는 글자를 완성했다. 이때가 1821년이었다. 가족과 친지들의 조롱과 박해 가운데에서도 끊임없는 노력으로 복잡한 그들의 언어를 표현하는데 성공했던 것이다.

역사가들의 말에 의하면 세쿼이아가 체로키 언어가 특별한 음의 덩어리와 모음과 자음의 연합으로 구성되어 있다는 것을 밝혀냈다는 것이다. 그가 만든 85개의 음절표기는 체로키 언어를 형성하고 있는 자음과 모음의 모든 결합체를 다 나타낼 수 있었다.

1820년에 처음으로 완성한 음절문자를 체로키 의회 앞에서 시험발표 했을 때에 세쿼이아가 마법에 걸렸다고 큰 비난을 받았고, 또한 그의 '말하는 잎사귀' 글자를 불태워버리게 했다. 체로키인디언 부족장들은 음절문자는 악마의 짓이라고 하며 그의 글 쓰는 행동을 중지시킬 의도로 세쿼이아의 손가락 끝마디 모두를 절단하라고 요구했다. 이 명령이 집행되었는지는 알 길이 없지만 이처럼 강력한 반대에 부딪혔던 것이다.

사실 세쿼이아가 만든 글자는 정말 훌륭했고, 교육받지 않은 한 인디언에 의해서 글자가 만들어졌다는 것이 믿기지 않아서 어느 누구 하나 글자 발명을 믿어주는 사람이 없었다.

그러나 1821년에 처음 이 음절표기철자를 그의 딸 아요카에게 주어 훈련시켰더니 몇 달 안에 체로키 언어를 훌륭히 쓰고 읽을 수 있는 것을 증명해내었다. 그래서 그는 동료 인디언을 불러 모아 놓고 그와 그의 딸이 글자를 가지고 시범을 보이기로 했다. 처음에 그의 딸을 자리에서 멀리가게 한 후에 부족 중에서 권위 있는 사람들에게 여러 가지 말을 하게 하게 했다. 그리고 세쿼이아는 그 말들을 새로 만든 글자로 다 쓴 다음에 자기의 딸을 불러 읽어보라고 했다. 딸은 적은 글자를 보고 그 들이 구술한 말들을 유창하게 읽어보였다. 그 문자의 효율성을 반듯하게 입증한 것이었다. 시범 발표가 성공적으로 이루어지자 그 소문이 체로키부족 전체에 전달되었다. 그 다음 체로키부족의 의회(Cherokee Council)에서 시범 발표를 다시 보고난 뒤에야 이 음절표기철자를 공식적으로 인정하게 되었다.

이 음절표기철자를 발표하고 몇 달 안에 많은 체로키부족의 남녀노소가 그들의 언어를 읽고 쓸 수 있게 되었다. 세쿼이아가 발명한 글자를 지금도 체로키인디언 거주 지역 학교에서 가르치고 체로키인디언들은 지금도 이 글자를 가지고 문자생활을 하고 있다. 체로키 언어가 소수의 음절로 구성되어 있고, 매우 논리적인 구조를 가지고 있어 세쿼이아는 몇 달 이내에 그가 발명한 글자로 전체 체로키인디언에게 체로키 언어를 쓰고 읽을 수 있게 할 수 있었던 것이다. 체로키 언어를 사용하는 사람들은 빠르면 3일 이내에 글을 쓰고 읽을 수 있었다. 체로키 어린이들은 세쿼이아가 만든 글을 쓰고 읽는 방법을 즐겨 배웠다. 그들이 말하는 입말을 가르치고 어린이가 매일 만나는 모든 물건에 글이란 기호를 실제로 실습하면서 배우니까 신이 났던 것이다. 그들은 학교에서 달달 외워야 되는 재미

없고 힘든 영어를 읽고 쓰는 것에서 벗어났기 때문에 한결 즐거워하면서 세쿼이아가 만들 글자로 그들의 말을 표기하기 법을 배워나갔다.

체로키인디언 의회는 1824년 그의 문자발명 공로를 인정하여 훈장(Silver Medal)을 수여했고 그의 업적을 높이 평가하여 그의 여생 동안 안락하게 보낼 수 있도록 매년 $300의 연금을 수여했다.

또한 캘리포니아주에서는 그의 공로를 기리기 위해 적송나무(Red wood tree)이름을 세쿼이아라는 이름으로 개명했는데 이 나무는 세상에서 가장 수명이 긴 나무로 수명이 2000년－3000년이 보통이고 최고 5000년까지 산다고 한다.

1827년에 체로키부족 회의는 인디언 신문을 창간할 것을 결의하고 기금모금을 시작했다. 1828년 초에 체로키 음절문자로 인쇄한 신문이 보스턴에서 만들어져 체로키부족 수도(New Echota)에 전달되었다. 이 신문의 창간판은 'Tsa la gi Tsu lehisanunhi' 또는 'Cherokee Phoenix'로 체로키 언어와 영어로 나란히 쓰여 1828년 2월 21일에 탄생하게 되었다. 이것이 미국에서 발행된 최초의 인디언 신문이다. 또한 그가 만든 글자로 성경을 펴내기도 했다.

1828년 그는 서부 체로키인디언과 함께 오클라호마(Oklahoma)에 있는 인디언 구역으로 이사를 했다. 그는 이곳에서 부족의 정치활동을 했고, 동부 체로키인디언을 지원하고자 워싱턴에서 외교관으로도 활동했다. 이곳에서 10년가량 살았다. 로스(John Ross)가 북조지아(North Georgia)에 사는 체로키인디언을 '눈물의 오솔길'(Trail of Tears)을 통해서 오클라호마까지 안내를 했었다. 그는 1842년 봄에 미국의 혁명전쟁(1775-1783년 미국식민지가 영국통치에서 독립을 위한 전쟁) 전에 서쪽으로 이사한 체로키인디언을 정착시키고자 남서부로 여행을 떠났다. 그가 1843년에 이 무리들을 정착시키는데 성공은 했지만 여행 중에 병을 얻어 그해 8월에 멕시코의 어느 지방(Tamaulipas 나 San Femando 근처)에서 사망했다.

체로키 음절문자를 창제했다는 세쿼이아의 명성이 널리 알려지게 되자 그는 워싱턴의 국립조각상홀(National Statuary Hall)에서 선정한 오클라호마주의 가장 위대한 두 사람 중에 한사람으로 선발되어 동상이 세워졌는데 인디언으로는 처음이자 마지막이다.

〈조각상〉

1907년에 오클라호마가 미국의 한 주로 승격되어 그의 이름을 따서 그가 살던 군(county) 이름을 짓게 되었다. 또한 세쿼이아학교(Sequoia School)을 세워서 그를 기리고, 인디언사회의 역사와 문화를 보존, 발전시키고 있다. 지금도 일반 사람들이 "체로키 언어는 정확한 언어이며, 구조적으로 매우 경제적이며 또한 매우 간결하다(Cherokee is meticulous language, marvelously economical in structure(and) much of it is simple)"고 하며, 또한 "체로키 언어는 질 높은 간결한 효용성을 가진 언어(Cherokee language has a quality of terse efficiency)"라고 칭찬을 한다.

2) 체로키문자와 그 발음법

(1) 체로키 음절표(CHEROKEE SYLLABARY)

Ꭰ a	Ꭱ e	Ꭲ i	Ꭳ o	Ꭴ u	Ꭵ v
Ꭶ ga Ꭷ ka	Ꭸ ge	Ꭹ gi	Ꭺ go	Ꭻ gu	Ꭼ gv
Ꭽ ha	Ꭾ he	Ꭿ hi	Ꮀ ho	Ꮁ hu	Ꮂ hv
Ꮃ la	Ꮄ le	Ꮅ li	Ꮆ lo	Ꮇ lu	Ꮈ lv
Ꮉ ma	Ꮊ me	Ꮋ mi	Ꮌ mo	Ꮍ mu	
Ꮎ na Ꮏ hna Ꮐ nah	Ꮑ ne	Ꮒ ni	Ꮓ no	Ꮔ nu	Ꮕ nv
Ꮖ qua	Ꮗ que	Ꮘ qui	Ꮙ quo	Ꮚ quu	Ꮛ quv
Ꮜ sa Ꮝ s	Ꮞ se	Ꮟ si	Ꮠ so	Ꮡ su	Ꮢ sv
Ꮣ da Ꮤ ta	Ꮥ de Ꮦ te	Ꮧ di Ꮨ ti	Ꮩ do	Ꮪ du	Ꮫ dv
Ꮬ dla Ꮭ tla	Ꮮ tle	Ꮯ tli	Ꮰ tlo	Ꮱ tlu	Ꮲ tlv
Ꮳ tsa	Ꮴ tse	Ꮵ tsi	Ꮶ tso	Ꮷ tsu	Ꮸ tsv
Ꮹ wa	Ꮺ we	Ꮻ wi	Ꮼ wo	Ꮽ wu	Ꮾ wv
Ꮿ ya	Ᏸ ye	Ᏹ yi	Ᏺ yo	Ᏻ yu	Ᏼ yv

(체로키어(Cherokee (Tsalagi)): 지금 북캐롤라이나와 오클라호마주에서 약 25,000명가량이 사용하는 이로쿼이어(Iroquoian)어족의 인디언 언어)
[출처: http://www.drstandley.com/nativeamerican_xxx.shtml]

(2) 체로키문자 모음 발음(영어의 예로 설명)

① a는 father에서 a음과 같고, rival에서 a음과 같다(즉 장모음, 단모음 구별 없음).

② e는 hate에서 e음과 같고, met에서 e음과 같다.

③ i는 pigue에서 i음과 같고, pit에서 i음과 같다.

④ o는 note에서 o음과 같고, law에서 aw음과 같다.

⑤ u는 fool에서 oo음과 같고, pull에서 u음과 같다.

⑥ v는 but에서 u음과 같지만 여기에서 비음이 함께한다.

(3) 체로키문자의 음절 발음

음절문자는 각 단어를 나타내는 글자가 하나의 음절을 나타낸다. 예를 들면 k음을 나타내는 것이 아니고 ka를 나타낸다는 뜻이다. 단, 예외가 S철자인데 이것은 접미사나 접두사를 나타내는 것이다. 거의 모든 체로키 음절은 모음으로 끝나고 체로키 단어들은 발음나는 대로 철자한다. 철자는 상황에 따라 변화한다. 로마철자에 음가를 할당하는 식으로 철자를 만들었다. 체로키문자가 음절문자로서 특이한 사항은 다음과 같다.

① ga를 제외한 g로 시작하는 음절은 영어의 g음과 거의 같으나 k음에 가깝다.

② d로 시작되는 음절은 영어와 거의 같으나 t음에 가깝다. 즉 do, du, dv는 몇몇 단어에서는 to, tu, tv로 발음한다.

③ tla를 제외한 ti를 가진 음절은 가끔 di로 발음한다. 또한 do, du, dv 음절은 때론 to, tu, tv로 발음한다.

④ qua, que, qui, quo, quu, quv 음절도 모음 앞에서는 kw음으로 발음한다.

⑤ dla, tla, tle, tli, tlo, tlv 등은 혀를 입천장에 대고 발음한다. tla를 제외한 tl을 가진 음절은 dl처럼 발음한다.

⑥ tsa, tse, tsi, tso, tsu, tsv 음절은 방언에 따라 발음이 다소 다르다. 서부체로키에서는 jaw에서 j처럼 발음하는데 이때에 혀를 입천장에 붙이고 아랫니에 접촉시켜 발음한다. j음은 부드러운 소리로 발음한다.

⑦ 때때로 무성이거나 발음 안나는 모음을 가지는 경우가 있다. 때로는 apostrophe를 찍어 모음이 묵음되는 것을 나타낸다. 숫자 7을 나타낼 때에 'ga l'quo gi' 또는 'ga (li)quo gi'처럼 나타낸다. 이때에는 앞 음절과 함께 발음한다. 즉 'gal quo gi'처럼 한다.

⑧ 체로키문자는 모음이 모두 6개, 자음 형태의 s형이 단독으로 쓰이는
   데 이것은 접미사나 접두사로만 사용되며, 나머지 78개 자음은 반
   드시 자음과 모음이 합쳐져서 사용된다.

이 문자는 점차 사용이 되지 않고 있는데 최근에 이것을 부흥시키고자
하는 시도가 있다.

실제로 체로키문자를 살펴보면 로마알파벳의 각 문자에다 음절 음가를
할당하여 만든 음절문자인데 85개의 기호로 구성되어 있다. 로마알파벳
의 예를 들면 모음표기로 T→i, R→e, D→a로 나타내고, 음절표기로
A →go, J→gu로 표기하고 있다.

(4) 체로키 음절문자의 실제 예

ᏂᎦᏓ ᎠᏂᏴᏫ ᏂᎨᏋᏚᎲᎾ ᎠᎴ ᏧᏂᎳᎰᏏ ᏳᏁᏍᏗ ᏒᎬᏫᎯ.
ᎨᏘᎢ. ᎨᎵᏁᎳ ᎤᎾᏓᏅᏖᏗ ᎠᎴ ᎤᏃᎵᏍᏗ ᎠᎴ ᏌᏊ
ᎨᏒ ᏧᏂᎳᎠᎤᏍᏓᏁᏗ ᎠᏀᎵᏗᏅᎥᏛ ᎠᏓᏅᏙ ᎬᎯᏗ.

① 음역(로마자로)하면 다음과 같다.

Nigada aniyvwi nigeguda'lvna ale unihloyi unadehna duyukdv gesv'i.
Gejinela unadanvtehdi ale unohlisdi ale sagwu gesv junilvwisdanedi
anahldinvdlv adanvdo gvhdi.

② 영어로 번역하면 다음과 같다.(1948년에 유엔에서 채택한 '세계인
   권선언문' 제1장)

All human beings are born free and equal in dignity and rights. They
are endowed with reason and conscience and should act towards one
another in a spirit of brotherhood.

(Article 1 of the Universal Declaration of Human Rights)

(5) 세쿼이아가 만든 원본인 음절표

3) 체로키인디언 언어의 어족

체로키인디언이 사용하는 말은 북미 인디언 이로쿼이어(Iroquoian) 어족의 남부어군(Southern Branch)에 속한 언어이다. 이 어족의 북부어군(Northern Branch)에 속한 언어는 몇 가지가 있다(Onodaga, Oneida, Seneca-Cayuga 및 Mohawk 등이 있다.). 이 어족은 약 3000년 전에 분파되었고 체로키부족은 북쪽 오대호(Great Lake)에서부터 남쪽으로 지금의 테네시, 조지아 및 북캐롤라이나주인 동중부 북미대륙으로 이주해왔던 것이다. 역사학자 무니(Mooney)가 1800년대에 밝힌 것을 보면 체로키부족이 속한 인디언들은 세 가지 방언이 있었다. 그 중에서 중부방언인 키투와흐(Kituwah)를 체로키부족이 사용함으로써 유일하게 남아 있었다는 것이다. 이들 민족은 상형문사를 만들어 사용했었는데 그 모양은 아메리카의 여러 지역(Delaware, Ojibwa, Aztec 및 Maya)에서 보는 것과 같은 상형문자들이다. 체로키부족의 언어에는 두 가지의 방언이 있다. 서부방언과 동부방언이다. 서부방언은 미국의 독립전쟁 전에 서부로 자발적으로 간 무리와 그 뒤인 1838-1839년에 강제이주(즉 Trail of Tears: 조지아에서 오클라호마 보호소로)해 간 무리들이 사용한 언어와 서부로 가지 않고 산에 숨어 살면서 북캐롤라이나주에 남은 소수인원들이 뭉쳐서 만든 동부방언이 있다. 오늘날 오클라호마에 있는 'United Keetoowah(Kituwah) Band of Cherokees'는 전통적인 서부방언의 중심부를 형성한다.

오늘날에 오클라호마 보호구역에 거주하는 체로키민족은 북미대륙에서 인디언 언어를 사용하는 두 번째 많은 인구를 가진 부족이다. 추정인구는 오클라호마 보호구역에 20,000명이 있고, 북캐롤라이나에 있는 칼라보호구역(Qualla Reservation)에 5000명 가량 있다.

4) 실제 사용 예

체로키	음역	번역
GWY	tsa la gi	Cherokee
bℝⓐ	si kwo ya	Sequoya
ShZⅠ	du ni no di	October, harvest month

3 티베트 승려 파스파(八思巴)

몽고의 원(元)나라(1271-1368)시대 국사(國師) 라마승 파스파(Phags-pa)가 쿠빌라이(세조)의 명령으로 몽고어를 표기하기 위해 티베트문자를 기반으로 글자를 만들어 1269년에 공표한 문자가 파스파문자다. 이것을 다른 말로 하면 공용문자, 몽골신자(蒙古新字), 방형몽골문자라고도 부르고 있다. 그러나 지금은 중국에서는 파사파자(八思巴字)로 지칭한다. 영어로는 가끔 몽고방형문자 'Mongolian Quadratic Script'로 칭하고 있다. 그런데 파스파 이름은 여러 가지로 철자되는데 'Phags-pa, ḥP'ags-pa, hPhags-pa, vPhags-pa, Phags-pa 등이 있다.

1) 파스파문자 창제 이유

이미 사용되고 있던 옛날 몽고문자는 1208년에 나와 사용되고 있었지만 몽고인의 발음을 표기하기 위해서 위구르인들의 글자를 빌러와서 만든 글자이기 때문에 몽고어 발음은 물론이고 중국어의 발음 표기에도 적절하지 못했다. 쿠빌라이 칸은 다민족으로 이루어진 큰 제국을 만든 후에 모든 민족의 언어를 기술할 수 있는 새로운 글자를 원했던 것이다.

특히 초창기 징기스칸의 뛰어난 능력으로 여러 민족을 정복하여 큰 나라를 만들고 나니 몽고어뿐만 아니라 아라비아어, 페르시아어, 위구르어, 탕구트어(Tangut), 주체트어(Jurched), 티베트어, 중국어 및 알려지지 않은 소수민족의 언어까지 수많은 언어를 사용하는 국가가 되었다. 따라서 다-언어국가로서 여러 가지 어려운 점이 발생하고 있었다. 문제는 위구르문자를 기반으로 만든 옛 몽고문자는 거대한 제국에 필요한 행정정보를 기록하기에는 여러 가지 문제점이 노출되고 있었다. 예를 들면 중국 도시 이름, 헝그리 강 이름, 페르시아 산 이름, 힌두의 학자 이름, 베트남 장군 이름, 이슬람교의 서기 이름, 러시아 왕자 이름 등등 다양한 이름을 기술하는 것이 여간 어려운 것이 아니었다. 몽고제국을 원나라로 개국한 쿠빌라이 칸은 가장 혁신적인 개혁을 단행할 결심을 하게 된다. 모든 언어를 다 망라하여 기술할 수 있는 문자를 만들 결심을 했다.

문자 창제의 임무로 티베트 출신 라마승 파스파에게 글자를 만들도록 지시했고, 그는 조국의 티베트문자를 기반 삼아 1269년에 41개의 글자를 만들어 쿠빌라이 칸에게 바쳤다. 쿠빌라이 칸은 이 문자를 원나라의 공식 글자로 채택하여, 원나라에 있는 중국인을 비롯한 모든 민족이 파스파문자를 쓸 것을 권유했지만 각 민족의 고유 글자를 쓰는 것을 금지시키지는 않았다. 그는 새로 만든 글자가 우수하다고 믿으면 자연스럽게 새 글자를 사용하게 될 것이라는 희망을 가지고 있었다.

쿠빌라이 칸이 잘못 판단했던 것이다. 중국인을 비롯한 많은 민족들이 그들의 옛 언어에 매달리고 그들의 글자에 매달려서 새로운 글자를 배우지 않을 뿐만 아니라 원나라가 쇠퇴하게 되자 파스파문자를 저버리게 되었던 것이다. 파스파문자 자체도 모든 언어를 기술할 수 있는 역량 있는 문자가 되지 못했다. 예를 들면 파스파가 인도의 옛 언어인 산스크리트어를 기술하고자 할 때에 많은 철자를 고안해야만 산스크리트어의 반전음들을 표기할 수 있었다고 전한다. 한 글자가 다양한 언어를 기술할 목적으로 고안되었다고 하더라도, 세계의 음성을 기술할 철자라고 생각할 수 없는 것이다.

새로운 몽고문자를 창제하고자 할 때에 파스파도 쿠빌라이 칸도 원 제국에 있는 여러 민족들이 그들 민족의 정체성을 반영하는 그들의 글자를 이미 가지고 있는 것을 알았고 몽고민족만이 잘못 맞추어진 옛 위구르글자를 사용하고 있었다는 것도 알고 있었다. 쿠빌라이 칸에 입장에서 보면 옛 몽고문자는 중고 수입품에 불과한 것으로 여겨졌을 것이며 대 몽고민족인 원나라가 다른 민족들이 가진 것처럼 자기들의 고유글자를 갖지 않은 것에 부끄러움을 가졌을 것으로 여겨진다. 이것이 실제로 모든 언어를 기술할 수 있는 문자를 만들겠다는 의지보다 더욱 더 직접적이면서도 강력한 동기 유발이었다고 생각된다.

파스파문자는 티베트문자를 기본으로 그것을 방형화(方形化)해 종서하면서 왼쪽에서 오른쪽으로 써서 몽고어를 표기하였다. 몽고민족의 지배하에 쓰이고 있던 중국어, 위구르어, 티베트어, 산스크리트어를 표기하고자 여러 민족이 사용할 정확한 표음문자로써 파스파문자가 만들어져 100여 년 동안 쓰였다. 뒤에 성종을 가르친 추크오세르가 연모음(軟母音) 및 복합모음의 표기법을 고안하여, 모음 8, 자음 31로 된 39개의 자모(字母)로 구성되었다. 당시 비문·서적 등 이른바 공적인 기록에 쓰인 것이 지금도 남아 있다. 특히 한인(漢人)의 성을 파스파문자로 쓴 '백가성(白家姓)', 한자 발음을 파스파문자로 표기한 '몽고자운(蒙古子韻)'등 중요한 자료가 남아 있다.

그러나 이 파스파문자는 방형화했기 때문에 쓰기가 불편했다. 이 글자는 처음부터 몽고와 중국관리들에게 인기가 없었다. 마지못해 한정된 범위에서만 사용하고 옛 몽고문자를 계속 쓰게 되었다. 정부에서 옛 몽고문자에 대한 사용금지 칙령이 여러 번 나왔지만 큰 성과를 거둘 수 없었다. 파스파글자의 개인 사용은 더욱 한정적이었다. 그래서 원나라가 1368년에 붕괴되자마자 중국인들은 그 글자를 사용하지 않게 되었고, 몽고인들은 그들의 옛날 위구르식 몽고문자를 다시 사용하게 되었다.

몽고에서 가장 마지막에 사용된 파스파글자의 예는 1352년이고, 중국은 그 보다 좀더 후에 사용하지 않았다.

티베트에서는 지금도 도장을 새기거나 사원에 글을 새길 때에 장식용으로 이 글자를 사용하고 있고 몽고에서는 어떤 사업장의 이름 표기에서만 사용되고 있을 따름이다.

2) 파스파문자의 특징

(1) 음절문자로 만들어졌다. 각 자음은 이미 타고난 모음 /a/를 가지고 있고 다른 모음들은 각기의 꼴을 가지고 자음 밑에 붙는다.

(2) 글자 쓰는 방향은 위에서 아래로 수직으로 하고 왼쪽에서 오른쪽 방향으로 써 나갔다.

(3) 표기한 언어는 몽고어, 중국어, 티베트어 및 산스크리트어 등이다.

(4) 철자체는 3가지가 있다. 표준체(Standard script)는 중국과 몽고에서 인쇄된 책이나 공문서에서 사용된 서체이다. 도장체(Seal script)는 공식 도장이나 기념비의 새김글에 사용되는 서체다. 티베트체(Tibetan script)는 책 표지글자나 사원 새김글에 사용되는 서체다. 다음에서 각 서체의 예를 볼 수 있다.

(5) 파스파문자 표준체(Standard script)

ka [k]	ta [t]	tsa [ts]	ra [r]	e [ɛ]
kha [kʻ]	tha [tʻ]	tsha [tsʻ]	la [l]	o [o]
ga [g]	da [d]	dza [dz]	sha [ɕ]	qa [q]
nga [ŋ]	na [n]	wa [v]	sa [s]	xa [x]
ca [tɕ]	pa [p]	zha [ʑ]	ha [h]	fa [f]
cha [tɕʻ]	pha [pʻ]	za [z]	'a [Ø]	gga [ʔ]
ja [dʑ]	ba [b]	-a [Ø]	i [i]	ee [e]
nya [ŋ]	ma [m]	ya [j]	u [u]	w [w]
				y [j]

[출처: omniglot.com/writing/phagspa.htm]

표준체에서 한국의 한글모양과 꼭 같은 것이 ㄹ(nga), ㅌ(ja), ㄷ(da), ㅈ(o) 등 4개 철자가 있으나 음가는 다르다.

(6) 파스파문자 도장체(Seal script style)

ka [k]	ta [t]	tsa [ts]	ra [r]	e [ɛ]
kha [kʻ]	tha [tʻ]	tsha [tsʻ]	la [l]	o [o]
ga [g]	da [d]	dza [dz]	sha [ɕ]	qa [q]
nga [ŋ]	na [n]	wa [v]	sa [s]	xa [x]
ca [tɕ]	pa [p]	zha [ʑ]	ha [h]	fa [f]
cha [tɕʻ]	pha [pʻ]	za [z]	'a [Ø]	gga [ʔ]
ja [dʑ]	ba [b]	-a [Ø]	i [i]	ee [e]
nya [ŋ]	ma [m]	ya [j]	u [u]	w [w]
				y [j]

[출처: omniglot.com/writing/phagspa.htm]

(7) 파스파문자 티베트체(Tibetan script style)

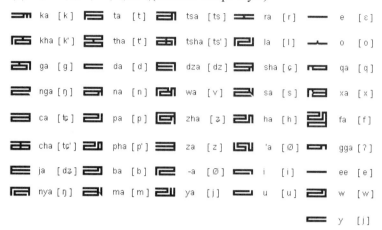

(8) 실제 표준체의 예 (Standard script style)

Part of the 1345 Phags-pa Sanskrit inscription at Juyongguan

(9) 글자 수는 41개이지만 더 많은 수이거나 더 적은 수를 제시하

는 연구 자료도 있다.

현대의 자료로 이용되는 것은 몽고자운(蒙古字韻)을 근거로 한 것이다. 이 책은 9000개의 한자의 운을 파스파문자로 적은 사전이다. 또 다른 자료로는 중국의 천주(Quanzhou)시에 있는 원나라 시대의 네스토리안 (Nestorian Christian tombstones)묘비에 적힌 것이다.

3) 옛 몽고문자는 어떻게 만들어졌나?

몽고어는 몽고, 중국, 아프가니스탄, 러시아 지역에 약 5백만 인이 사용하는 알타이어족의 언어이다. 몽고어와 가까운 언어로는 할하어(Khalkha), 또는 몽고 국어인 할흐(Halha), 오이라트(Oirat), 차하르(Chahar) 그리고 중국의 내몽고에서 사용되는 오르도수(Ordos) 등이 있다. 몽고어와 부분적으로 닮은 언어로는 부리아트어(Buryat)와 러시아에서 사용되는 칼미크어(Kalmyk), 아프가니스탄에서 사용되는 무굴어(Moghul) 또는 모골어(Mogul) 등이 있다.

징기스칸이 1208년에 나이만(Naiman)을 쳐부수고, 위구르족 타타르-통가(Tatar-Tonga)를 붙잡았는데, 징기스칸은 몽고어를 표기하기 위해 타타르-통가가 만든 옛 위구르철자를 채택한 것이 분명하다. 타타르-통가가 만든 알파벳이 위구르(Uighur/Uyghur Script)글자이다. 이것을 몽고에서는 옛 몽고문자라고 한다. 몽고에서는 이 글자를 몽고 비칙(Mongol Bichig)라고 한다.

13-15세기 사이에 몽고어는 한자, 아라비아글자 또는 파스파글자로 불리는 티베트글자에서 나온 글자로 표기되기도 했다.

현대에 와서 몽고는 옛 소련의 압력으로 1931년에 라틴글자를, 1937년에는 키릴글자를 받아들였다. 그 뒤에 1941년에는 몽고정부에서 옛 몽고문자 폐기법을 통과시켰다가, 1994년에는 다시 옛 몽고문자를 부활시켰다. 지금은 시인, 예술가, 디자이너, 서예가 등이 장식목적으로 사용하고 있고, 학교에서 어느 정도 교육도 하고 있다. 몽고의 일반인은 옛 몽고문자를 거의 알지 못하고, 대신 키릴문자를 거의 알고 쓰고 있다. 중국의 내몽고 자치주 사람들은 옛 몽고문자를 아직도 많이 사용하고 있다.

(1) 옛 몽고문자의 특징
① 음소문자로 만들어졌는데 자음과 모음으로 구성되어 있다.
② 글은 수직으로 위에서 아래로 쓰면서 방향은 왼쪽에서 오른쪽을 향한다.
③ 글자의 모양은 단어 안에서의 철자 위치와 뒤에 오는 철자가 무슨 철자냐에 따라 달라진다.

(2) 옛 몽고문자의 모음

Initial	ㅓ	ㅓ	ㅓ	ㅓ	ㅓ	ㅓ	ㅓ	ㅓ
Medial	◄	◄	◄	◄	◄	◄	◄	◄
Final								
Cyrillic	А	Э	И	О / У	Ө / Ү	Е	Ё/Ю	Я
Latin	A	E	I	O / U	Ö / Ü	Ye	Yo/Yu	Ya

[출처: bywav.com/help.php]

(3) 옛 몽고문자의 자음

Initial									
Medial									
Final									
Cyrillic	Н	Н	Б	П	Х	Г	М	Л	Х
Latin	N	Ng	B	P	Kh, Q	Gh, γ	M	L	H

Initial									
Medial									
Final									
Cyrillic	Г	С	Ш	Т	Д	Ч	Ж	Й	Р
Latin	G	S	Sh	T	D	Ch	J	Y	R

Initial									
Medial									
Final									
Cyrillic	В	Ф	Ч / Ц	Г	К	Ц	З	Х	Лх
Latin	V	F	Ch /Ts	G	K	Ts	Z	H	Lkh

[출처: bywav.com/help.php]

(4) 자음과 모음의 결합형

Initial							
Medial							
Final							
Cyrillic	Нэ / Гэ	Ни / Ги	Нө/γ / Гө/γ	Ба/э	Би	Бо/у	Бө/γ
Latin	Ne / Ge	Ni / Gi	Nö/ü / Gö/ü	Ba/e	Bi	Bo/u	Bö/ü

[출처: bywav.com/help.php]

4) 티베트문자가 어느 정도 인도문자와 관계 있나?

파스파문자를 만든 파스파는 티베트문자를 기초로 파스파문자를 만들었다고 한다. 따라서 티베트문자에 대해서 알아보고자 한다.

(1) 티베트글자 종류와 특징

티베트는 현재 중국에 속해 있으며 서장이다. 티베트어는 중국-티베트어족 중에서 가장 오래된 언어 중의 하나이다. 가장 초기의 티베트새김글이 7-8세기경에 우-첸(U- chen)(또는 dbu can('머리를 가진'번역됨))글자로 쓰였고, 그것이 11세기쯤에 나온 수서체로 나타나 있고, 현재에는 인쇄된 티베트 텍스트 형태로 남아 있다. 다른 글자체인 귁 익(Gyuk yig)체(또는 dbu med('머리가 없는')글자체)는 12세기에 나타났다. 이 글자체의 차이점은 U-chen은 꼭대기선을 가진 것이고, Gyuk yig체는 초서체에 가깝다.

이 글자가 인도에서 티베트로 들어올 때에 어떤 경로로 왔던 간에 글자의 구조가 인도의 브라흐미글자에서 왔다는 것은 분명한 사실이다. 왜냐하면 첫째, 각 철자에 자음이 모음 /a/를 갖고 있어 음절을 구성하는 것이 인도글자와 같고, 둘째, 철자 순서가 인도 브라흐미철자와 같고, 셋째, 다른 모음 /i/, /u/, /e/ 및 /o/ 등이 철자의 아래나 위에 기호에 의해 나타나는 것 등이 모두 브라흐미글자와 같다.

(2) 티베트 창제에 얽힌 사연

티베트글자에 관해서 예부터 전해오는 이야기를 보면 서기 632년경에 남부 티베트의 얄룽(Yarlung)왕조 33대왕이며 티베트의 첫 황제인 손센첸 감포(Songstem Gampo(서기 569-649))가 북동쪽 인도 지역에 있던 그의 신하 톤미 삼보타(Tönmi Saṃbhoṭa)를 인도에 보내서 불교에 관한 것과 문자를 연구해 오도록 했다 한다. 톤미가 인도에서 공부하고 귀국해서 인도글자인 데바나가리에 기본을 둔 티베트문자를 만들고 문법서를 편찬했다고 한다. 따라서 티베트문자는 인도의 굽타시대 문자를 기초로 만들어졌다는 것이다.

본 포(Bon po)종교의 전통에서는 그 글자가 이란이나 중앙아시아 기원이라고 주장하고 있기도 하다.

티베트문자로 처음 기록된 것은 불교서적을 티베트어로 번역한 것이다. 9세기경에 처음으로 산스크리트어-티베트어 사전인 번역명의집(Mahavyutpatti)이 완성되었다. 초기 출판은 목판인쇄로 되었고 지금도 많은 수도원에서 목판인쇄가 사용되고 있다.

(3) 티베트문자의 특징
① 티베트문자는 음절문자이다. 각 자음 철자는 타고난 내재적 모음 /a/를 갖고 있다. 다른 모음은 자음 글자의 위 또는 아래에 다양한 부호표시로 나타나서 사용된다.
② 각 음절은 점(·)으로 분리 표시된다.
③ 복합자음은 특별한 연결 철자와 함께 사용된다.

티베트어는 중국, 인도, 부탄, 시킴, 라타크, 네팔 등 약 6백만 인이 사용하는 중국-티베트어족에 속하는 언어이다. 몽고에서는 티베트어가 부다의 옛 언어로 생각하고 있고, 최근까지 널리 교육했다고 한다.

(4) 티베트 알파벳의 예
티베트철자는 두 가지 종류가 있는데 인쇄체로 우-첸(U-Chen)과 필기체인 귁 익(gyuk yig)체가 있다.

① 자음 형태(30개)

ㄱ	ka [ká]	ㄱ	kha [kʰá]	ㄱ	ga [kà/kʰà]	ㄷ	ña [ŋà]
ㄷ	ca [ʨá]	ㄷ	cha [ʨʰá]	ㄷ	ja [ʨà]	ㄷ	ña [ɲà]
ㄷ	ta [tá]	ㄷ	tha [tʰá]	ㄷ	da [tà/tʰà]	ㄷ	na [nà]
ㄷ	pa [pá]	ㄷ	pha [pʰá]	ㄷ	ba [pà/pʰà]	ㄷ	ma [mà]
ㄷ	tsa [tsá]	ㄷ	tsha [tsʰá]	ㄷ	dza [tsà]		
ㄷ	wa [wà]	ㄷ	ža [ʃà]	ㄷ	za [sà]		
ㄷ	('a) [à]	ㄷ	ya [jà]	ㄷ	ra [rà]	ㄷ	la [là]
		ㄷ	ša [ʃá]	ㄷ	sa [sá]		
ㄷ	ha [há]	ㄷ	(a) [á]				

　반전음(apico-palatal) 자음은(/t/ and /d/) 산스크리트 차용어에만 나온다. 이 경우에 정규음 /t/와 /d/는 각각이 수평으로 가볍게 치게 된다.

　/a/ 이외의 모음을 가지 음절은 자음 기호의 위나 아래에 모음 표시를 하게 된다. /a/모음이 없는 곳에 기호 모음으로 대신한다. 처음 모음들은 필요한 모음 기호와 함께 /a/모음 표시를 나타낸다.

　티베트철자는 변하지 않고 그대로 옛날 음을 표기하는 보수적 형태라서 표기된 단어는 입으로 말하는 단어의 음을 표기하지 않는다. 발음은 많이 변했는데 글자 조직은 7세기 때의 형태를 유지하고 있다. 예를 들면 8을 나타내는 단어 broyad는 지금에 와서 발음은 /gye/로 한다. 그러나 지금 티베트에서는 같은 철자로 쓰긴 하지만 발음은 수천 가지의 서로 통하지 않는 방언을 가지고 있다.

② 산스크리트어 차용어 표기용 특별자음(5개)

ㄱ ṭ ㄷ ṭh ㄱ ḍ ㄱ ṇ ㄷ ṣ

③ 결합 자음표

rka	rga	rña	rja	rña	rta	rda	rna	rba
rma	rtsa	rdza	rkya	rgya	rmya	lka	lga	lña
ltsa	lza	lta	lda	lpa	lba	lha	kla	gla
bla	zla	rla	sla	kwa	khwa	gwa	cwa	ñwa
twa	dwa	tshwa	žwa	zwa	rwa	lwa	šwa	swa
ska	sga	sña	sña	sta	sda	sna	spa	sba
sma	stsa	skya	sgya	sñya	sbya	snya	kya	khya
gya	pya	phya	bya	mya	kṣa	gha	dha	bha
dzha	dma	kra	khra	gra	tra	thra	dra	pra
phra	bra	mra	śra	sra	hra	grwa	rgwa	rcwa

④ 모음 형태(/a/를 제외한 것 4개)

i　u　e　o

⑤ 수 표시

laykor	chig	nyi	sum	shi	nga	trug	dün	gyay	gu
0	1	2	3	4	5	6	7	8	9

(5) 티베트 우첸문자 예 (དབུ་ཅན: u-chen script)

སྐྱེ་བོ་རེ་རེར་གསལ་བསྒྲགས་འདི་ནང་བཀོད་པའི་ཐོབ་ཐང་དང་ རང་དབང་སྟེ། མི་རིགས་དང་ བམ་དོག། ཕོ་མོ། སྐད་ ཡིག། ཆོས་ལུགས། སྲིད་དོན་ཨཱ་ཙམ་སམ་ འདོད་ཚུལ་གཞན་ དག་དང་། རྒྱལ་ཁབ་དང་སྤྱི་ཚོགས་ཀྱི་འབྱུང་ཁུངས། མཁར་དབང་། རིགས་རྒྱུད། དེ་མིན་གནས་ཚུལ་འདི་རིགས་གང་ཡང་རུང་བར་དབྱེ་འབྱེད་མེད་ པའི་ཐོབ་དབང་ཡོད་ ||

(6) 티베트 필기체 예 (རྒྱུགས་ཡིག: gyuk yig script)

① 라틴철자로 음역

Skye-bo-re-rer-gsal-bsgrags-'di-naṅ-bkod-pa'i-thob-thaṅ-daṅ raṅ-dbaṅ-ste / mi-rigs-daṅ / ša-mdog / pho-mo / skad yig / chos-lugs / srid-don-B.C.as-sam 'dod-tshul-gžan dag-daṅ / rgyal-khab-daṅ-spyi-tshogs-kyi-'byuṅ-khuṅs / mkhar-dbaṅ / rigs-rgyud / de-min-gans-tshul-'di-rigs-gaṅ-yaṅ-ruṅ-bar-dbye-'byed-med pa'i-thob-dbaṅ-yod //

② 영어 번역본

All human beings are born free and equal in dignity and rights. They are endowed with reason and conscience and should act towards one another in a spirit of brotherhood.

(세계 인권 선언문 1장)

(5) 티베트글자 창제를 하게 된 동기(돌 기둥글자에서)

손센첸 감포(Songtsen Gampo)왕이 티베트(Jambudvīpa)를 지배하게 된 이후, 그에게 예속된 모든 왕들이 해마다 조공을 바쳤다. 그들은 서신을 동봉해서 조공 품목과 최대의 문안 인사말을 보내줄 문자를 가지고 있었다. 감포왕은 답장에 적을 글자가 없어 괴로워하다 티베트글자를 만들 결심을 하고 많은 지식인들을 인도에 파견해 글자 만들 방안을 연구해서 오도록 했다. 인도에 간 학자들은 인도인과의 싸움이나 전투에서 죽거나 독살되기도 하고, 일사병으로 거의가 죽어서 실패를 하게 되었다. 그리하여 신하 중에 가장 총애하는 톤미 삼보타(Tönmi Sambhoṭa)에게 인도에 가서 문자 연구를 하고 오라고 명하고 많은 물품과 금덩어리를 주었다. 톤미는 인도 남부에 가서 글자에 조예가 있는 인도인 브라만인 리진티카(Lijintika the Brahmin)를 만나서 제안을 했다. 글자를 가르쳐 주면 금덩어리 반을 주겠다고 했다. 그 브라만은 12가지나 되는 글자들을 알고 있는데 어떤 글자를 알고 싶냐고 물었다. 모든 글자를 다 알고 싶다고 하자 브라만은 그에게 12가지 다른 글자가 새겨져서 호숫가에 세워진 돌기둥을 이용해서 글을 가르쳐 주기 시작했다. 톤미는 모든 글자를 다 배우고 나서 티베트어 표기를 위한 글자를 조직하기 시작했다. 인도의 글자는 모두 50개로 구성되어 있었다. 톤미는 gha음 표기와 ta음 표기군이 티베트어 표기에 필요없어서 버리고, 나머지 철자를 잘 조합해서 티베트글자를 만들었다. 그리고 기호를 발음해가면서 16개 모음을 nago, gigu로 번역해 나갔고, 또한 자음도 티베트어로 발음하면서 확정해 나갔다. 인도어

eka는 티베트어의 gcig 발음이다. 티베트어로 번역이 어려움을 알고서 ca 글자를 첨가했다. 또한 인도의 종교 dharma를 chos로 번역하기 어려워 철자 cha를 첨가했다. 단어 loka를 'jigs rten으로 번역하기 어려워 ja철자를 첨가했다. nāma를 zhes로 번역이 어려워 'a를 첨가했다. 장단 모음을 구별하고자 점(·)을 도입했다. 나머지 인도철자는 티베트철자로 도입했다. 이 철자들은 티베트글자로 종교의 주문표기에도 사용된다. 인도의 힌두교 주문의 단어음이 티베트글자로 표기될 수 있다.

티베트글자에는 반드시 단어 첫머리에 오는 글자와 단어 마지막에 오는 글자가 정해져 있다. 처음 오는 5개 글자는 ('phul yig): ga, da, ba, ma, 'a 등이고, 마지막에 쓰는 글자10개는 (rten yig): ga, nga, na, ma, ra, la, sa, da, ba, 'a 등이다.

톤미는 자기가 첨가한 철자 발음의 예를 발견해서 첨가했다. ca는 Chogro 지역에서, za는 Zahor 지역에서, zha는 Zhangzhung 지역에서, 'a는 Azha 지역에서 찾았고, 나머지 cha와 ja는 그 스스로 고안해서 붙였다. 그는 또한 접사와 부차적인 철자 몇 개를 추가해서 50개 인도글자 중에서 30개를 티베트글자로 만들었다. 6개 철자와 반 개의 철자는 인도글자에서 찾을 수 없다. 'a 철자는 단어 첫머리에도 단어 끝에도 인도글자에 나타나지 않기 때문에 반개철자라고 한다.

톤미는 그가 만든 글자로 티베트어를 표기하는 것에 숙달되었고, 그는 티베트의 최초의 언어학자와 서자생이 되었다. 그는 후에 언어와 글자를 티베트인에게 가르쳐 전문가를 길러냈다. 그리고 인도의 유명한 민담, 민요 및 전례 종교담 예를 들면, 대승불교 경전(Mahayana) 등을 티베트에 가져왔다. 그가 인도 최고의 대승불교 경전을 왕에게 갖다 바쳤더니 왕이 크게 기뻐했다.

종합해서 보면 티베트글자는 서기 7세기 중엽에 티베트 관리인 톤미 삼보타(Thonmi Sambhota)에 의해 인도 불교 승려들의 도움으로 만들어졌다. 그 당시 산스크리트어 철자의 형태인 글자는 산스크리트글자의 원형과 같은 배열을 갖고 있다. 종교 텍스트에 사용되는 인쇄체 글자 형태는 u-can 또는 u-chen이라 하고, 일상생활에 쓰는 수서체 필기체는 u-mey(또는 귀 익)이라 했다.

티베트문자를 라틴글자로 음역하거나 전사할 때에 크게 문제가 생긴다. 티베트의 한 단어가 어떻게 발음되고 어떻게 철자되는지가 라틴 전사에 정확하게 반영되는가의 문제이다. 발음과 철자가 엄청난 차이를 보이기 때문이다. 영어도 철자와 발음 차이가 많은 것처럼 티베트문자도 발음과 차이가 크다. 음역은 철자되어진 대로 그 원본이 나타나야 되고, 원상태로 회복 가능해야 되는 것이다. 티베트 학자들이 와일리(Wylie) 음역법을 개발해서 해결했는데 이것은 발음을 나타내는 데는 소용이 없지만 원래의 티베트철자를 재생시키는 데는 매우 유용한 것이다. 이것은 티베트 연구에서 철자는 정확하게 쓸 수 있지만 그 철자의 발음은 정확하지 않다는 것을 의미한다.

결론적으로 보면 티베트글자는 문자적 창제라기보다는 인도의 글자를 티베트어로 표기하기 위해 몇 자를 보충하고 약간 변조해서 사용한 것이다. 파스파문자는 이 티베트문자를 인도식에서 벗어나 방형문자로 형태를 바꾸고, 자음 형태를 상당히 변형시켜 원 골격은 있으나 외부적 모양은 거의 창제에 가까운 문자로 변형시킨 문자로 볼 수 있다.

4 태국의 람캄행대왕(King Ramkhamhaeng: 1275-1317)

람캄행왕은 타국의 글자를 빌려 쓰는 서러움을 극복하고 수코타이문자를 만들어 사용토록해서 국민에게 태국의 아버지로 숭배 받는 사람이다.

1) 람캄행 인생

다음의 내용은 람캄행 석주에 쓰인 새김글의 내용에서 나온 것이다. 그의 아버지는 방 크랑 하오(Bang Klang Hao)왕자이며, 그는 스리 인드라디티아(Sri Indraditya)왕으로 있었다. 그가 19세일 때에 아버지와 함께 수코타이 도시를 점령해서 독립적인 수코타이왕국을 건설하는데 크게 공헌했다. 전쟁에서 용맹을 떨친 결과로 그는 '용감한 라마(Rama the Bold)' 또는 'Phra Ramkhamhaeng'이라고 칭송을 받았다. 아버지가 사망한 이후에 형이 수코타이를, 람캄행은 시 사트 차날래(Si Sat Chanalai)도시의 지배권을 갖게 되었고, 강력한 지도력을 발휘했다. 그는 중국과 외교관계를 수립하여 도자기 제조기술을 도입했다. 이웃나라의 왕비와 연애설이 돌 정도로 이웃나라와 유대관계를 돈독히 했다. 그래서 이웃의 나감 무앙(Ngam Mueang)왕, 치앙마이(Chiang Mai)왕과 삼각의 협력관계를 맺었다. 이 두 나라는 수코타이 북쪽에 있는 왕국이었다. 그리고 여러 왕국을 함락시켜 왕국을 확장시켰다.

태국역사를 보면 수코타이의 시 인타라티트(Si Intharathit of Sukhothai) 왕이 크메르에서 태국을 독립시키고, 수코타이를 1257년에 태국의 수도로 정했다.

그때부터 수코타이가 태국에서 중심지로 떠올랐으며, 인타라티트왕의 둘째 아들인 람캄행이 1279년경에 왕이 된 이후에 아주 완벽한 독립적인 국가를 형성했다. 그가 새김을 하게 한 새김글에 의하면 그는 국토를 서쪽으로는 저지대 크메르와 남쪽으로는 말레이 반도까지 넓혀나갔다.

태국글자 최초의 증거자료로 1277년에서 1317년까지 태국의 수코타이 북쪽왕국을 지배했던 람캄행왕에 의해서 기록된 새김글이다. 람캄행왕은 태국의 글자를 몽민족과 크메르민족의 영향에서 벗어나게 하고자 무척 노력을 했다고 한다. 그의 새김글은 방콕의 국립박물관에 보존되어 있는데, 그 돌에 새겨진 기록은 그의 정치적, 언어적 성취를 기록한 것이다.

1292년으로 기록된 새김글에서 "람캄행왕 시절에 수코타이 지역은 번영의 길로 접어들었다. 강물에는 고기가 놀고, 들판에는 벼들이 익어간다. 이 땅은 정의의 땅이고 부다의 가르침을 지키는 땅"이라고 기록돼 있다. 새김글에는 또한 태국민족이 정의와 공평한 법을 오랜기간 간직한 자랑스럽고 문명화된 민족임을 자랑하고 있다.

이 새김돌은 1833년 방콕에 있는 사원의 스님이었고, 뒤에 왕이된 몽쿠트(Mongkut)왕이 발견했다고 전해진다.

그가 통치하던 기간에 수코타이를 비롯한 여러 도시들이 학문과 예술의 중심지로 각광을 받았던 것이다.

람캄행왕은 수코타이왕조 9명의 왕 중에서 가장 유명한 왕이다. 그는 왕국의 영토를 지금의 태국국가의 크기로 영토를 확장했고, 실론의 유명한 스님을 초빙해서 불교 강론을 하게 했고, 국민을 통합하려고 노력했다. 그래서 수코타이를 비롯한 도시민은 만족스러운 생활을 누렸고 도시는 번성했다. 이 시기의 예술가와 조각가에게도 영감과 영향을 많이 주었다. 그래서 종교예술 및 건축에 일명 수코타이스타일이라 부를 정도의 우아한 양식이 나왔다. 그는 지금도 태국 국민의 아버지로서 존경을 받고 있다.

그는 오늘날까지 유지되고 있는 자비롭고 우호적인 왕권제를 도입한 왕으로서 칭송과 존경을 받고 있다. 그는 그의 왕위를 아들 포 쿤 로타이 (Pho Khun Loethai)에게 순조롭게 양위했다.

태국에서 그 왕의 이름을 딴 람캄행대학교가 개방대학으로 처음 문을 연 뒤에 현재는 전국적으로 여러 캠퍼스를 가진 가장 권위있는 대학으로 인정받고 있다.

2) 람캄행왕의 석주

수코타이의 람캄행왕글자로 알려진 글자의 새김글 예를 보면 다음과 같다.

<새김글의 첫 몇 글자의 사진>

<위 사진의 글자를 정상적인 서체로 쓴 것>

พ่อกูชื่อศรีอินทราทิตย์
<현대글자로 쓴 것>

람캄행왕의 석주(수코타이역사공원)
[출처: http://en.wikipedia.org/wiki/Sukhothai_kingdom]

이 석주는 훗날 왕이 된 몽쿠트(Mongkut) 스님이 승려시절에 발견한 것이다.

태국의 연구소 의견에는 석주에 쓰인 글자의 모음 취급에 비추어보면 석주 만든 사람은 유럽의 알파벳 조직을 알고 그것에서 영향을 받았을 것이라고 생각하고 있다. 따라서 이 석주는 라마 4세(Lama Ⅳ)의 통치기간에 어떤 사람에 의해서 제작되었다고 결론내리고 있다.

3) 문자 창제

태국에도 조선의 세종대왕과 같이 일국의 왕이 그들 국민을 위해 글자를 창제했다는 기록이 있다. 1257년에 건국된 태국의 옛 왕국인 수코타이(Sukhothai)의 3대 왕 람캄행왕이 1283년에 태국 언어의 음운구조에 알맞은 글자를 창제했다.

　원래 태국민족은 B.C. 400년경에 중국의 거주지에서 동남아 지역으로 이주해왔다. 그리하여 그 지역을 통치해왔던 몽(Mon)족과 같이 지내게 되었다. 그 이후 10세기에 크메르민족이 타 이민족이 있는 곳으로 이주해 오기 시작하였다. 그리고 크메르민족이 그 지역의 패권을 잡게 되었다.

　태국역사에 보면 수코타이(Sukhothai)의 시 인타라티트(Si Intharathit) 초대 왕이 크메르에서 태국을 독립시켰고, 1257년에 수코타이를 태국의 수도로 정했다고 한다. 그때부터 수코타이가 태국의 중심세력을 형성했다. 시 인타라티트의 둘째 아들인 람캄행왕은 독립심이 강한 왕이었다. 그는 그 당시에 지배하고 있는 몽(Mon)왕국이나 크메르의 영향에서 벗어나서 태국의 순수한 공식글자를 강렬하게 갖고 싶어 했다. 그래서 그는 1283년에 "수코타이글자(The Sukhothai Script)"라고 하는 태국글자를 창제하기에 이르렀다. 이것이 최초의 태국철자이다. 물론 이 글자를 만들 때에 참고한 글자는 '그란타(Grantha)'라고 하는 남인도의 고대 브라흐미문자이다. 또한 브라흐미문자의 그란타 형태는 크메르글자의 근원이 되기도 했다. 이 그란타형 철자는 불교의 전파에 의해서 전인도차이나 지역에 전파되어 사용되었다.

　기원전 300년경에 인도차이나에서는 실론이 이 그란타철자를 처음으로 사용한 동남아시아 국가가 되었다. 크메르 언어를 기록한 최초의 새김글은 611년경의 글자이고, 이 글자는 그란타글자와 유사했다.

　람캄행왕이 만든 수코타이글자는 1357년까지 계속 사용되었고, 그 뒤에는 람캄행왕의 손자인 리 타이(Li Thai)왕이 수코타이글자를 약간 수정하여 이름짓기를 '리 타이글자(King Li Thai Script)'라고 했다.

　그 뒤에 1378년경 수도를 수코타이에서 아유타야(Ayutthaya)로 옮겼고 아유타이왕국 시절에는 리 타이글자를 계속 사용했다. 그 동안에 약간의 수정이 있었지만 1680년까지 약 300년 가까이 사용했고, 그 뒤에 나라이(King Narai)왕 통치시대에 '나라이왕글자'라는 것이 사용되었다. 이 글자도 수코타이글자를 약간 수정한 글자인데 이 글자가 태국의 국가글자로 지금까지 사용되고 있다.

수코타이문자는 불전문자인 팔리어문자나 미얀마문자에 기반을 두었다고 하는 주장도 있고 또 다른 주장으로는 크메르문자에 기초를 두고 만들었다는 주장도 있다. 분명한 것은 인도 문자에 근거를 두었다고 하더라도 인도문자와는 다르게 만들었다.

인도글자의 음절문자적인 자음자가 항상 /a/모음을 내포하고 있는 것과 다르게 태국글자의 자음은 모음을 동반하지 않는 자음으로서 역할을 하게 했다. 반면에 모음자는 항상 부가적으로 쓰여서 모음을 쓸 때는 형식상 자음인 อ을 항상 갖게 되는 철자를 만들었다. 태국의 초기 문자인 이 문자는 수코타이문자라고도 한다.

그런데 현재 사용하는 문자는 르안프라반문자다. 이 문자는 자음이 44개, 모음이 32개(모음 28개, 성조 4개)로 되어 있다. 람캄행왕 비문에 쓰인 문자에는 자음이 7개, 모음이 2개로 현재보다 적고 성조부호도 2개가 적었다. 수코타이시대에서 반세기가 지난 타이왕조시대의 비문을 보면 모음이 현재의 수와 비슷한 것을 볼 수 있다. 따라서 새 문자는 18세기에 완성된 것이다.

태국글자는 고대 크메르글자를 기본으로 한 듯하다. 바데루뚜(Vatteluttu)라 불리는 남인도 브라미글자 형태인 것이 고대 크메르글자이다. 바데루뚜글자는 팔라바(Pallava)글자로도 알려져 있다. 전통적으로 태국글자는 람캄행대왕이 1283년에 만들었다고 전해지고 있다.

(1) 태국글자의 발음과 철자법

태국글자에서 철자 발음은 매우 복잡한 규칙들을 가지고 있다.

그 이유는 태국글자가 기본적으로 인도의 브라흐미문자를 기초로 만들어졌기 때문에, 부분적으로 많은 음들이 인도 언어에서는 발견되지만 태국 언어에서는 존재하지 않은 것이 있기 때문이다. 또한 태국 언어에서 수백 년을 지나오는 사이에 여러 음들이 하나의 음으로 통합되는 음운변화가 있었던 것도 한 원인이 된다.

또한 태국의 철자가 음절의 처음에 오느냐 아니면 음절 끝에 오느냐에 따라서 변화를 한다. 음절 끝에 올 수 있는 자음은 오직 6개 /p/, /t/, /k/, /m/, /n/, /ng/이다. 그러나 거의 모든 철자는 음절의 끝에는 올 수 있다. 그렇지만 발음은 위의 6개 자음 중의 하나로 통일이 된다.

음절의 시작음은 자음(C-)이 쓰이고, 음절의 끝의 음은 자음(-C)로 쓰게 된다.

철자에 대, 소문자가 따로 없고, 문자를 단어와 단어 사이에 공간 없이 쓰고 단어는 오직 한 음절로만 구성되어 있어 단어구별이 용이하다. 문장에서 중요한 휴지는 피어리드(.)를 찍고, 단순 휴지는 콤마(,)를 찍는다. 그러나 거의 대부분에서는 공간을 두어 처리한다.

① 태국글자의 기본적인 철자

(대문자 글씨체로 L, M, H가 붉은 글씨인 음가를 표시하는 기호 밑에 쓰여 있는데 이것은
철자가 속해있는 계급을 표시하는 것이다.)

[출처: ancientscripts.com/thai.html]

　　태국문자는 각 철자가 3가지의 계층으로 나뉘는데 낮은 계층(Low), 중
간계층(Middle), 높은 계층(High)이 있다.

　　철자가 자음철자 덩어리의 처음에 나올 때나 음절의 끝에 나올 때에는
타고난 자음 안의 모음은 발음하지 않는다. 그런데, 타고난 모음을 발음
하지 않는다는 것을 나타내는 표시가 있는 다른 문자들이 있다. 태국문자
는 그런 표시 사용을 하지 않는다. 그러하기 때문에 초보자들이 타고난

모음을 발음해야하는지 하지 말아야하는지에 대한 혼동을 하는 경우가
종종 있다.

타고난 모음이 아닌 다른 모음을 표현하기 위해서는 특별한 표시를 기
본철자 주변에 첨가시킨다.

② 특별한 표식을 가진 철자

[출처: ancientscripts.com/thai.html]

③ 태국철자 이외에도 산스크리스트어와 팔리어에서 온 차용어 표기법
4개의 특별철자와 4개의 특별모음표식을 도입하고 있다. 그 예를 다음에
서 볼 수 있다.

[출처: ancientscripts.com/thai.html]

④ 태국어는 성조 언어

태국어에는 성조가 5개가 있다. 즉, 하(Low), 중(Middle), 고(High), 내림(Falling), 올림(Rising)이다. 성조표시는 모두 5가지인데 표시는 4개만 있고 없는 것은 다섯 번째 성조로 여기고 있다. 이 성조도 음만큼 단순하지가 않다. 음절의 실제 성조표시는 음절이 폐쇄음자음과 함께 끝이 나느냐 그렇지 않느냐와 모음이 장모음이냐 단모음이냐에 따라 철자의 계층과 연계해서 나타난다.

4) 새김글의 예들

	no tone mark				tone mark ▮	tone mark ✔	tone mark ⌇	tone mark ✛
	$V_L(C_N)$	$V_S(C_N)$	$V_L C_S$	$V_S C_S$				
low class	คีน medium	คิน high	คีจ falling	คิจ high	ค่ falling	ค้ high		
medium class	กีน medium	กิน medium	กีจ low	กิจ low	ก่ low	ก้ falling	ก๊ high	ก๋ rising
high class	ขีน rising	ขิน low	ขีจ low	ขิจ low	ข่ low	ข้ falling		

[출처: ancientscripts.com/thai.html]

5 성 메스로프 마시토츠(Saint Mesrob Mashtotz: 361-439)

1) 성 메스로프의 생애

아르메니아(Armenia)문자가 만들어진 것은 서기 301년 이 나라의 티리다트즈(Tiridates)왕이 기독교를 공식 국교로 채택한 후이다. 아르메니아 교회에서 성인으로 받드는 성 메스로프가 기독교의 교리를 읽을 수 있게 그들의 글자를 만들 필요를 느껴 알파벳을 만들 결심을 했던 것이다.

메스로프는 아르메니아 다론(Daron) 지역의 하제가츠(Hatzegatz) 마을에서 361년에 출생했고, 초년에는 그리스어, 페르시아어를 배웠고, 아르메니아 왕궁에서 일하기도 했다. 그 후 성직자 공부를 해서 395년인 34세부터 코그튼(Koghtn) 지역에 설교를 했다. 그 때에 절실히 느꼈던 것은 그들 민족의 글자로 쓰인 성경과 교리책이 필요하다는 것이다. 그 이전에는 쐐기문자로 아르메니아어가 표기되었는데 교회에서 사용하기에 알맞지 않은 것이어서 누구나가 불편을 느끼고 있었다.

그는 기독교 책임자와 왕에게 문자를 만들 수 있게 지원해 줄 것을 간절히 요청했다. 그 당시는 페르시아왕이 아르메니아인들을 자국의 국민으로 통합시키고자 노력해서 아르메니아인의 정체성마저 흔들이고 있는 상황이었다.

왕의 지원을 약속받고, 연구와 자료 수집을 위해 이집트의 알렉산드리아로 갔다. 문자의 원리를 배우면서 발견한 것은 그 당시에 사용되는 글자 중 가장 알맞고 사용할 수 있는 가장 좋은 알파벳은 그리스철자라고 생각했고, 또한 소리와 철자에 대응하여 표기하기에 가장 적절한 철자라는 것을 간파했다 그래서 그리스철자를 모델로하여 아르메니아어를 표기하는데 가장 적절한 글자를 만들기로 마음먹고 문자 창제에 심혈을 기울었다.

처음 문자의 골격을 만들어 시험을 해 보았으나 그들의 언어에 부합하지 않았다. 그는 계속해서 문자 연구에 몰두했다. 전해오는 이야기에 의하면 메스로프가 파루(Paru)마을 동굴에서 묵상하는 중에 천사가 나타나서 '신의 손이 불로 알파벳을 쓰는 모습'을 보여주었다는 설이 있다.

결국 그는 문자를 다 만들어서 405년에 만든 글자를 왕에게 바쳤다. 새 글자는 아르메니아어를 표기하는데 아주 적합해서 환영을 받았고, 그 이후 아르메니아어로 된 새로운 성경의 번역본이 출판되었다 이후에 새 문자로 된 여러 가지 문학작품이 발표되어 표기의 어려움을 완전 해결했다.

2) 아르메니아문자 (Հայերէն)

메스로프가 만든 철자는 알파벳철자로 대문자 기념비 새김용 철자형태의 크기이고, 36개 글자이며 그리스철자와 같이 왼쪽에서 오른쪽 방향으로 써 나가도록 했고, 그리스철자처럼 철자가 숫자표시도 겸하고 있다. 아르메니아에 동부와 서부로 두 개의 방언군이 형성되어 있는데 철자의 발음에서 약간의 차이를 보이고 있다.

메스로프가 알파벳을 만들 때에 주로 그리스철자를 기본으로 했지만 다른 것도 참고했던 것은 파라비(Pahlavi), 시리아(Syriac), 페니키아글자

등도 거론되고 있다. 또한 에티오피아글자가 알파벳 여러 개에 영향을 끼쳤다고 전해지고 있다. 그러나 철자의 순서에서는 그리스철자가 기초가 되었다고 한다. 또한 아르메니아문자는 이란계 문자인 아베스타에서 글본을, 그리스문자에서 음운조직을 모방한 것으로 보인다. 그는 404년-406년 사이에 글자를 완성했다.

오늘날에는 대문자체 철자에서 필기용 철자인 소문자체로 변해 왔고, 두 철자가 첨가되긴 했지만 오늘날까지 거의 원래 철자로 사용되고 있다.

현재 아르메니아교회에서 사용되는 예전전서 책이름을 메스로프의 성을 따서 '마시토츠(Mashtotz)'라고 이름 지었다.

이 문자를 만든 의의는 아주 중요하다. 그 당시 페르시아에서는 단어에 중이성이 많고 속기문자로 적는 것이 어려우며 시대에 뒤처진 글자를 사용하고 있었다. 메스로프가 글자를 만들기 이전의 새김글을 보면 같은 속기문자의 변종인 같은 글자로 보인다. 아르메니아국가는 301년에 기독교를 국가종교로 선언하여 첫 기독교 국가가 되었다. 그 뒤 387년에 아르메니아국가는 로마와 페르시아제국에 의해 둘로 나뉘어졌다.

외국의 지배와 경쟁관계에 있는 외국의 영향하에 국가가 분리되면서 종교의식도 분리되어 그리스 의식 교리서와 시리아 의식 교리서 사용 등 두 개로 나뉘게 되었다. 그래서 아르메니아 고유의 글자로 된 통일된 종교 예식 교리서가 긴급히 필요한 상황이었다.

계속되는 외국의 침입, 계속적이 정치적이 혼돈, 고대 이교도 문학이 새 종교 신자들에 의해 파괴되는 여러 가지 갈등이 일어나서 고대 아르메니아의 글자를 거의 말살시켜버리고 그 자리에 그리스, 페르시아, 아람문자가 대신 쓰이게 되었다. 그 이유는 아르메니아교회는 그들 고유의 글자가 없었기 때문이다.

이러한 상황에서 교육받은 기독교 신자인 성 메스로프가 수년 간의 여행과 연구와 수집을 통하여 404년-406년에 걸쳐 아르메니아문자를 만들게 되었다.

아르메니아어는 고대의 유산을 그대로 반영하고 있듯이 코카사스(Caucasian)어근을 간직하고 있으며 인구어의 한 독립된 언어로서 아주 정밀한 언어이고 중이성이 없고 명쾌하고 분명한 언어의 특징이 있다. 인류학자 미드(Margaret Mead)는 아르메니아어를 '국제어'로 지정할 것을 권유하고 있을 정도다.

성 메스로프에 의하면 아르메니아 고전 언어는 '그라발(Grabar)' 또는 '서책 언어(Book Language)'로 알려져 있다. 15세기 이후부터 시인과 서자생들이 일반 대중들의 구어인 '아쉬카하라발(Ashkharabar)'이라는 명칭을 가진 언어를 사용하기 시작했다.

19세기에 두 개의 방언으로 구어와 문어 즉, 아라라트(Ararat)지역 아르메니아에 기반을 둔 동아르메니아어와 터키의 이스탄불 언어에 기초한 서아르메니아어가 발달되었다.

아르메니아의 역사를 보면, 383년에 로마황제와 페르시아황제가 아르메니아를 두 개로 분할할 것을 합의했다. 페르시아 아르메니아에서 아르사키드(Arsacid)선이 경계선이 되었다. 이때에 아르메니아왕 브람샤푸(Vrramshapuh:388-414)는 메스로프라는 관리를 고용했는데 뒤에 가서 그는 마시토츠(361-440)로 경의 칭호를 받게 되었다. 그는 아람문자(Aramaic), 팔라비(Pahlav)문자, 그리스문자에서 아르메니아어의 모든 음을 기술할 수 있는 글자를 만들게 되었다.

메스로프가 만든 새 글자로 인하여 아르메니아는 문화적으로 황금기를 맞이하게 되었는데, 이 글자로 그리스문자와 아람문자로 쓰인 신학, 철학, 역사에 관한 많은 서적을 번역하게 되었다. 아르메니아문자 36자의 발명으로 인하여 아르메니아 문학에 황금기를 가져다 주었다.

아르메니아 학생들은 고전과 기독교 학문의 중심지인 이데사(Edessa), 캐사리아(Caesarea), 콘스탄티노풀, 안티오크, 알렉산드리아, 아테네 등지로 몰려가서 성경, 신학서적, 그리스와 시리아 교회 성직자들의 중요한 서적, 고전문학을 아르메니아어로 번역했다.

70성인 성경은 몇 년 안에 번역되었다. 첫 번째 번역으로는 시리아 성경 번역이었고, 두 번째가 라틴 성경, 세 번째가 콥트어 성경, 다섯 번째가 5세기의 에티오피아 성경 등이었다. 성경번역가들은 아르메니아교회에서는 높이 존경받았는데, 이렇게 번역된 많은 작품들의 그리스와 시리아 원전은 소실되었고, 아르메니아 번역본이 지금까지 보존되어 있다. 19세기까지는 고전 아르메니아어가 문학어였다. 그 이후부터 이 철자는 문학어와 구어를 적는데 사용되었다. 구어는 동부 아르메니아어와 서부 아르메니아어이며, 이것들은 번역한 언어가 아주 명확하고 선명해서 19세기까지 아르메니아어의 표준 스타일로 남아 있었다. 지금도 아르메니아 교회의 찬송가는 5세기 때의 고전 아르메니아어로 불려지고 있다. 아르메니아의 많은 역사가들은 성 메스로프의 제자들이라고들 한다.

현대 학자들은 메스로프가 철자를 발명하지도, 차용하지도 않았고, 단지 고대 아르메니아문자의 잔재들과 새김글의 잔재들을 잘 정리하고 순서를 올바르게 정리한 것에 불과하다는 의견을 제시하기도 한다. 즉 옛날의 것에서 남아 있던 22개의 고대 아르메니아(Haikazian)자음에 그가 6개의 모음과 8개의 자음을 첨가시켜 36개의 알파벳을 완성했다는 것이다. 그는 여러 가지의 아르메니아 방언을 종합해서 각 음에 각기 다른 기호를 부여했다는 것이다. 그는 새로운 철자를 그 언어에 가장 알맞은 음성을 표현하게 하여 거의 가장 완벽한 언어표기 철자를 만들었다.

그가 만든 글자는 이웃하는 그루지아(Georgians)와 알반스(Alvans)어를 표기할 수 있는 글자였다.

9세기에 아르메니아의 철학자이며 비잔틴 주교(Patriarch) 포티우스 (Photius)의 선교사인 성 키릴(St. Cyril)이 러시아어와 슬라브어를 표기하는 알파벳을 만들었다.

메스로프가 만든 철자는 철저하게 국수주의적인 것이다. 내려오는 말로는 이 글자는 "yergatagir" 또는 철기시대글자(Iron age script)라고 한다. 왜냐하면 글자의 기원을 기원전 2000년경에 쇠를 녹여 만드는 시대로, 그 민족의 먼 역사로, 철자에다 구체화시킨 것을 연상하고 있기 때문에 그렇게 부르고 있다. 이 글자는 외국 영향에 대항하여 그들 민족의 문화와 전통을 보호해 왔던 것이고 그러기 위해 만들었기 때문이다.

언어학자들은 메스로프가 만든 철자의 기원을 그리스, 아람, 페르시아 및 다른 글자에서 찾아보려고 시도했지만 철자가 크게 차이가 나서 실패해 왔다. 그러므로 사실 내용에 있어서 아르메니아문자는 고대 아르메니아문자 및 기호에 기초를 두고 만들지 않았나 생각하고 있다. 인간의 언어음은 대략 40-44개 정도의 음소를 가지고 있는데 현대 아르메니아알파벳은 38-40개 정도이므로 각 철자가 인간 발화음을 표현하는데 거의 완벽하게 해 낼 수 있다. 비록 로마자가 세계에서 가장 단순하고 널리 알려져 있다고 하더라고 각 민족의 다른 언어습관과 음변화를 처리하는 능력이 썩 좋지는 않다. 그러한 반면에 아르메니아문자와 그에 상응하는 표음방식이 어떤 언어이든지 부차적인 철자나 표시, 점, 줄선 등을 사용하지 않고도 쉽게 표현할 수 있는 거의 완벽한 글자라고 생각한다고 주장하는 학자도 있다(The Armenian Alphabet by G. Khandjian, 1980).

알파벳을 아르메니아문자로 아이부 벤(այբուբեն ([aɪbubɛn], or [aɪpʰ upʰɛn]))인데 이것은 아르메니아문자의 첫 두 개의 철자이름을 따서 붙인 것이다.

3) 아르메니아문자의 예

(1) 동부 아르메니아문자

Ա ա	Բ բ	Գ գ	Դ դ	Ե ե	Զ զ	Է է	Ը ը	Թ թ	Ժ ժ	Ի ի	Լ լ	Խ խ
ayb	ben	gim	da	ech	za	ěh	ět	t'o	zhe	ini	liwn	kheh
a	b	g	d	e, y	z	ě	ě	t'	zh	i	l	kh
[a]	[b]	[g]	[d]	[ɛ/j/ɛ]	[z]	[e]	[ə]	[tʰ]	[ʒ]	[ɪ]	[l]	[x]
1	2	3	4	5	6	7	8	9	10	20	30	40

Ծ ծ	Կ կ	Հ հ	Ձ ձ	Ղ ղ	Ճ ճ	Մ մ	Յ յ	Ն ն	Շ շ	Ո ո	Չ չ	Պ պ
tsa	ken	ho	dza	ghad	cheh	men	yi	now	sha	vo	ch'a	peh
ts	k	h	dz	gh	ch	m	y, h	n	sh	o	ch'	p
[ts]	[k]	[h]	[dz]	[ɣ]	[ʧ]	[m]	[h-, -ɪ-]	[n]	[ʃ]	[vo, -o-]	[ʧʰ]	[p]
50	60	70	80	90	100	200	300	400	500	600	700	800

Ջ ջ	Ռ ռ	Ս ս	Վ վ	Տ տ	Ր ր	Ց ց	Ու ու	Փ փ	Ք ք	Օ օ	Ֆ ֆ
jheh	ra	seh	vew	tiwn	reh	ts'o	yiwn	p'iwr	k'eh	ōh	feh
j	r	s	v	t	r	ts'	w	p'	k'	ō	f
[ʤ]	[r]	[s]	[v]	[t]	[ɹ]	[tsʰ]	[u]	[pʰ]	[kʰ]	[o]	[f]
900	1000	2000	3000	4000	5000	6000	7000	8000	9000	10000	20000

[출처: http://lingvozone.com/languages/Language%20Information19.htm]

(2) 서부 아르메니아문자

Ա ա	Բ բ	Գ գ	Դ դ	Ե ե	Զ զ	Է է	Ը ը	Թ թ	Ժ ժ	Ի ի	Լ լ	Խ խ
ayp	pen	kim	ta	yech	za	ěh	ět	t'oh	zhe	ini	liwn	kheh
a	p	k	t	e, y	z	ě	ě	t'	zh	i	l	kh
[a]	[pʰ]	[kʰ]	[tʰ]	[e]	[z]	[e]	[ə]	[t']	[ʒ]	[i]	[l]	[x]
1	2	3	4	5	6	7	8	9	10	20	30	40

Ծ ծ	Կ կ	Հ հ	Ձ ձ	Ղ ղ	Ճ ճ	Մ մ	Յ յ	Ն ն	Շ շ	Ո ո	Չ չ	Պ պ
dza	gen	ho	tsa	ghat	je	men	hee	nu	sha	voh	ch'a	bey
dz	g	h	ts	gh	j	m	y, h	n	sh	o	ch'	b
[dz]	[g]	[h]	[ts]	[ɣ]	[ʤ]	[m]	[h]	[n]	[ʃ]	[o/vo]	[ʧʰ]	[b]
50	60	70	80	90	100	200	300	400	500	600	700	800

Ջ ջ	Ռ ռ	Ս ս	Վ վ	Տ տ	Ր ր	Ց ց	Ւ ւ	Փ փ	Ք ք	Օ օ	Ֆ ֆ
che	ra	seh	vev	diun	reh	ts'o	yiwn	p'iur	k'ey	ō	feh
ch	r	s	v	t	r	ts'	w	p'	k'	ō	f
[ʧʰ]	[rr]	[s]	[v]	[d]	[ɹ]	[ts']	[v/u]	[p']	[k']	[o]	[f]
900	1000	2000	3000	4000	5000	6000	7000	8000	9000	10000	20000

[출처: http://lingvozone.com/languages/Language%20Information19.htm]

(3) 알파벳의 숫자 표시

처음에 철자 수는 모두 36자가 만들어졌으나 10세기에서 12세기 사이에 3자가 첨가되어 모두 39개의 철자가 된다. 아래의 가로 다섯 줄 중에 제일 밑에 있는 줄에 있는 3개의 철자가 뒤에 첨가된 철자이다. 아르메니아국민이 아라비아숫자 표기를 도입하기 전에는 아래의 철자들이 숫자표기까지 겸하고 있었는데 위에서 첫줄에 로마자 A에서 T까지가 1에서 9까지, 두 번째 줄에서 Zh에서 Gh까지가 10에서 90까지, 셋째줄 에서 Dj에서 J까지가 100에서 900까지이며 넷째줄 R에서 Q까지가 1000에서 9000까지를 나타내고, 뒤에 첨가된 yev에서 F까지가 10000에서 30000까지를 나타냈다.

아래의 알파벳에서 음가는 영어 발음의 예를 들고 있다.

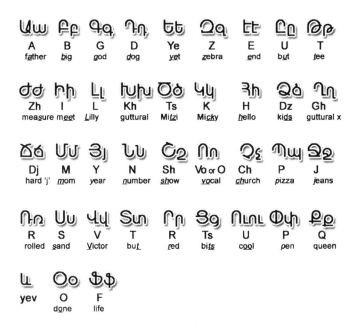

옛날 철자에서 시작은 "ah"음을 나타내는 철자 Ս로 시작하는데 이것은 'god'을 뜻하고, 철자의 끝은 "Q(K)"음을 나타내는 철자 Ք로 끝나는데 이 글자의 뜻은 "Christ"를 나타내고 있다. 사실 모든 인구어족의 알파벳의 첫음은 'ah'음으로 시작한다.

4) 아르메니아 언어와 민족 그리고 특성

오늘날 아르메니아어를 사용하는 민족의 수는 대략 5백에서 6백만 정도다. 순수한 아르메니아인은 약 93%에 속한다. 그런데 아르메니아공화국에 사는 아르메니아인은 절반밖에 없고, 나머지는 이란, 시리아, 레바논, 이집트 등 여러 나라에서 흩어져 살고 있다. 하이에런(Haieren)과 아쉬카리(Ashkhari)가 그들 언어의 이름이다. 아르메니아어라는 용어는 여러 가지 방언을 합쳐 부르는 용어이다. 현대에 와서는 서부 아르메니아어 와 동부 아르메니아어(현재 아르메니아공화국 언어)로 나뉘어져 있다.

아르메니아어는 인구어족 중에서 단독 어군을 형성하고 있다. 이 언어는 그리스어와 가깝지만 인도-이란어에서 차용어를 많이 받아들였다.

방언은 두 갈래고 동부 아르메니아어는 아르메니아, 아제르바이젠, 이란 등지에서 많이 사용하고, 서부 방언은 이스탄불, 레바논, 이집트 등지에서 사용된다. 동부 아르메니아어는 러시아의 혁명의 영향을 많이 받았고, 철자도 서부방언과 차이가 많이 나게 되었다.

철자에서 소련의 영향을 많이 받아서 원래 아르메니아문자는 처음에 36글자에서 38글자로 구성되어 있지만 옛날 아르메니아문자와 서부 아르메니아 방언에 쓰이는 글자는 동부 아르메니아에서 사용되지 않는다. 아르메니아어에 흥미로운 특징이 몇 가지가 있다. 첫째, 일반적으로 목적어를 동사 앞에 놓는다. 예를 들면 영어로 'I want coffee.' 문장을 아르메니아 문법에서는 'I coffee want'라고 말을 한다. 또 다른 예를 들면 'I love you'를 아르메니아에서 'I you love'라고 한다.

둘째, 아르메니아어에서는 이중 부정을 사용한다. 즉 영어의 'Nobody wants it'을 이 언어에서는 'Nobody not wants it'이며, 영어에서는 이중 부정이면 긍정이지만, 아르메니아에서는 이중 부정은 부정이라는 점이다.

이러한 두 가지의 특성은 한국어와 꼭 같아서 매우 흥미롭다.

제 4부 문자 생성과 발달에 관한 연구의 예

1. 몽고 및 만주문자의 생성

몽고 및 만주문자의 생성

1) 만주문자와 몽고문자의 인연

중국 만주 심양의 고궁건물 입구 현판이나 북경 고궁 자금성과 이화원
의 입구 현판에 한자와 나란히 쓰인 만주문자가 다음의 예처럼 있다.

이 만주문자는 만주족이 만든 것이지만, 만주족이 명나라를 물리치고 청나라를 세워 중국 지역의 한족을 통치하면서 점차적으로 한족의 한자를 받아들이면서 서서히 사용하지 않게 된 글자다.

그런데 테일러(Taylor:1898p.294)는 이 만주문자의 조상 글자가 중동 셈족의 글자인 페니키아글자(Phoenician)라고 지적했다. 이 책에서는 페니키아글자에서 파생되어 나온 자손 글자가 어떤 연유와 경로를 통해서 극동 만주까지 전파되어 만주지역의 여진족 글자로 형성되었는지, 또 그 과정에서 나타난 각 글자의 특징이 무엇인지 등을 알아보고자 한다.

만주문자의 자모(佟永功외:1)를 살펴보면 모음이 6개(로마자표기: a, e, I, o, u, ū), 자음이 22개(n, k, g, h, b, p, s, š, t, d, l, m, c, j, y, r, f, w, n, g: 앞의 음과 약간 다른 음: k, g, h), 특정자음 10개(kʹ, gʹ, hʹ, tsʹ, tsʹi, dz, ž, sy, cy, jy) 등 도합 35개로 구성되어 있다.

만주문자의 외형을 보면 모음과 자음의 결합 형태에서 아라비아글자(Arabic)처럼 단독으로 쓰일 때, 단어 처음 자리에 올 때, 단어 중간에 올 때, 그리고 단어 끝에 올 때에 따라 자모의 형태가 각각 달라지고, 자음과 모음이 결합해서 보다 간단한 형태로 됨과 동시에 다른 음절과의 연서형태로 이루어져 있다. 글 쓰는 방향은 종서이면서, 위아래 글자가 서로 연결되어 연서하는데 연서의 짜임새가 마치 하나의 덩어리 형태로 나타나 있다. 또한 단어에서 음절과 음절의 연결모양이 마치 중간에 큰 줄기 선이 있고 이것을 중심으로 좌우로 가지처럼 뻗어 나와 있으며, 단어의 끝은 마치 한자의 끝에 나오는 휘어지는 글자 모양의 형태를 갖추고 있다.

만주문자의 생성에 영향을 주었던 페니키아글자의 후손글자가 중국의 만주까지 전달된 길로는 동서양의 사람들이 옛날부터 많이 왕래하던 비단길이 그 역할을 했을 것이다. 페니키아글자에서 파생되어 나온 글자들이 '중앙아시아 및 중국을 서양과 연결하는 고대 무역의 루트를 따라'(가

우어:145) 전달되었다는 연구도 있다.

만주문자는 글자를 만들 때에 이웃에 거주하는 몽고인들의 '몽고문자를 차용한 것이고, 몽고문자는 위구르문자를 차용한 것'(성백인. 1985)이니 바로 이웃에 거주하는 민족으로부터 문자를 차용했을 것이라고 쉽게 추측이 가능하다. 또한 위구르 이전의 문자 중에 '소그드 문자는 아람문자로, 아람문자는 페니키아문자로, 이는 또 시나이문자로, 시나이문자는 고대 이집트의 상형문자로 그 계보가 이어지는 것으로 알려져 있다.'(성백인. 1985.60). 페니키아문자가 시나이문자(Sinaic)나 이집트의 상형문자에서 파생되어 나온 것에 대해서는 학자들의 견해가 일치하지 않는다. 확실하다고 생각되는 것은 하나의 자음문자가 기원전 1800년에서 1300년 사이의 어느 때에 지중해 동쪽의 셈족에 의해서 만들어졌다는 것 뿐(가우어:146)이다. 이 책에서는 페니키아글자의 기원에 대한 것은 논외로 하고 페니키아글자가 여러 글자로 파생될 때, 어떤 글자가 어떻게 극동 지역에까지 전파되었고 그 형태는 어떻게 변화를 거듭하다가 만주문자가 되었는지에 대해서만 한정하여 연구하고자 한다.

우선 페니키아글자와 아람문자(Aramaic)와의 관계, 아람문자에서 파생된 글자 중에 동방전파와 관계가 있는 시리아글자, 그리고 몽고문자와 만주문자와의 관계 등을 살펴보고자 한다.

2) 페니키아 및 아람문자와의 관계

셈글자의 조상인 페니키아글자는 초기에 두 방향으로 전파되었다. 하나는 유럽에 속한 그리스의 여러 섬에 전파되어 그리스글자의 기원이 되었고, 그 다음 로마글자로 이어졌다. 다른 하나는 셈족 거주지 주변에서 전파되어 사용되다가 아람문자로 계승된 것이다. B.C. 7세기경 셈글자라고 하면 바로 아람문자를 지칭하는데, 아람(Aram)이란 말은 '고지대 (High-land)'란 뜻이다. 이에 대비되는 말인 가나안(Canaan :저지대(Low-land)) 은 북동쪽에 위치해 있고 아람은 지역적으로 북쪽 시리아의 고원지대와 유프라테스 강과 티그리스 강의 상류지점에 있는 메소포타미아의 언덕에 위치해 있다.

처음 페니키아글자를 만든 사람들은 기원전 1600년경 지금의 시리아 및 레바논 해안 지역에 정착해서 해상무역을 주로 했다. 이들이 사용한 페니키아글자는 초창기 글자와 그 이후의 글자로 나누어지는데 초창기 글자인 모압글자(Moabite 또는 Tyrian)는 기원전 9세기쯤의 것이다. 그 당시 페니키아의 최대 도시인 티르(Tyre)에서 차츰 모압과 시리아 등 내륙 지역까지 사용되었고, 유태인들도 속박시대(Captivity)까지 이 글자를 사용했다. 그리스에 전달된 글자가 바로 이 모압글자였다. 이 글자는 1868년에 독일인 클레인(Dr. Klein)이 모압 지역을 여행 중에 아랍인의 안내로 34줄로 새긴 돌비석(Moabite Stone)을 보게 되어 복사를 했고, 그 뒤에 아랍인이 조각낸 것을 클레몽-가노(M.Clermont-Ganneau)가 원상 복구한 것이다. 이 새김글의 언어는 구약성경의 히브리 언어와 유사했고, 그 내용은 구약성경에 나와 있는 모압의 왕 메사(Mesha)가 이스라엘왕을 배반한 이유를 설명한 것인데 이것이 글자사용의 시기를 추측하는 단서 가 되었다. 즉 기원전 9세기에 지중해 연안에서 기원은 모르지만 글자형 태, 알파벳 순서 및 글자 이름까지 오늘날의 글자처럼 되어있던 거의 완벽한 글자가 페니키아글자인 모압글자였다.

그 뒤 모압글자에서 변화되어 나온 글자가 시돈글자(Sidonian)이다. 이 글자는 기원전 6세기쯤에 시돈과 페니키아의 주요도시들 및 아프리카의 칼타고(Carthage)에서 사용되었다. 이 글자는 신(Baal Lebanon)에게 바치 는 쟁반에 기록된 글자로, 1876년에 클레몽-가노가 키프르스 섬 상인에게서 구입한 청동쟁반 그릇 조각에 새겨진 것인데 이 청동쟁반은 시도니 아왕 히람의 종인 한 칼타고 시민이 그의 신 바알 레바논에 바친 것 (Clodd:133:)이다. 시도니아글자 즉 시돈글자로 쓰여 있었다.

이 시돈글자가 수세기 동안 시리아, 유대, 페니키아 등 여러 각지에서 사용되었지만 세월이 감에 따라 모양이 점차 변화되어 갔다.

페니키아인은 기원전 11세기 전후로 해서 지중해 연안 지역에서 무역을 하면서 그들이 만든 페니키아글자를 각 지역에 전파했으나 그 후에 페니키아는 아시리아의 침공을 받고 국력이 약해지면서 기원전 2세기 말경에 몰락해 갔다. 페니키아가 몰락하면서 그들의 글자도 소멸되어 이웃에 살던 아람인의 언어와 글자가 페니키아어와 페니키아글자를 대신하게 되었다. 지금에 와서는 그들의 자취를 찾기도 쉽지 않고 또 기념비 숫자도 극히 적게 남아있지만 셈글자의 역사에서 아람문자는 아주 중요한 위치에 있다. 셈글자의 역사 연구에서 최초의 셈글자인 페니키아글자까지 중간 다리 역할을 하는 것이 아람문자인데 이 아람문자가 없으면 추적이 불가능하다. 아람문자는 셈글자의 전환기 때의 글자 형태를 가지고 있다. 지금의 셈글자 초서체 글자와 겉보기에는 전혀 닮지 않았지만 이것이 페니키아글자에서 파생되어 나온 글자라는 사실을 설명하려면 반드시 아람문자의 도움을 받아야만 될 정도이다.

페니키아글자와 아람문자의 형태가 뚜렷이 차이가 나기 때문에 구별은 어렵지 않다. 형태면에서 페니키아글자는 글자 모양에 닫친 부분이 많으나, 아람문자에는 열린 부분이 많다. 아래의 도표에서 가장 눈에 잘 띄는 형태로서 beth<b>, daleth<d>, teth<t>, 'ayn< ' >, reš<r> 등의 철자를 비교해 보면 글자 형태에서 윗부분이 열려있는 모습이 기원전 6-4세기 초기 아람문자이다.

표1. 페니키아(북 셈)와 아람문자 형태 비교

원 뜻	명 칭	알파벳 발음	북셈 문자	초 기 페니키아 문자	후 기 페니키아 문자	초 기 알 람 문 자	
						전9~7세기	전6~4세기
소머리	aleph	ʾ	K⅄	⅄	⅄	⅄	⅄⅄
집	beth	b	𝟗	𝟗	𝟗	𝟗𝟜𝟗	𝟜𝟜
낙타	gimel	g	𝟙⋀	⋀	⋀	⋀	⋀⋀
戶口	daleth	d	⊿△	△	ᖯ	ᖯ 𝟜	⊿⊿
?	he	h	⧢∃	⧢	⋺	⋺	⋀⋀
말뚝	waw	w	⅄⅄	⅄	⅄	𝕐⅄𝕐	𝟙𝟙
(하늘?)	zain	z	I	I	⅄	I Z	⅃⅃
(담장?)	heth	h	目目	⊟	目目	目目	⊦ℏ
(보따리?)	teth	ṭ	⊕⊗	⊗	⊖	⊘	⊟
손	yod	y	⅀⋀	⋀	⅀⋀	⅀Z	Z⅀
손바닥	kaph	k	⅄⅄	⅄	⅄⅄	⅄⅄⅄	⅄⅄
막대기	lamed	l	⅃⅃	⅃	⅃	⅃⅃	⅃⅃
물	mem	m	⅄⧢	⅄	⅄⅄	⅄	⅄⅄
물고기	nun	n	⅄⅄	⅄	⅄	⅄⅄	⅄⅄
물고기	samek	s	⅀	⅀	⅀	⅀⅀⅀	⅀
눈	ʿayn	ʿ	O	O	O	O	⊍⅄
입?	pe	p	⅄𝟗	⅃	⅃	⅃⅃	⅃𝟗
?	sade	ṣ	⅄⅄	⅄	⅄	⋀⅄	⅄⅄
원숭이	qoph	q	Φ	Φ	⅄	Φ⅄	⅄⅄
머리	reš	r	⅄𝟗	⅄	⅄	𝟗△	⅄⅄
이 등	šin	š	W	W	⅄⅄	W W	⅄⅄
도장	taw	t	⏦X	X	⅄⅄	⅄⏉	⋀⋀

기원전 9~7세기에 초기 아람문자는 페니키아글자와 비슷했지만 그 이후 상당히 변화된 모습을 보인다. 특히 waw, zain, kaph, reš, taw 등의 철자는 큰 차이를 보이기 때문에 서로 인연이 있다는 것을 알아볼 수 없을 정도다.

간혹 아람인과 시리아인과의 구별에 혼선이 일어나는데 그 원인을 테일러(Taylor:283)는 그리스인들이 시리아인이라고 불렀던 사람들이 실제 그들 스스로는 아람인으로 알고 있었기 때문이라고 했다. 그러나 시리아 언어와 글자는 고대 아람어와 아람문자의 직계자손이다. 시리아에서 기 원전 9세기 이전에 아람어로 쓰인 기록물을 찾을 수 없는데 그 이유는 페니키아만큼 상업이 발달하지도 않았었고, 그리고 여러 개의 아주 작은 나라들로 나뉘어져 서로 세력다툼을 하고 있었기(Drive.119) 때문이다. 가장 이른 아람어의 기록은 기원전 약 850년경에 시리아 북부 도시 알레 포(Aleppo)에서 3가지가 나왔다. 이때의 글자는 아람문자가 일부 사용되 기는 했으나 그 지역의 쐐기문자도 사용되고 있었다. 몇 세기를 걸쳐서 서서히 아람문자가 쐐기문자를 대치하는 양상이었다. 바빌로니아와 아시 리아에서 아람어는 주요내용을 전달하는 도구가 아니라 주요내용의 요약 이나 번역에 사용된 보조역할을 했다. 아시리아의 개인 사업 문서 중에는 글 내용이 아람어로 된 요약문도 있었다. 쐐기문자를 모르는 상인이나 서 기들을 돕고자 아람어로 된 요약문은 필수사항이었다.

아람어가 널리 사용되었다는 증거로 두 개의 기록물이 있다. 이 기록물 은 기원전 495~400년 사이에 쓰인 것으로 그 중 하나는 페르시아 관리 들이 쓴 기록물 모음집으로 가죽에 기록돼 있고, 다른 하나는 공식, 비공 식 기록물로 이집트에 있는 유태인의 식민지인들에 의해 모여진 것으로 파피루스에 기록돼 있다. 특이하게 눈에 띄는 것은 페르시아 다리우스왕 (Darius 1세)의 치적을 세 가지 언어로 기록한 베히스툰(Behistun) 산 새 김글에 있던 아람어의 일부 내용도 적혀 있었다. 이 모든 것은 잉크로 적 혀 있고 고전 아람어로 되어 있었다. 이 모음집은 그 당시의 직업 서사생 들이 쓴 것이었다.

기원전 6~7세기쯤 아시리아에서 점점 아람어 사용이 확대되는 현상을 볼 수 있다. 아람어는 정치적, 경제적 이유로 해서 점차적으로 이웃하고 있는 아시리아어, 바빌로니아어, 히브리어, 페니키아어를 제치고, 셀레우코스왕국(Seleucid:시리아 등 남서 아시아를 다스린 초대 시리아왕국)의 공용어가 되었다. 아람어는 B.C. 6세기부터 그들의 고유 영역을 넘어 외부세계로 세력을 확장해 나갔다. 아람어는 정치적, 경제적 이유로 셀레우코스왕조의 공용어가 되었고, 아시리아어, 바빌로니아어, 히브리어 그리고 페니키아어를 능가했다. 특히 아람문자는 아람어의 영역보다 더 넓은 지역으로 세력을 확장했는데(Taylor:283) 결국에는 북 셈글자 모두를 사실상 대신하게 되었다. 서기 1세기부터 수세기 동안 시리아의 도시 이데사(Edessa)가 북셈의 중심지가 되었고 아람문화의 중심부 역할을 하게 되었다.

아람 글자가 북셈 지역에서 널리 사용되게 된 배경은 경제적인 면과 정치적인 면이 작용했다. 우선 경제적인 면에서 보면 상업의 패권은 초기의 고대 세계에서 가장 우수한 무역업자이자 제조업자인 페니키아인들의 손에 있었다. 이들의 경제적 권위를 이어받을 수 있는 지리적으로 유리한 위치에 있었던 사람은 아람인이었다. 지리적으로 유리한 위치라면 물물교환의 통로가 되는 아람 지역이었다. 초기 고대인들이 만든 물건을 가지고 물물교환을 하기 위해서 반드시 가야할 길은 페니키아의 시돈(Sidon)에서 시리아의 다마스크스(Damascus)이다. 또 다른 길은 시리아의 이데사에서 하마스(Hamath)까지, 그리고 유프라테스 강을 건너서 하란(Haran)까지, 남쪽으로 바빌론(Babylon) 또는 니시비스(Nisibis)를 가로질러 니네베(Nineveh)까지의 통로이다. 이 먼 길의 여정에서 꼭 지나가야 할 지역이 아람인이 장악하고 있던 고원지대였기 때문에 아람인들은 무역 및 상거래에서 매우 유리한 위치에 있었다.

정치적인 면에서 페니키아 도시의 대부분이 아시리아왕에 의해 정복되었는데 특히 네부차드네짜르(Nebuchadueqqar)왕이 페니키아의 중심도시 티르를 점령할 때에 철저히 파괴를 해서 더 이상 경제적 회복이 불가능했다. 이렇게 되자 지중해 해안 도시와 유프리테스 강 유역과의 무역거래는 자연히 아람인 손에 넘어가게 되었다. 따라서 아람의 언어와 글자도 이 셈족 지역 전역에 걸쳐 상업거래의 수단이 되었다. 그 이외 여러 가지 사소한 이유들로 인해서 아람어와 아람문자가 법원, 군, 행정기관에서 공용어와 공용글자가 되었다. 아람문자는 후에 가서 바빌로니아에서도 사용되었다. 후기 바빌로니아왕국에서 공식 언어 중의 하나로 아람어가 인정되었다. 따라서 이 지역에서 옛날부터 사용되어 왔던 쐐기문자와 나란히 아람문자가 아시리아와 바빌로니아제국에서 사용되다가 그 후에 쐐기문자가 사용되지 않게 되자 자연스럽게 아람문자가 대신하게 되었다.

따라서 알렉산더대왕의 정복으로 인하여 고대 세계의 권력구도가 재편되는 과정에서 아람문자는 최대의 경쟁자 유럽의 그리스글자가 사용되지 않는 셀레우코스제국의 대부분 지역에서 사용되었다. 지금까지 발굴된 새김글의 사용지역을 보면 인도와 이집트같이 먼 거리에 있는 지역과 카파도키아(Cappadocia), 아르메니아(Armenia), 페르시아, 아라비아에서 사용되었고, 박트리아(Bactria) 지역에서 나온 동전에서 조차 아람문자가 쓰여 있는 것을 보아 아람문자의 큰 세력을 추측할 수 있다. 세계지도를 펼쳐 놓고 보면 아람문자에서 파생되어 나온 글자들이 라틴글자가 차지하는 면적 다음으로 큰 면적을 차지하고(Taylor:248) 있었다.

(1) 시리아글자와 네스토리우스글자

아람국가가 기원전 732년에 아시리아에게 멸망당하면서 글자도 여러 갈래로 분파되었다. 아람문자에서 파생된 글자는 시리아(Syriac), 히브리

(Hebrew Square script) 및 아라비아(Arabic) 등 큰 세력의 글자와 파르시 (Parsi), 나바타이(Nabataean), 팔미라(Palmyra), 만디교(Mandaic) 및 마니교(Manichaean)글자 등 작은 세력의 글자들이 있다.

큰 세력의 글자 중에서 시리아글자는 동쪽 기독교인들의 글자가 되고, 히브리 글자는 유대교(Judaism)인들의 글자, 아라비아글자는 이슬람교인들의 글자가 되었다. 세력이 작은 글자 중에서 파르시글자는 조로아스터교(Zoroastrianism)의 글자가 되고, 만디글자는 극단적인 기독교적 이교도의 글자가 되었다. 이 글자들은 주로 종교적인 원인으로 파생된 글자로써 점차 환경적 요인이 포함되면서 아시아의 5대 종교 글자로 발전되어 갔다. 세력의 확장지역을 보면 시리아글자는 레바논에서 카스피 해 및 인도의 남서안 말라발(Malabar)까지, 파르시글자는 인도의 문바이까지, 아라비아글자는 메카의 지역글자에서 시작되어 인도네시아, 모로코, 아라비아, 터키, 페르시아, 아프카니스탄, 힌두스타니(Hindustani), 말레이 및 마그레브(Maghreb)까지 확장되었다.

시기적으로 시리아글자는 시리아 문학의 전성기인 2~7세기까지의 글자이고, 고대도시 이데사가 신학교의 중심지가 되었다. 2세기 말쯤 이곳에서 시리아글자로 번역된 성경 페쉬타(Peshitta Version)가 널리 보급되면서 이데사 지역의 말과 글이 이전의 아람사람들에게 널리 알려지게 되었다. 그 이후에 아라비아인이 이데사를 정복하여 이슬람 종교가 전파되면서 아라비아, 시리아 및 아람문자의 메카 형태의 글자와 수세기 동안 사용되어 왔던 이데사글자가 경쟁하게 되었다. 8세기부터 아라비아어가 득세하고 시리아어가 쇠퇴하게 되면서 일반인이 사용하지 않게 되고 종교의식에만 남아있게 되었다. 시리아의 알레포에서는 야콥(Jacobite)교인들이, 레바논에서는 마론파교도(Maronites)들이 지금도 종교의식에서 아라비아어가 아닌 시리아어를 사용하고 있는 실정이다.

시리아글자는 시리아의 문화가 가장 발달된 시기에 사용된 글자가 에스트란겔로(Estrangelo)라는 이름으로 사용되었는데 이 이름은 '복음글자(Gospels)'라는 아라비아 어원에서 나온 것이다. 에스트란겔로의 서체 중에서 언셜체를 시리아인들은 세르타(serta)라고 하는데 그 이유는 후기에 나온 초서체와 구별하기 위해서다. 세르타는 시리아 단어로 '단순한 언셜체'란 뜻이고, 다른 이름으로 페쉬토(Peshito)라고도 하는데, 현대의 로마 소문자에 해당한다. 이 이름도 역시 신앙목적으로 사용된 다소 옛날 이름이고, 정교한 글자를 보통의 글자와 구별하기 위해서 붙인 이름에 불과하다. 현대 시리아글자를 또한 세르타 또는 선상(linear)글자라 부른다. 왜냐하면 글자 형태의 소문자를 서로 묶어 주는 합자나 특징 있는 수평선 때문인데, 이것은 에스트란겔로 철자와 구별하기 위해서 그렇게 이름지은 것이다. 시리아 수서체가 쓰여진 것 중 가장 오래 된 것은 A.D. 411 년쯤의 것이고, 여기에는 에스트란겔로가 아주 완벽하게 나타나 있다.

시리아글자 중에 5세기 말까지는 남아있었던 것은 에스트란겔로뿐이었다. 이데사에서 유행하던 이 철자 형태가 시리아 전지역과 로마와 페르시아 지방에까지 전파되었다. 이런 통일된 형태가 5세기와 그 다음 몇 세기 동안 기독교의 분파 때문에 여러 가지 형태로 변화되었다. 에스트란겔로 대신에 나타난 다양한 초서체 글자는 신학적 논쟁의 영향을 크게 받았다.

시리아글자의 특징을 살펴보면, 알파벳 순서는 히브리글자와 같지만 명칭은 다소 다르다. 또한 아라비아글자처럼 단독으로 쓰이느냐, 어두에, 어중에, 또는 어말에 쓰이느냐, 아니면 다른 문자의 어느 쪽에 연결되느냐에 따라 형태가 달라진다.

5세기 중반에 시리아의 기독교 교회는 교리해석에 따라서 네스토리우스파(동시리아)와 야곱파(서시리아)로 나누어지면서 시리아어도 두 개로 분리되고 서체도 차이가 나게 되었다. 또한 에스트란겔로에서 파생되어 나온 여러 글자들은 거의 기독교의 교파에 따라서 글자체가 조금씩 차이 나게 되었다. 이때의 글자체는 기독교의 각 교파 창시자 이름을 땄다. 즉 네스토리우스(Nestorius)의 이름을 따서 네스토리우스교와 네스토리우스교 글자, 야곱 바라대우스(Jocob Baradæus)의 이름을 따서 야곱(Jacobite)교와 야곱글자, 그리고 마론파(Maronate)교와 마론글자 등으로 되었다. 이 글자들의 발전과정은 사실 사소한 종교적 교리해석 차이 때문에 생겨난 것이다. 이들 글자 중에서 동양의 페르시아로 전파된 글자는 네스토리우스글자이다.

서방파인 야곱교를 살펴보면, 창시자인 야곱은 수사였고 A.D. 578년에 이데사의 주교로 봉직하다 생을 마쳤다. 그의 영향으로 오늘날에도 오티오크(Autioch:고대시리아의 수도)와 이집트 알렉산드리아의 대주교는 야곱교도의 교인으로 책봉된다. 야곱글자는 서시리아글자를 북과 남으로 나누게 된다. 남쪽 팔레스타인이 쓰는 시리아글자는 멜키트(Melchites)로 알려져 있고, 북시리아글자들은 야곱교도가 사용하는 철자가 되었다. 현대 야곱교도의 글자는 시리아 교회의 알파벳을 계승하고 있다. 이 알파벳은 레바논의 마론파교도의 알파벳과 거의 같다. 이것들은 현대 시리아글자 즉 페쉬토나 세르타라고 한다. 6세기 쯤 야곱교의 재 부활이 서쪽 시리아글자를 북쪽과 남쪽으로 둘로 나뉘게 했다. 정교회(Orthodox Church)와 교류하면서 남쪽의 팔레스타인 지역에 있던 시리아인들은 멜키트교도(Melchites)라 하였다. 북쪽의 시리아인들은 야곱을 추종했는데, 야곱은 이데사의 주교가 되었다. 직계라인으로 보면 시리아교회와 현대 야곱교도들은 지금 오티오크의 대주교하에 있었다. 이 형태는 현대의 오티오크의 대주교의 영향을 받은 형태의 후예이고 그 후 12-13세기 야곱알파벳을 나타낸다. 팔레스타인의 멜키트교도들이 사용하는 글자 서체 중에서 언셜체와 초서체가 있다. 언셜체는 고대 수서체에서 발견되며 이것은 6-7

세기경에 속한 것이고, 초서체는 11-14세기경 니트리아(Nitria) 등지에서 여러 가지 수서체로 남아있다. 언셜체 멜키트교도 글자는 팔레스타인계 시리아글자로써 에스트란겔로의 옛 모습을 거의 완벽하게 가지고 있다. 그리스 정교회와 교류했던 유일한 시리아인들이 바로 멜키트교도들이기 에 비잔틴 영향을 받은 것이다. 후기 초서체 멜키트교도 글자는 팔레스타 인계 시리아글자와 같지 않고 모든 시리아글자 중에서 가장 퇴락된 형태 로 남아 있다.

　네스토리우스교를 살펴보면, 그들의 대의명분을 존중해주었던 페르시 아의 사산조왕조는 시리아에서 네스토리우스교도가 쫓겨나오자 이들을 받아들인 것은 물론이고 페르시아 안에서 네스토리우스교를 배척하는 무 리들을 모두 쫓아내 주었고 교리전파와 정착을 전폭적으로 도와 주었다. 그래서 페르시아에서 기독교인이라고 하면 네스토리우스교도를 말할 정 도였다. 페르시아의 사산조왕조는 로마제국과 분리되면서 고대 시리아의 이데사 문화와 동방교회 즉 네스토리우스교를 받아들였다. 이때부터 시 리아글자는 서방(야곱파)과 동방(네스토리우스교파)으로 갈라져서 독립 적인 발달을 하게 되었다. 네스토리우스교는 초기부터 그 당시 유행하던 에스트란겔로의 글자 형태를 그대로 받아서 그들의 글자로 채택했다. 그 래서 네스토리우스교의 글자는 6세기 에스트란겔로 형태와 별 차이가 없 다. 지금까지도 네스토리우스교도들은 이란의 북서부 아제르바이잔에서 좀 더 초서체 형태로 변했을 뿐 가장 옛날의 에스트란겔로 형태를 그대로 사용하고 있다.

　네스토리우스교도들은 페르시아의 지원을 받아 중앙아시아등지에 종 교를 전파할 수 있었다. 네스토리우스교는 선교 사업에 적극적으로 열중 하여 9세기에 그들의 글자를 인도까지 전파했고 선교사들을 터키, 중앙 아시아, 중국에까지 파견했다. 이 영향으로 위구르, 몽고, 칼묵(Karmuk)

및 만주족들은 시리아 에스트란겔로에서 약간 변형되거나 거의 같은 네스토리우스글자를 기본으로하여 글자를 만들게 되었다. 물론 이들 글자들은 에스트란겔로에서 변화된 형태나 위장된 형태로 만들어져 있기 때문에 이 글자들을 조심스럽게 분석하지 않으면 네스토리우스글자와는 인연을 찾기 어렵다. 이들 기독교 교파 중에서 이슬람교를 제외하고 네스토리우스교만큼 단일 교파로서 글자의 전파에 큰 영향을 끼친 교파도 없었다.

(2) 네스토리우스글자의 동양전파와 몽고문자의 생성

알타이어를 쓰는 중앙아시아 민족이 사용한 알파벳은 모두 3가지 종류가 있었다. 첫째로, 페르시아지역에서 온 네스토리우스교도 선교사들이 전한 시리아글자이고, 둘째로, 티베트의 불교도들이 전한 인도글자, 셋째로 이슬람교도들이 가지고 들어온 아라비아글자이다. 이 세 글자는 종교의 전도 목적으로 종교와 같이 중앙아시아로 유입된 것이다. 샘손(Sampson:16)이 주장한 '글자는 종교를 따라 다닌다.'라는 말이 여기에 꼭 들어맞다. 이는 정치적 또는 군사적인 영향보다는 종교적인 영향이 글자전파에 강력한 영향을 끼친다는 것을 볼 수 있는 좋은 예가 된다.

이 지역에는 다소 공격적인 기독교 선교활동이 전개되었는데 이는 문자 전파에도 크게 영향을 끼쳤다. 우선 5세기에 창시된 네스토리우스교의 선교사들이 네스토리우스글자를 가지고 시리아의 니시비(Nisibis)를 출발해 페르시아 사산조왕국에 선교하고 7세기쯤 카슈가르(Kashgar: 현 중국의 서쪽지역의 도시)에 도착해 그곳을 선교 중심지로 삼았다. 이웃에 거주하고 있는 위구르족의 한 일파인 타르타르(Tartar:위구르:터어키계)) 족에게도 선교를 했다. 8세기 초에는 헤라트(Herat: 현 아프카니스탄의 주도), 사마르칸트(Samarkand: 현 우즈베키스탄의 도시), 그리고 중국까지 포함된 네스토리우스교의 대교구가 설립됐다. 타르타르족들이 네스토리우스교와 글자를 받아들이고 난 뒤에 몽고족도 그 글자를 받아들였기에 타르타르알파벳과 몽고알파벳은 본질적으로 동일하다. 네스토리우스교가 중국까지 선교했다는 증거(Taylor:299)는 1625년에 발견됐다. 중국에서 흙에 묻힌 새김글 판이 발견되었는데, 그 판은 가로 6피트, 세로 3피트의 돌판이고 그 표면에 새김글이 있었다. 기록된 날짜는 A.D. 781년으로, 한자로 쓰여진 기독교 교리 요약문이 있었고, 말미에 네스토리우스 대주교, 주교 및 여러 성직자 이름이 시리아글자 에스트란겔로로 쓰여 있었다.

타르타르족 중에서 비교적 문명이 발달된 부족은 위구르족이었다. 이들은 보카라(Bokhara: 현 우즈베키스탄의 주도) 지역을 중심으로 거주했고, 이들이 중앙아시아에서 네스토리우스교글자를 제일 먼저 받아들여 이 글자를 조금 변화시켜 위구르글자를 만들어 사용했다.

그 뒤 13세기에 몽고의 징기스칸(Chingiz Khan)과 그의 후계자들이 이곳을 점령하면서 이 지역 거주 위구르인들에게 비서, 의사, 참모 등의 역할을 주게 되었다. 몽고족은 광대한 영토를 무력으로 확보했지만 이 지역 통치를 위해 의사소통 할 매개체인 글자가 필요했다. 거기에 알맞게 응하게 된 것이 위구르글자였다. 위구르족이 비록 몽고족, 칼무크족 및 만주족보다 더 미개한 부족이었지만 그들의 글자가 이들 여러 민족의 조상 글자가 되었다. 칼무크족은 몽고족의 일족으로 서부 몽고에 거주했고, 그들의 거주지는 러시아혁명 후 칼무크 자치공화국이 되었고 그들의 글자는 몽고문자를 기초로 해서 1648년에 (자야 판디타) 만들었는데 몽고문자보다 훨씬 우수하다(김승일, 1997)는 평가가 있다. 13세기쯤 터키와 몽고족 가운데 많은 기독교도들이 있었으나 이슬람교도의 진출로 인해 차츰 기독교가 쇠퇴해갔고 불교도 감소했다. 위구르족의 글자는 아라비아글자로 대치되었다.

최근에 비문학과 언어연구에 아주 귀중한 자료인 위구르글자 필사본이 발견되었다. 이 필사본은 11세기에 작성된 타르타르족의 시(詩)를 15세기에 필사한 것이다. 이 필사본은 쿠다트쿠 빌리크(Kudatku Bilik)라 하는데 이 시는 길이가 제법 길고, 내용은 여러 가지 상황에 놓여있는 다양한 사람들의 성격, 의무, 미덕 등에 관한 것이다. 이 쿠다트쿠 빌리크 시는 터키부족이 이슬람교로 바꾼 후에 생겨났지만 그 내용은 이슬람교로 개종하기 전의 생각과 도덕 등을 표현하며, 특히 중앙아시아의 원시 종교에 대해 알려주고 있다. 이 시는 타르타르족 언어로 된 가장 오래된 것일 뿐만 아니라 터키 어군에서 중요한 위치를 차지하고 있다. 그 중요성은 인구어 게르만 어군에서 동·서·북 게르만어로 나뉘어졌는데 울필라(Ulphilas)가 성경을 동게르만어로 번역해놓은 것만이 남아있어 그 당시의 동게르만어를 알 수 있게 한 것과 같은 비중을 갖는다. 이 시에 쓰인 글자모양에서 쿠다트쿠 빌리크는 네스토리우스교 글자의 가장 초기에 속하는데, 이 시가 결국 네스토리우스교 글자와 몽고문자 사이의 중간 연결고리 역할을 해 주게 됐다.

몽고족이 역사상 알려진 것은 중국의 북위(北魏)시대이고, 중국의 당나라 시대에는 몽골('mong(ɣ)l)이라는 명칭이 나온다. 원나라 때부터 몽고(蒙古)로 표현하게 되었다. 포페(Poppe:1955:23)에 의하면 원래 몽고어는 동몽고어군에는 다구르(Dagur), 몽구오르(Monguor), 동몽고(현재의 내몽고와 외몽고의 언어가 여기에 속함)의 세 가지 방언이 있었고, 서몽고어군에는 모골(Mogol), 오이라트(Oirat), 칼묵(Kalmook)과 같은 세 가지 방언이 있었다.

몽고문자는 그 발생과정은 한 가지의 글자보다는 여러 글자가 복합적으로 기여했을 것으로 생각된다. 첫째, 페르시아를 중심지로 두고 선교활동을 한 마니교와 네스토리우스교는 중앙아시아를 선교하면서 여러 글자들과 함께 소그드어, 위구르어 등을 표기하는데 차용되었을 것이다. 특히 페르시아 종교지도자 마니(Mani)는 시리아글자를 개조해서 마니글자를 만들어 페르시아의 팔라비(Pahlavi)어에 적용시켰고, 이 마니글자를 차용한 소그드인들은 그들의 언어표기에 알맞도록 고쳐 소그드어를 표기 했으며, 중앙아시아 터키계 사람들도 사용하게 되었다. 소그드어는 이란계 언어로서 그 표기 글자는 시리아계열에서 나왔고 구조적으로 순전히 자음문자로만 구성된 17개의 단자음과 특수기호 2개로 구성되어(가우어:168)있었다. 위구르글자는 8세기경에 소그드글자의 후기 형태에서 발달되어 나왔는데 17세기 후반까지 사용된 것(가우어:169)이고, 투르키스탄(Turkistan)의 터키계 불교도들이 사용했다. 둘째, 위구르글자는 소그드글자뿐만 아니라 그 지역에 전파된 네스토리우스교도 글자의 영향도 받았는데 이 위구르글자를 차용해서 몽고문자가 만들어졌다는 것은 이미 널리 알려진 사실이다. 12세기까지 몽고인들은 글자를 가지고 있지 않았다. 그래서 징기즈칸이 몽고제국을 건설하여 여러 민족을 다스리면서 글자가 없는 것에 크게 불편함을 겪고 있었다. 위구르문자를 차용한 동기는 징기즈 칸이 서쪽의 위구르족이 거주하는 곳을 점령하고 보니 그들은 비록 미개하지만 글자를 가지고 있었던 것이다. 그래서 왕자와 귀족들에게 위구르족의 글자를 배우도록 했다. 그래서 그곳 지식인들을 몽고정부에 대거 채용하고 위구르글자를 토대로 하여 몽고어를 표기하도록 했다. 이 것이 몽고인들이 글자를 접하게 된 시초이며 위구르글자를 기초로 하여 글자를 만들게 된 계기가 되었다.

몽고족이 위구르문자를 차용하여 쓴 기록 중에 가장 오래된 기록은 1225년경에 세운 징기스칸의 조카 이숭거(Yisünggee)의 기념비(성백인:60)에 있다. 처음에는 위구르문자를 차용하여 몽고어를 표기했으나 몽고어 표현에 어려움이 많아 몽고어에 알맞은 문자를 첨가하여 몽고인들이 쓰기에 편리하도록 고쳤다. 이렇게 만들어진 위구르식 몽고문자는 17세기 초까지 사용되었고, 그 이후에 글자 형태가 새로운 모습으로 변화되었는데 이것이 현대 몽고문자다.

몽고족이 차용해 사용한 위구르글자는 근본적으로는 시리아글자를 토대로 만들어진 글자인 소그드글자와 네스토리우스교도 글자에서 만들어진 것이다. 아람문자에서 파생되어 나온 시리아글자를 어족이 다른 알타이어인 위구르어나 몽고어를 표기하는데 알맞도록 다듬는 데에는 상당한 변화가 불가피했다. 셈족 글자인 시리아글자는 자음으로만 구성된 반쪽짜리 글자이기 때문에 모음을 필요로 하는 알타이어족에 속한 위구르글자와 몽고문자를 만들려면 우선 모음글자부터 만들어야만 했다. 그리하여 그리스인들이 페니키아글자를 도입해 그리스어를 표기하고자 할 때에 경험했던 일들과 거의 비슷한 과정을 겪었다.

위구르족이나 몽고족은 글자 창제에 있어서 그리스인들처럼 모음과 자음을 만들고 다듬는데 현명하게 대처하지 못해 우수한 글자를 만들지는 못했다. 위구르인들이 처음 모음을 만들어 사용했으나 불완전한 것이었다. 그리스인들의 모음 만드는 과정과는 비교도 안될 정도로 저급한 수준이었지만 몽고인들은 몽고문자를 만들 때에는 위구르글자와는 몇 가지 차이점이 나도록 했다. 우선, 위구르글자와 시리아글자는 오른쪽에서 왼쪽으로 횡서했고, 글줄의 방향은 위에서 아래였다. 그러나 몽고문자는 위구르글자체를 90도 좌로 돌려서 위에서 아래로 종적으로 썼고, 필서 방향은 왼쪽에서 오른쪽으로 향하게 했다. 몽고문자의 특징은 이렇게 쓴 글줄을 90도 우로 돌리면 위구르 글줄이나 시리아 글줄과 같은 모양을 갖게 된다는 것이다. 몽고문자는 종적으로 글을 쓰는 것은 한자와 같으나 다른 점은 한자는 오른쪽에서 왼쪽으로 향하여 글줄을 써나가는 반면에 몽고문자는 왼쪽에서 오른쪽으로 향한다. 그 다음으로 위구르 모음에 모음 하나를 더 첨가했다. 위구르글자에는 a, e음과 o, u음을 각각 하나의 철자로 표현했지만 몽고문자에서는 e음을 표현하는 철자를 별도로 만들어 a, e음을 각각 달리 표현하게 했다.

몽고문자를 만드는 데에 네스토리우스교 글자나 위구르글자보다는 시리아글자의 영향이 더 컸다는 주장이 있다. 테일러(Taylor:310)에 의하면 위구르글자와 몽고문자 모양을 보면 글자들이 네스토리우스교 글자에서 파생되어 나온 것이 아니라는 것을 금방 알 것이라고 했다. 그 이유는 네스토리우스교 글자의 독특한 특징들이 A.D. 9세기 이전까지 만들어지지 않았기 때문에 몽고문자는 네스토리우스교글자 이전의 여러 글자 형태를 차용해 만들었다는 것이다. 6세기와 7세기 에스트란겔로와 팔레스타인계 시리아(Syro-Palestinian)글자가 후기에 나온 네스토리우스교글자보다 더 옛날의 형태로 위구르글자와 몽고문자에 도입됐다는 주장이다. 사실 셈족의 상인이나 기독교 선교사들, 망명 집단들은 그들의 특수한 문자 형태에 대한 지식을 중앙아시아를 거쳐 중국 국경지역까지 대상로를 통해 가지고 갔는데 이들 문자 형태는 아람문자에서 직접 또는 간접적으로 파생된 것(Gaur:166)이었기 때문에 이런 주장이 가능하다는 것이다. 몽고문자의 모음은 위구르문자에서 도입된 것이 분명한데, 소그드문자에도 없었던 모음이 처음 위구르문자에서 발견된 것은 위구르족들이 모음문자를 처음 만들었다는 증거이며 그 후에 몽고문자도 위구르문자의 모음이 더욱 발전할 수 있도록 도와주었다고 본다.

몽고문자 창제에 인도의 문자가 영향을 미쳤는데 여기에는 파스파문자(hP'ags-pa script)와 가릭문자가 있다. 파스파문자는 1269년 쿠빌라이 칸(Kublai Khan)이 위구르글자를 차용해서 몽고어를 표기하는데 미흡함을 느껴서 몽고어를 더 잘 표기하는 적합한 글자를 만들 것을 티베트 출신의 승려 팔사파에게 명했는데 팔사파는 인도글자에 기본을 두고 만든 티베트문자를 근간으로 파스파문자를 만들었다. 이 문자는 몽고어 표기에 적합하도록 모음표기법을 만들고, 좌측에서 우측으로 횡서하는 방법을 도입했다. 글자 모양은 네모형 안에 넣는 방식인데 1269년에 공포되어 공식문서에 사용되었다. 이 몽고문자가 최종적으로 완성된 것은 14세기 초인데, 이 새로운 문자는 몽고(원나라)의 국가철자로 선포되었다. 이 문자는 몽고어, 한어, 티베트어, 터키어 등을 두루 잘 적을 수 있도록 고안된 표음력이 뛰어난 문자(성백인: 61)이지만 행서나 초서 식으로 날려 써야 하는 것이 어려워서(김승일: 262) 널리 쓰이지는 못했다. 원나라가 망하자 이 글자도 쓰이지 않게 되고 위구르 식 몽고문자가 다시 부활하여 사용되었다. 몽고 가릭글자(Galik=Ka-lekah:인도 Nagari alphabet의 첫글자 Ka와 산스크리트 lekah의 복합어)는 파스파글자 다음에 나온 것으로 1310년에 현대 몽고문자의 원조가 된 글자다. 이 글자도 위구르글자를 일부 개조하였고 티베트문자에서 5개 글자를 더하여 특별한 식별부호를 붙이는 형태로 만들어졌다. 필서의 글줄 방향은 왼쪽에서 오른쪽이고, 그리고 종서로 필서했다(Gaur: 171).

그 다음으로 이슬람교의 아라비아글자가 몽고문자 형성에 미친 영향을 생각해 볼 수 있다. 일부 영향을 준 것은 예를 통해 확인된다. 위구르글자에 첫 모음글자 a와 자음글자 n의 형태를 구별할 수 있는 것은 n 철자 위에 찍은 점때문인데 이것은 아라비아글자의 도입으로 인해 가능했다. 이 위구르글자가 몽고문자를 그대로 이어받음으로 해서 아라비아의 글자의 영향도 몽고문자에 일부 도입되었다.

이렇게 여러 종교에서 사용하는 글자가 몽고문자를 만드는데 보탬을 주었지만 이 몽고문자는 완전한 음소문자이기 보다는 음절문자의 성격을 많이 가지고 있고, 몇몇 글자는 음소적 요소를 가지고 있다. 인도글자는 완전 음소문자도 아니고 완전 음절문자도 아닌 두 가지 요소를 다 가지고 있는 문자이므로 이것도 몽고문자에 영향을 주었다고 볼 수 있다.

따라서 몽고문자는 4개의 서로 다른 종교인 네스토리우교, 마니교, 불교, 이슬람교에서 사용된 글자의 영향을 받아 종합적으로 만들어졌다고 본다.

3) 글쓰기 방향과 초기 문자들

문자발생과정에 글쓰기 방향의 큰 줄기는 크게 3가지였다.

첫째, 서유럽에서 사용하는 로마자의 글쓰기 방향은 B, C, E, F, K, L, P, R 등 철자형태의 열린 공간이 있는 방향에서 힌트를 얻을 수 있고 왼쪽에서 오른쪽 방향의 글자쓰기다.

둘째, 페니키아글자에서 파생된 글자들은 로마자를 제외하고는 히브리 글자의 형태 ה, ל, ך, ך, ך에서와 같이 오른쪽에서 왼쪽으로의 글쓰기이다. 열린 공간이나 글자의 방향을 보아서 오른쪽에서 왼쪽으로 글자를 쓴 것을 알 수 있다.

셋째, 수평적 글쓰기와는 전혀 다른 위에서 아래로의 글쓰기 글자인데 대표적인 것이 중국의 한자이다.

위의 세 가지는 대표적인 글쓰기 방향으로 정착되었지만 글자 발생 초기에는 위의 세 가지 방식을 도출하기 위해서 여러 가지 방식들이 실험되었다. 글쓰기 방향을 조사해 본 가우어(강동일옮김: pp.84-88)는 글쓰기 방향이 모두 14가지가 실험되었다고 한다.

세계 4대 인류문명발생지 가운데 이집트의 상형문자는 가로나 세로로 썼다. 이 상형문자의 글쓰기는 대체로 오른쪽에서 왼쪽이지만 가끔 반대 방향도 선택되었다. 이 상형문자의 새, 사람, 동물들의 몸통 방향이 오른쪽으로 향하고 있으면 글의 시작은 반드시 오른쪽에서 왼쪽(로빈슨:박재욱역: 1995: 94)글이었다. 그리고 그 반대도 마찬가지였다. 그래서 각 문자의 머리가 향하고 있는 방향에서 시작해 반대 방향으로 읽어 나가며, 위부터 내려 읽었다(콜리어 외:하연희역: 1998:11). 메소포타미아문명의 쐐기문자는 왼쪽에서 오른쪽으로 썼다. 쐐기문자를 판독한 영국의 로린슨이 아시리아 쐐기문자를 판독하기 전에 바빌로니아왕 네부차드네짜르의 벽돌이 유럽에서 널리 알려져 있었는데 거기에 쓰인 쐐기문자가 유럽인의 글쓰기 방향과 같은 왼쪽에서 오른쪽으로(Mason: 231) 되어 있었다. 중국의 황하문명의 갑골문이란 한자는 알파벳글자가 아니다. 하나로 된 글자가 아니고 여러 획이 모인 종합적인 모습의 글자다. 지금까지 발견된 한자의 초창기 글자인 갑골문에는 좌우 방향을 구분하지 않았고, 대체로 좌우 대칭형인 두 가지 형태를 갖거나 다양한 방향의 조합형으로 나타났다. 글자체에는 정자체와 간략체 및 다른 형태 등이 존재(최영애:140)하고 있었다. 그래서 한자의 글쓰기 순서는 위에서 아래로 쓰되 좌측부터 우측 방향으로 글자가 시작되었으나 글은 종적으로 적거나 횡적으로 적어도 무리가 없는 글자였다. 초기의 글 쓰는 재료는 주로 비석이거나 갑골 등 이었기 때문에 종적으로 글을 써야 했다. 그래서 글줄은 오른쪽에서 왼쪽으로 향하면서 종서로 적어 나갔다. 갑골문은 단단한 뼈에 칼로 새긴 글자인데 먼저 붓으로 글을 새긴 다음에 칼로 새겼기 때문에 가늘고 빳빳한 직선으로만 새겨졌다(최영애: 139). 이러한 환경에서는 부드러운 곡선이 나올 리가 없었다. 글 쓰는 재료가 뼈나 비석이 아니고, 대나무, 비단, 종이 일 경우는 곡선이 다양하게 실현되었다. 갑골문에 특이한 것은 두 세 글자를 한 글자처럼 모아 쓴 형태의 합문이 있다는 것이다. 예를 들면 七月을 한 글자로 표현하는 방식은 서주시대 이후에 없어졌다가 금세기에 다시 도입되었는데 도량형 단위글자로 영척(英尺)을 하나의 글자(최영애:141)로 쓴다.

그런데 중국의 갑골문에서부터 한자의 글쓰기에 종서의 필서가 나타난 이유가 무엇일까? 정확한 답을 찾을 수는 없으나 추측은 가능하다. 종서로의 필서는 분명히 글 쓰는 재료와 인간의 신체구조와 관계가 있다. 갑골문의 글 쓰는 재료는 갑골이나 기타 뼈 종류였다. 이것 위에 글을 쓸 때에 우선 붓으로 글을 써 놓은 다음에 단단한 기구로 글 써놓은 것을 따라서 새겼다면 우선 붓을 사용할 때의 자세는 오른손으로 붓을 잡고 재료에 붓이 닿는 곳은 왼쪽이 아니라 오른쪽이고, 또한 횡적으로 쓸 때는 손과 팔의 무게중심이 고정되지 않고 오른쪽을 이동하여 붓 잡은 손이 불안하게 된다. 이에 비해서 종적으로 쓸 때에 붓을 잡은 손은 무게중심이 어느 정도 고정되어 있어 안정된 글쓰기가 가능하고 계속 잡고 글쓰기하는 것이 용이하다. 인간의 신체적 조건, 특히 손과 팔의 구조적 자세는 횡적보다는 종적으로 붓을 잡고 글을 쓰면 힘을 줄일 수 있고, 종적인 운동이 횡적인 운동보다 팔을 움직이기 자연스럽다. 또한 글자와 글자를 연결할때 종적으로 연결하는 것이 특히 붓을 사용하면 훨씬 쉬운 한자적 특성과 맞물려 있다. 이렇게 해서 한자의 글쓰기 방향은 하나의 글자 내에서는 왼쪽에서 오른쪽으로, 글은 위에서 아래로 종적 글쓰기가 시작되었다고 추측할 수 있겠다. 이런 종적 글쓰기 형태는 중국을 축으로 하는 주변 국가 글자에 거의 다 영향을 주었을 것으로 짐작된다.

(1) 시리아글자의 종적 글쓰기 실험

한자의 종적 글쓰기의 형태와 유사한 것이 페니키아글자에서 파생되어 나온 시리아글자에서도 발견하게 된다. 원래는 횡적 글쓰기이지만 종적 글쓰기 실험의 시작은 시리아글자 중에서도 팔레스타인계 시리아글자와 야곱글자에서 그리스글자를 이용하면서 시작된 듯하다. 초기 시리아글자는 글자위에 점(points)을 붙이는 관습이 있었다. 점차적으로 점을 찍는 대신에 그리스글자의 모음을 이용해서 글자위에 붙이는 방법이 처음 야곱글자(Taylor: 295-296)에 도입되었다. 야곱글자의 초기글자 표기에서 5개의 모음 a, e, o, i, u이 점으로 표시되던 것을 점 대신 그리스글자를 야곱글자 위에 쓰게 했다. 이렇게 표기된 모음들은 모두 그리스글자 A, E, O, H, Y로서 특이하게도 왼쪽으로 90도 기울여 쓴 것이다. 글자 쓴 방향이 수평에서 수직으로 모두 변경되어 있었다.

네스토리우스파 기독교도 문자(위의 두 줄)와
야곱파 기독교도 문자에 의한 《신약성서》 일부.

이러한 종적 글쓰기 실험의 예가 영국 대영박물관에 소장된 6세기에 쓴 시리아글자의 수서체(British Museum Add. MSS., NO. 14,558, folio 171)에서도 나타나 있다. 이것에는 오른쪽 모서리부분에 메모할 수평모양이나 수직모양의 공간이 생겼을 때에 그리스글자를 횡적이나 종적으로 글쓰고 나서 그 밑에 반드시 90도 왼쪽으로 기울여서 수직형 시리아글자체가 음역된 형태로 나타나 있었다. 그 예에서는 수서체를 쓴 서자생이 빈 공간을 매우기 위해 그리스글자를 쓰고, 그 옆에 그 당시 시리아글자 에스트란겔로로 음역해 써 놓은 글자체가 수직형태이다. 이런 모양은 서자생이 쓴 양피지 책의 줄 선이 수직 위치로 되어 있었음을 보여준다. 그러나 이 종적 글쓰기는 실험으로 끝나고 계속 발전되지 못했다.

(2) 시리아글자의 연서법 도입과 실험

페니키아글자는 인도-유럽어족인 그리스에 전파되어 로마를 거쳐 유럽 각 지역으로 전파되었고, 영국을 비롯한 여러 나라에서 글 쓰는 방향이 원래의 오른쪽에서 왼쪽으로의 방향을 왼쪽에서 오른쪽으로 변화하였을 뿐 동 아시아 쪽으로 전파된 글자에 비해서 변화폭이 크지 않았다. 페니키아를 위시한 셈어족 지역의 글자는 동 아시아로 전파되면서 여러 가지 큰 변화가 일어났다. 그 변화 중에서도 특이한 것은 글자를 붙여 쓰는 연서법이다. 물론 영어에도 필기체가 개발되어 앞 뒤 글자가 연결되어 글자 쓰는 속도가 빨라지도록 할 뿐만 아니라 쉽게 쓸 수 있도록 고안 되었지만 그 보다 더 정교하고, 치밀하게 글자의 형태까지 변화시키면서 글자와 글자의 연결을 이루고 있는 동 아시아 철자의 형태를 살펴보면 그 연결형태가 아주 세밀하다.

연서법이 역사상으로 처음 사용된 것은 이집트에서 사용된 아람문자인데 처음에 3~4개 철자에만 서로 연결되어 사용되었다. 그 뒤에 아람문자에서 파생된 팔미라글자는 12개 철자로 늘어났고 또한 앞뒤 철자와의 연결이 쉽게 되도록 발달되어 나갔으며, 그 후에 시리아의 에스트란겔로에는 모든 철자에서 앞뒤 철자와 연결되도록 확대되었다.

아람문자에서 파생되어 나온 글자는 히브리, 나바타이(Nabataean), 팔미라, 시리아, 만디, 마니교도 글자 등인데 이 중에서 나바타이글자를 사용한 사람들은 아라비아인이고, 시리아에 가까운 북부 아라비아에서 살면서 헬레니즘시대에 지금의 요르단 페트라에 수도를 정하고 왕국을 건설했다. 이 나바타이글자의 특징인 앞뒤 글자끼리 연결된 연서법을 만들었던 것이 연서의 시초(김승일:88)로 볼 수 있다고 하지만 그 이전 아람문자에 이미 예가 나와 있다. 이 나바타이글자에서 파생된 글자가 바로 아라비아글자이다. 그래서 아라비아글자도 연서법이 활발하게 발전하였다. 아라비아글자의 조상인 나바타이글자의 예로 기원전 1세기에 쓴 비명이 페트라에서 발견되었는데 그 예(김승일:88)에서도 연서법을 볼 수 있다.

시리아글자는 나바타이글자에서 직접적으로 연서법을 도입했는데 기원전 1세기에 발견된 나바타이 비명에서 이후 서기1세기에 형성된 것으로 보인다. 에스트란겔로 글자에서 각 철자에 독립형이 있고, 단어의 어두, 어중, 어미에 올 때 각각의 형태에 차이가 난다. 5세기 말까지는 에스트란겔로가 유일한 시리아글자였다. 그러다가 6세기 초에 그 글자를 점차적으로 대치할 보다 초서화된 형태가 개발되었다. 8세기에 와서 에스트란겔로가 사용되지 않게 되자 이 글자는 언셜체 수서체와 장식용 서책에서만 계속 사용되고 있었다. 에스트란겔로 글자와 팔미렌(Palmyrene: 시리아중부의 고대도시)의 팔미라글자는 비문식 서체보다는 학문적 서체로 인식된다. 아람문자에서 팔미라글자가 생겨났지만 시리아글자와 팔미라글자와의 뚜렷한 차이는 A.D. 1세기에 쓰였던 이데사에서 발견된 몇 개의 동전에 나타나 있다. 아람문자에서 시리아글자가 조금 차이가 나는 글자로 발달되기 시작한 것도 1세기 초이다. 시리아글자는 팔미라글자에서 파생되어 나온 글자가 아니고, 공동 조상글자에서 독립적으로 파생되어 나온 것이다. 이때에 모든 초서체 글자에서처럼 글자의 넓이는 커지고, 키는 감소하는 경향이었고, 연서법을 만들기 쉽도록 형태가 변형되었다.

연서법을 사용하게 될 때에 거의 반드시 철자의 근본형태가 변화는 모습은 쉽게 예견되는 일이다. 로마철자 중에서 소문자의 경우와 소문자에서 나온 초서체 형태들은 이러한 영향이 어떻게 작용되고 있다는 것을 정확히 보여주고 있다. 즉 인쇄체 소문자는 단독의 형태를 유지하기 좋게 만들어졌으나 필기체 소문자에서 앞 뒤 글자와 서로 연결해 갈 수 있도록 모양의 변화가 일어났다. 그래서 같은 철자라도 단어 첫머리에 오느냐 아니면 단어 중간에 오느냐 끝에 오느냐에 따라 연결에 사용되는 지점의 모양이 약간 달라진다. 첫머리에 오는 철자는 앞에 오는 철자가 없기 때문에 뒤에 오는 철자와 연결하는 모양만 갖추지만, 중간에 오는 철자의 모양은 앞과 뒤에 오는 철자와 연결할 수 있도록 모양을 만들고, 끝에 오는 철자 모양새는 앞에 오는 철자와 연결하는 모양새만을 고려하고 있다. 그래서 하나의 철자라도 어두, 어중, 어말 중에 어디에 오느냐에 따라서 세 개의 형태를 각각 가지게 된다.

시리아글자가 서부와 동부로 분리되었을 때도 동부의 네스토리우스교 글자를 보면 독립형과 어두, 어중, 어미형의 형태에서 조금씩 차이가 난다. 따라서 네스토리우스글자를 차용한 글자에는 같은 철자라도 어두에 있느냐 어말에 있느냐에 따라서 차이가 있게 된다.

그 예를 보면 다음과 같다. (Taylor:289)

표2. 시리아글자

$$l \quad 'a \quad n \quad k$$

(두 번째 줄에 철자는 어두에 올 때이고, 세 번째 줄에 철자는 어말에 올 때의 철자임)

이러한 형태는 시리아글자에서 파생되어 나온 글자를 기본으로 하여 만들어진 중앙아시아의 위구르문자, 몽고문자 및 극동의 만주문자까지 더욱 발전된 모습을 갖게 되었다.

위구르인은 직접 시리아글자를 접한 것도 있지만, 주로 소그드(Sogd)인의 글자를 참고해서 위구르글자를 만들었다. 소그드문자는 마니교도

글자를 모태로 하여 만든 글자인데 자음글자는 아주 짜임새가 있었지만 모음은 처음부터 만들어야 했기에 그럴만한 능력이 없는 민족에게는 역부족이었다. 처음 모음글자를 한두 개 만들었지만 어설프고 부족한 면이 있었다. 예를 들면 모음 o는 두 개 이상의 음을 나타내도록 해서 해석에 혼란이 생기게 되었다. 글 쓰는 방향은 셈족의 글자들처럼 오른쪽에서 왼쪽으로 횡서를 했고, 어두, 어중, 어미 등 단어의 위치에 따라서 글자모양이 다른 연서법을 채택했었다.

소그드글자를 차용해서 위구르글자를 만든 위구르인들도 그들이 필요한 모음을 만들었으나 소그드글자와 같은 결점을 가지고 있다. 물론 위구르글자도 연서법을 채용했다. 위구르글자는 11세기 후반에 쓰여진 문학작품인 쿠타토크 빌리크에 보면 철자가 단어의 어두, 어미에서 각각 형태가 변화되었다.

이 위구르글자가 몽고의 각 부족에게 전파되어 사용되면서 여러 가지 변화가 생겨났다. 특히 글자 쓰는 방향에 큰 변화가 일어났고, 연서법은 더욱 발전되었다. 우선 글 쓰는 방향이 횡서에서 종서로 바뀌는 큰 변화가 나타났는데 위구르 글자체를 90도 왼쪽으로 돌려서 쓰는 변화였다.

몽고문자에는 시리아글자에서 이미 연서법이 개발되어 단어의 어두, 어중, 어미 등에 형태를 변형시켜 가능한 앞뒤의 철자와 연결이 쉽도록 개발한 것과 또한 필서 할 때에 종서로 하면서 수평글자를 90도 왼쪽으로 기울여쓰도록 실험한 결과가 거의 모두 도입되었던 것이다.

4) 몽고문자의 모음과 자음 만들기

표3. (김승일역:108)
위구루식 몽고 문자

명 칭	알파벳	위구르식 몽고문자			고대몽고 어음가	발 음	모음의 성별	근 대 몽 고 문 자		
		어두	어중	어미				어 두	어 중	어 미
āleph	ˋ	϶	◄	]]	a	a	남	┥(┥)	┥(┥)	～]～(ˎ)
—	ˋ	◢	◄	]]	e	e, ö, ü	여	◄(┌)	◄(┑)	～]～(ˎ)
yod	y	◢	◢	]	ï, i	i	중	⅄(⅄)	ᄀ(ᄀ)	⊃⊂(⊃)
waw	w	ᄘ	◻	ᄴ	o, u	o, u	남	◻(ᄘ)	◻(ᄛ)	ᄀ(ᄛ)
—	w	ᄘ	◻	ᄴ	ö, ü	ö, ü	녀	ᄘ(ᄘ)	ᄘ◻	ᄀ(ᄛ)
nūn	n	◡◡	┥⊦	]]]	n	n		┥⊦(┳)	┥⊦(┳)	～┻┪(ᄼ)
nūn+kāph	nk		ᄼᄼ	]	ng	ŋ			ᄼ(ᄼ)	ᄼ(ᄼ)
hēth	ϒ	ϟ	ϟ		q→χ	χ(kh)	남 선행한다 모음성이	ϟ(ϟ)	┥(┥)	(ϟ)
	ϒ	ϟϟ	ϟϟ	ϟϟ	ϒ, g	g, ɣ		ϟ=ϟ(ᄛ)	┥┥(ᄘ)	ϟϟ(ᄘ)
pē	p	ᄱ	ᄱ	ᄴ	p, b, w	b, β	에	ᄱ(ᄱ)	ᄱ(ᄱ)	ᄀ(ᄱ)
šin	š(s)	ᄉ	ᄉ	～ᄉ	s	s		ᄉ(ᄉ)	ᄉ(ᄉ)	ᄉ～(ᄉ)
	š	ᄉ	ᄉᄉ		š	ʃ		ᄉ(ᄉ)	ᄉ(ᄉ)	ᄉ(ᄉ)
taw, dāleth	t, δ	ᄋ	ᄼᄫ	ᄛᄝ	t, d	t, d		ᄽᄋ(ᄝ)	ᄽᄋ(ᄝ)	ᄝᄝᄽ(ᄝ)
lāmedh	l	ᄂ	ᄂ	ᄂ	t, l	l		ᄂ(ᄂ)	ᄂ(ᄂ)	ᄂ(ᄂ)
mēm	m	ᄉ	ᄉ	ᄉ	m	m		ᄊ(ᄈ)	ᄊ(ᄈ)	ᄼ(ᄈ)
ṣādhē	č	ᄂ	ᄂ	ᄂ	č, ǰ	ts,tʃ; dz,dʒ		ᄂ(ᄂ)	ᄂ(ᄂ)	(ᄂ)
yod	y	ᄀ	ᄀ	]	ǰ, y	dz, dʒ, j		ᄀ(ᄀ)	ᄀ(ᄀ)	⊃(ᄀ)
kāph	k	ᄀ	ᄀ	ᄀ	k, g	χ, g 여성모음에 선행한다		⊃(⊃)	⊃(⊃)	⊐(ᄀ)
rēš	r	ᄀ	ᄀ	ᄀ	r	r		ᄀ(ᄀ)	ᄀ(ᄀ)	ᄀ(ᄀ)
bēth	β	◻	◻		v, w	w		ᄂ(ᄂ)	ᄂ	
신 몽고 자음 {					(p)	p		ᄵ	ᄵ	
					(ǰ)	dz, dʒ		(ᄀ)		
					(h)	h, χ		ᄸ		

위구르식 몽고문자에는 7개의 모음이 있다. 이 모음은 위구르글자에
있던 모음에 더하여 시리아글자에 있던 기음과 모음에 가까운 발음을 가
진 반모음을 모음으로 만들었다. 모음 a와 e의 글자 형태는 aleph에서, 모
음 i는 yod에서, 그리고 단모음 2개 ŏ, ŭ, 장모음 2개 ō, ū를 만들었는데
이것은 waw(o)에서 발달되어 왔다.

이 모음 중에서 a, e, i 등 3개는 거의 독립적인 음가를 가지고 있었지

만 나머지 o와 u, ö와 ü 등은 같은 글자로 발음차이를 나타내기 때문에 완벽한 모음 역할을 할 수 없었다. 위구르문자에서는 a, i, o 등 세 가지 모음을 가졌지만 몽고문자에서는 e 모음 문자를 독립문자로 만들었기에 진일보했다고 볼 수 있다.

또한 새로운 자음 글자를 만들지 않았고 이미 있는 여러 글자 중에 필요한 자음과 비슷한 자음을 조금 바꾸어 차별화시켜 만들었는데 이 방법은 그리스에서 이미 사용한 방법이었다.

첫째, 시리아 철자 Ssādhē[ṣ]의 형태는 위구르 철자 ㄷ이 되고, 이것이 몽고문자에서 두 가지 음가인 ts와 ʧ을 가지게 되었으며 뒤에 가서 철자 3개가 되었다. 즉, ch, chh, zh 등이다.

둘째, 시리아글자 yodh[y]가 위구르글자에서 i와 y 등 두 가지 음을 표현했지만 몽고철자에서는 4개의 글자로 만들었는데 즉 i, j, y, jh 등이다.

셋째, 시리아철자의 4개의 치찰음(sibilants) 중에 2-3개가 위구르철자에 도입되었고, 이 4개는 몽고철자에서 10개로 발전되었다.

넷째, 시리아철자 p는 몽고문자에서 p, b, v 등 3개의 철자로 만들어졌다.

다섯째, 시리아철자 b는 몽고철자에서 w, f 철자를 만들어 냈다.

여섯째, 22개의 시리아철자 중에서 여러 철자가 처음에 사용되지 않았고 살아남은 철자들에 약간씩 차이를 주어가면서 두 배 이상의 철자를 만드는데 가담하였다.

이런 방식으로 시리아글자 17개 내지 18개에서 30개 내지 40개의 몽고문자가 만들어졌다.

이렇게 만들어진 몽고문자는 몽고어를 표현하기에 여러 가지 불편한 점이 있었다. 그 예로 o와 u, k와 g 등은 철자를 같이 사용해서 변별력에 어려움이 있었고, 철자의 수도 부족했다.

5) 몽고문자의 도입과 만주문자의 생성

중국 동북지방에 거주하던 여러 민족 중의 하나가 여진족인데 이들의 선조는 숙진, 물길, 말갈, 여진 등으로 불리다가 뒤에 가서 여진이란 이름으 통용되었다. 11세기 중국 동북 하얼빈 근처에 살고 있던 완안씨가 세력을 규합해서 부족을 처음으로 통일했고, 1115년에 완안 아골타가 금(金)나라를 세워 요나라를 멸망시켰지만 오래가지 못하고 1234년 몽고에게 멸망당했다.

금나라시대에 사용된 글자는 거란문자를 도입하여 사용한 것이었지만 1119년 완안 희윤이 여진대자(大字)라는 글자를 만들었고, 그 뒤 1138년에 여진의 희종대왕이 직접 여진소자(小字)를 만들어 1145년 이후까지 사용하였다. 이 여진문자는 한자와 같은 모습인데 발음, 문법이 분명치 않아 완전히 해독되지 않으며 대자와 소자의 구별도 밝혀지지 않았다. 한자처럼 위에서 아래로 쓰고, 글줄의 방향도 우측에서 좌측으로 했다. 정치적으로 17세기 중엽 명(明)나라가 쇠퇴하자 이 여진문자도 명나라 말기에 여진인들이 몽고문자를 도입해서 여진어를 기록하면서 사라졌다.

그 뒤에 명나라가 쇠퇴하자 동북지방에 새롭게 세력을 규합한 여진족(滿族前身)은 동북지역을 차지하기 위해 명나라와 다툼을 했고 여진의 부족장 누루하치(Nuerhachi)가 후금(後金)이라는 나라를 세웠다. 1616년에는 대금(大金)이라 개명하고 누루하치는 자신을 천명금국한(天命金國汗)이라 부르게 했다. 1626년 8월 누루하치가 세상을 떠나고 그의 8번째 아들 황태극이 왕위를 계승하면서, 그의 정권을 천총(天聰)이라했다. 태종 황태극은 정치적 이유로 여진족이 거주하는 지역을 만주(滿洲)라 칭했고, 여진족을 만주족이라 부르게 했는데(愛新覺魯:1983:3) 간단하게 만족이라 하고 언어를 만어라고 했다. 글자를 만문이라고 한다. 이 여진족은 퉁구스족 일파이고, 언어는 몽고어, 한국어 등과 마찬가지로 알타이어족에 속하여 언어형태도 한국어와 같이 교착어에 속한다.

태조 누르하치는 1599년에 갈개(噶盖) 등에게 몽고문자를 차용하여 만주문자를 만들도록 지시해서 만든 것이 노만문(老滿文)이다. 몽고문자를 차용했다고 해서 처음부터 철자모두를 획하나 틀리지 않고 그대로 수용하지는 않았을 것이다. 몽고어 발음에 알맞은 철자가 만주어에는 그 발음이 없을 때에는 도입하지 않았을 것이다. 따라서 노만문 초기부터 약간의 차이는 있었다. 첫째, 몽고문자 h, š, p음 표기는 노만문에 사용되지 않았다. 대신에 노만문에서는 h는 k와 g와 같은 철자로 표현했고, š 는 s나 si로 나타냈고, p는 차용어나 의성어 표현하는데 적용했지만 철자모양은 다른 형태로 했다(성백인: 274)고 한다. 둘째, 몽고문자를 도입했으나 노만문에서는 다른 음을 표현했다. 몽고어 o, u를 표기하는 철자와 ö, ü를 표기하는 철자로 만주어의 o와 u를 구별해서 표기하려는 시도(성백인: 276)가 있었다. 노만문에서는 o와 u를 원순모음을 나타내는 두 개의 몽고문자 o, u와 ö, ü는 노만문에서는 그대로였으나 신만문에서 차이가 나게 o, u, ū 등 세 가지 원순음 표현에 사용되었다. 자음에도 몽고문자에 k와 g, t와 d 등이 동일한 글자로 표현되기 때문에 몽고문자를 쓸 때와 같은 불편함이 노만문에 따르게 되었다. 또한 '타, 따'가 다같이 '타'로 쓰였기 때문에 구별이 되지 않았다. 노만문에는 원(o)이나 점(.)같은 것이 없어서 이것을 무권점(無圈点)문자라고도 부르며 1599년부터 1632년까지 32년간 사용되었다.

뒤에 가서 점을 찍어 '따'를 '타'와 분리해서 읽을 수 있도록 해야할 필요성이 제기되어 1632년에 청나라 태종인 황태극이 다하이(達海)에게 명하여, 무권점 노만문에 원과 점을 찍어서 글자는 같으나 소리의 다름을 구별해 내는 방법을 고안해 내었다. 이것을 신만문(新滿文) 또는 유권점

(有圈点)문자라 했다.

만주족이 명나라를 정복한 이후, 만주문자의 방향은 어떻게 되었는가? 처음에는 한족에게도 만주문자 쓰기가 강요되었다. 만주족이 명나라를 멸망시키고 청나라를 세워 처음에는 한족출신의 관리들에게도 만주문자를 배워 사용하도록 강요했다. 그렇지만 결국에 가서 만주문자는 청나라의 국가 글자로 선택되지 못했다. 그 이유는 여러 가지가 있겠지만 글자 자체만으로 볼 때 발음 구별이 잘되지 않은 불완전한 글자였을 뿐만 아니라 만주족이 가진 문화가 명나라의 한족 문화에 비해서 저급했기 때문이다. 한족의 문화는 오랜 기간 갈고 닦아 온 것이라 고급 한자문화로 등장했다. 심지어 만주족 출신 통치자들조차 한족 말을 배우고 한자로 글을 쓸 정도였다. 건륭황제는 한자로 시를 짓기도 했다. 그리고 소수의 저급한 문화를 소유한 만주족이 다수의 높은 수준의 문화를 갖고 있는 한족의 한자를 제압하기는 역부족이었다. 그러다 보니 만주족 문화가 한족 문화에 흡수되어 세월이 가면서 자연히 만주족의 언어와 글자가 소멸하게 되었다.

(1) 만주문자의 모음과 자음 만들기

신 만주문자의 모음은 6개, 자음은 19개, 한자에서 차용한 자음 3개, 특징 있는 철자 10개까지 합하면 총 38개가 된다. 그러나 이 문자도 몽고문자와 같이 완전한 음소문자의 단위가 아니라 음절 문자적 속성(성백인:70)을 일부 지니고 있었다. 만주문자는 기본형이 있지만 단어의 어두, 중간, 끝에 올 때, 각각 다른 꼴로 바뀐다. 이것은 시리아, 위구르, 몽고 글자와 같은 모습이다. 글쓰기는 위에서 아래로 쓰면서, 왼쪽부터 오른쪽으로 향하여 써나간다.

① 모음 만들기(노만문)

노만문에 모음은 a, e, i, o, u(5개)이다. 하나의 모음이 단독으로 쓰일 때, 단어 첫머리에 쓰일 때, 단어 중간에 쓰일 때, 그리고 단어 끝에 쓰일 때 등 4가지 형태가 있다. 5개 모음의 형태에서 기본이 되는 글자는 e음의 어두 글자형태이다. 좌로 90도로 획을 일단 넣고 그 다음에 획 중간에서 수직선을 넣으면 e글자의 어두형이 된다. 여기에서 여러 가지 획을 첨부하면 a, i, o, u 등의 어두글자가 형성된다.

첫째, a가 어두에 쓰일 때는 독립적 형태. 어두가 아닌 자음+모음의 환경에서는 자음 철자가 k, g, h일 때 모음 a는 모음 e형태와 차이가 나지만 그 외는 e와 같다.

둘째, e는 어두에 모음이 오는 음절에서만 a와 다르다. 어두가 아닌 자음+모음의 환경에서 자음이 k, g, h가 올 때만 a와 다르게 쓴다.

셋째, i음의 철자는 완전 독립되어 사용된다.

넷째, o는 어두의 위치에 있을 때에만 u와 다른 형태가 된다. 몽고문자의 o, u자는 노만문에서는 o철자로, 몽고문자의 ö, ü철자는 노만문에 u철자로 쓴다.

다섯째, u는 몽고문자의 표기 ö, ü를 하나의 철자로 표기한다.

여섯째, ū는 만주문자 사전을 보면 대부분은 12개 글자를 사전의 순서로 배열하고 첫 글자부터 모음과 자음을 합쳐서 철자하면 음절이 된다.

② 자음 만들기(노만문)

자음은 거의가 몽고 문자를 그대로 따랐다.

첫째, k, g, h는 하나의 문자로 표기된다.

둘째, b와 p는 하나의 표기이고, 유권점 만주문자에서는 b로 표기된다.

셋째, s는 š와 처음에 같이 표기했으나 유권점 만주문자에서는 형태가 구별되는 다른 문자로 쓰인다.

넷째, t, d는 무권점 만주문자에는 구별되지 않았으나 유권점 만주문자에서는 권점에 의해서 구별된다.

다섯째, l은 독립적인 자형을 가지고 있으나 어말에 사용되지 않는다.

여섯째, m도 독립적인 형태를 가지고 있고, 어말에는 사용되지 않는다.

일곱째, j는 무권점 만주문자에서 어두에서 파찰음 c와 구별되나 y와는 같은 형태이다. 또 어중에서는 c와 같은 형태로 쓰인다.

여덟째, y는 무권점 만주문자에서 어두에서 j와 같은 형태이고, 어중에서 i와 같은 형태이다.

아홉째, r은 어두에 사용되지 않으며 어중과 어말에서 독립된 형태를 유지한다.

표4. 만주문자의 모음과 자음표 (김승일역: 114)

알파벳(반음)	어두	어중	어미	독립형	알파벳(발음)	어두	어중	어미	독립형
a [ɑ]			b.p.k. g'.h' 이국에서		t [t']	a i o eu u 위에서		a i o eu u	
e [ə]		t.d.k. g.h 에서	t.d 아래에서 k.g.h 이에서		d [dʒ]				
i [i]	자음 아래에서 요음 아래에서		b.p.k. g.h 이국에서		l [l]				
					m [m]				
o [o]			단자의 비의 b.p. k'.g'.h' 아래에서 반자의 어 이에서		c [ts.tʃ]				
					j [dʒ.dʒ]				
u [u]		t.d.k. g.h	단자의 비 b.p 아래 어미에서 연자의 이미 에서 단자의 수수 t.d.k.g. h 이 이래에서 t.d 아래 비 연자의 비긴 자의 아래 부분에서		y [j]				
					k [k']	e i u 위에서	e i u		
					g [ĝ]				
					h [x]				
ū [o.u]					r [r]		한쪽과 같음		
n [n]		모음 위에서 자음 위에서			f [f]	a.e 의 뒤에서	a.e 위에서 모음 위에서	한쪽과 같음	
k [q']	a.o.ū 이 위에 있음	a.o.ū 이 위에			w [v]	a.e 위에서		한쪽과 같음	
g [ĝ]		a.o.ū 위에 있음			ng		자음 위에서		
h [h]									

이하의 자모는 외국어음, 특히 중국어음에 사용했다.

알파벳	발음	어두	어중	어미	독립형
k'	[k']	a o 위에서	a o 위에서		
g'	[ĝ]				
h'	[x]				
ts'	[ts']				
dz	[dz]				
ž	[ʐ]				
c'	[tʂ]	i 의 위에서	i 위에서		
j	[dʐ]	위와 같음	위와 같음		
	[ŭ]		s.ts' 의 아래에서	위와 같음	

(첫 번째 표의 하단 추가 행)

알파벳	어두	어중	어미	독립형
b [b]				
p [p']				
s [s]				
š [š]		(오)		

열째, w는 f와 무권점에서 같은 형태이다.

6) 시리아문자, 몽고문자, 만주문자, 세 문자의 유사성과 차이점 비교

만주문자와 몽고문자는 눈으로 보아도 비슷한 글자임을 알 수 있으나, 중동의 시리아글자와 네스토리우스교 글자와의 유사성을 눈으로 찾기란 사실상 어렵고, 닮은 점은 외부적으로 거의 없다. 만주문자의 기본 골격 형태는 몽고문자와 같고 이 몽고문자는 위구르글자를 차용해서 만들었으므로 결국은 시리아글자에서 파생되어 나온 것이다. 그래서 이들의 닮은 점과 차이점을 살펴보면 다음과 같다.

(1) 실제로 많이 닮았지만 겉으로는 전혀 닮지 않게 보인다. 닮지 않게 보이는 이유가 분명히 있다.

첫째, 그 원인은 우선 글자를 쓰는 방향에서 차이가 나기 때문이다. 몽고문자는 종적으로 쓰면서 왼편에서 오른쪽 방향으로 쓴다. 만주문자도 몽고문자와 같이 종적으로 쓰면서 방향은 왼쪽에서 오른쪽 방향이다. 시리아글자에서 몽고와 만주문자처럼 쓰인 예를 찾을 수는 있으나 실험적인 것이었고 결국 그렇게는 하지 않았다. 위구르글자는 시리아글자처럼 시험적으로 쓰기보다는 다소 많이 사용했지만 대세는 아니었다. 대세를 이룬 문자는 몽고문자 때부터였다. 따라서 위구르글자와 시리아글자는 몽고문자와는 다르게 수평으로 즉 횡적으로 쓰면서 오른쪽에서 왼쪽으로 글을 썼다. 따라서 위구르글자와 시리아글자를 90도 각도 오른쪽 편으로 돌려놓으면 바로 그 순간 몽고문자와의 유사성을 발견하게 된다.

둘째, 몽고문자처럼 쓰게 된 원인을 생각해 본다.

편리성 때문에 생겨났다고 볼 수 있다. 펜을 잡고 글을 오른쪽에서 왼쪽으로 글을 쓸 때 글 쓰는 자료를 받쳐주는 새끼손가락을 비롯해서 손가락들이 글 쓰는데 간혹 방해하거나 쓴 글씨를 더럽히게 될 가능성이 있으나 수직으로 글을 쓰면 그러한 것이 자동으로 해소되기 때문일 것으로 추측한다.

그 다음으로 시리아, 위구르 그리고 몽고문자는 글자의 독특한 특징이기도 한 두툼한 합자들이 많이 있고, 그리고 그 합자들을 서로 연결하여 붓으로 휘갈겨 쓸 적에는 횡적으로 쓰는 것보다는 종적으로 쓰는 것이 쉽다. 이것은 몽고인들이 처음부터 위구르글자를 기초하여 처음 만들 때부터 시작하여 이미 오래 습관화되어 있는 상태였다. 그리고 더욱 몽고인들에게 중요한 것은 몽고 주변에 있던 한자 쓰는 방향이 그대로 종적이었고, 더욱이 한자의 문화적 영향을 많이 받는 몽고인들로서는 한자와 같은 방향으로 쓰는 것이 번역 등 실무적인 면에서 더 효율적이고 용이하다는 것도 작용했을 것이다. 또한 몽고문자가 만들어질 때부터 위에서 아래로 쓰고 왼쪽에서 오른쪽 방향으로 글 쓰는 것이 확정되어 오랜 기간 숙달되었을 것이다. 그러나 시리아는 원래 태생적으로 글자 자체가 횡적으로 쓰게 만들어져 있었고, 글 쓸 때의 용이성 때문에 잠시 그렇게 쓰다가 다른 글자의 영향을 많이 받는 환경에 놓이게 되자, 옛날의 방식으로 회복했을 뿐 새로운 것도 아니었다고 본다.

결과적으로 1599년에 청나라의 태조 누루하치가 명을 내려 몽고문자를 차용해서 만주문자를 만들어 만주어를 기록하기 시작했다. 따라서 만주문자는 몽고문자를 차용하면서 전혀 고치지도 않고 그대로 만주어를 적었던 것으로 알려져 있지만 사실은 처음부터 약간 고쳐 사용했다(성백인:274). 그래도 몽고문자와 만주문자는 약간의 차이는 있지만 거의 같은 문자로 볼 수 있다.

만주문자의 기본이 된 이 몽고문자가 만들어진 정확한 연대는 알 수 없으나 대체로 13세기 초에 위구르문자를 차용하면서 몽고어를 표기하기 시작했다. 일반적으로 16세기 또는 17세기 초까지의 몽고문자는 위구르식 문자라 한다. 그 이후에 표기법에 상당히 변화가 일어난 문자를 현대 몽고문자라 한다. 위구르식 몽고문자는 몽고어를 표기하는 데에 부족한 점이 많아 1269년에 티베트문자를 개량한 표음력이 뛰어난 파스파문자를 만들어 사용했지만 원나라가 멸망하자마자 다시 전에 사용하던 위구르 식 몽고문자를 사용하게 되었다.

위구르식 몽고문자는 위구르문자를 차용해서 만들었지만 위구르문자 이외의 여러 문자에서도 영향을 받아 만들어 졌다는 것을 알 수 있다. 그 이유는 위구르문자와는 크게 차이가 나기 때문이다. 첫째, 글 쓰는 방향이 위구르글자의 횡서에서 종서로 변화된 점이다. 둘째, 위구르글자에서 글자의 자형을 90도 좌로 돌려진 철자가 쓰이게 된 획기적인 일이 일어난 것이다. 셋째, 위구르식 몽고문자는 위구르글자 뿐만 아니라 시리아글자, 네스토리우스교도 글자, 아라비아글자 및 티베트의 글자 등 여러 글자에서 영향을 받아 만들어졌다. 물론 위구르글자에서 가장 많은 영향을 받은 것은 사실이다.

몽고문자에 많은 영향을 끼친 이 위구르문자는 이란어를 사용한 소그드인의 문자인 소그드문자에게서 영향을 크게 받았지만 시리아글자에서 분파된 여러 글자에서 또한 많은 영향을 받았다. 특히 시리아글자, 네스토리우스글자, 마니글자에서 큰 영향을 받았다. 위구르글자는 인도의 문자와 티베트문자의 영향을 많이 받았던 관계로 불교관계 기록이 많이 남아있다.

몽고문자 및 위구르문자에 많은 영향을 끼친 네스토리우스교도 글자는 시리아글자에서 파생된 글자이지만 이란 지역에서 중심지를 형성하면서 성장하고 선교를 하면서 중앙아시아 지역 위구르, 몽고인들에게 종교와 더불어 문자의 보급에도 힘을 기울였다. 시리아글자는 또한 아람문자에서 파생되어 나왔는데 시리아글자가 사실상 이란을 비롯한 중앙아시아 및 동북아시아방의 문자전달에 역할을 했다.

이 아람문자는 페니키아글자에서 파생되어 나왔고, 이 아람문자는 페니키아글자가 쇠퇴하자 그 자리를 대신하여 중동 셈글자의 번영을 다졌다.

몽고문자와 만주문자에서 나타나 있는 앞뒤 글자의 연결형은 아람문자의 이집트형에서 앞뒤 글자의 연결형으로 처음 나타났는데 이 연서 시도 이후에는 아람문자에서 파생된 시리아글자에서 연서가 본격적으로 쓰이기 시작했고, 또한 철자가 독립적, 어두, 어중 및 어말에서 사용될 때에 형태가 각각 달라지는 것도 시작되었으며, 시리아글자에서 파생되어 나온 전 글자들은 이 형식을 계속 따랐다.

몽고문자에서 90도 좌측으로 돌려쓴 철자의 사용도 사실 시리아글자에서 글자의 90도 좌로 돌려쓰는 실험을 했는데 이것은 위구르식 몽고문자에 도입되어 전폭적으로 사용되었다.

따라서 중국의 선양과 베이징에 있는 고궁 현판에 쓰인 만주문자의 조상글자는 저 멀리 중동의 페니키아글자이며, 이 글자에서 파생되어 나온 글자에서 기본의 **뼈대**를 얻고 만주어 표기에 알맞은 표기를 약간 첨가하여 만주와 몽고문자를 만들었던 것이다.

참고문헌

강동일 역, 1995. Gaur Albertine: 「문자의 역사」(A History of Writing), 도서
　　출판 새날, 서울.

강신항, 1990. 증보판 「훈민정음연구」, 성균관대학교출판부.

고영근, 1983a/1994. "한글의 유래", 「통일시대의 어문문제」. 도서출판 길벗.

고영근, 1983b/1994. "개화기 국어 연구단체와 국문 보급활동", 「통일시대의
　　어문문제」. 도서출판 길벗.

고영근, 1995. 「최현배의 학문과 사상」, 집문당.

권영진 역, 2005. 브리지트 맥더모트: 「파라오의 비밀」. 예경, 서울.

권재선, 1998. "한글반포에 대한 고찰" 「어문학 64」. 한국어문학회.

권종성, 1987. 「문자학개요」, 과학, 백과사전출판사.

김두봉, 1916. 「조선말본」.

김민수, 1955. "한글반포의 시기문제", 「국어국문학 14」.

김승일 옮김, 1997. 세계의 문자 연구회 엮음: 「세계의 문자」. 범우사, 서울.

김진경 역, 1997. Christian Jaeg: 「이집트 상형문자 이야기」. 예문, 서울

박재욱 옮김, 2003. Robinson Andrew: 「문자의 역사」. 사계절, 서울.

성백인, 1985. "몽고문자와 만주문자". 「국어생활 3권」, 국립국어연구원, 서울.

세계의 문자연구회 엮음, 1997. 김승일 옮김(1997):「세계의 문자」. 범우사. 서울

아이들보이 (1913년9월), 아동잡지에 "한글풀이"난이 마련됨.

이기문, 1976. "최근의 훈민정음연구에 제기된 몇문제", 「진단학보」.

이종인 옮김, 1995. 조르주 장(Georges Jean): 「문자의 역사」. 시공디스커버리
　　총서, 서울.

이희승, 1937. "문자이야기", 「한글 5,4」.

이희승, 1946. "문자현상 훈민정음의 지위" 「한글94」.

조두상, 1998. 문자학. 부산대출판부.

최남선, 1946. 조선상식문답, 동명사, 삼성문화문고(1972), 1956, '어문소고', 「신세계 1.8」.

최영애, 2003. 「중국어란 무언인가?」 2003, 통나무. 서울.

최현배, 1976. 「고친 한글말」. 정음사.

최현배, 1983. 「고친한글 갈」, 일지사.

하연희 역, 1998. 마크 콜리어, 빌 맨리 공저: 「대영 박물관이 만든 이집트 상형 문자 읽는 법」. 루비박스, 서울.

호진 · 정수 옮김, 2008. 츠카모토 게이쇼 지음: 「아쇼까왕 비문」. 불교시대사, 서울

美嘉綠 (2004):「滿語一白句」. 遙寧民族出版社.

美嘉綠, 佟永功 (2002):「簡明滿文文法」. 遙寧民族出版社.

愛新覺馬, 烏拉熙春 편저(1983). 「滿語語法」 내몽고 인민출판사. 1983.

Adkins, lesley, *Empires for the Plain:* Henry Rawlinson and the Lost Languages of Babylon, St. Martin's Press, New York, 2003.

Ager, Simon. 2002. *Omniglot - A Guide To Writing Systems.* 1998-2002. http://www.omniglot.com/writing/phagspa.htm(8 September)

Andrews, Carol, 1990. *The Rosetta Stone,* British Meseum Publications.

An Egyptian Hieroglyphic, 1978. *Dictionary,* in two volumes (1920) (New York: Dover Publications, reprint edition).

Batbayar, Jalair. 2001. *Mongol Uran Bichlegiin Tuuh.* Ulaanbaatar: Interpress Hevleliin Kompanid Hevlev,

Bender, Margaret. 2002. *Signs of Cherokee Culture: Sequoyah's Syllabary in Eastern Cherokee Life.* Chapel Hill: University of North Carolina

Press.

Bender, Margaret. 2008. Indexicality, voice, and context in the distribution of Cherokee scripts. *International Journal of the Sociology of Language* 192.

Bierhorst, John. 1990. *The Mythology of Mexico and Central America,* William Morrow.

Bright W. and P. Daniels (eds). 1996. *The world's writing systems.* Oxford: Oxford University Press.

Cameron, George G. 1950. "Darius Carved History on Ageless Rock". *National Geographic Magazine.* Vol. XCVIII, Num. 6, December

Chaichana, C. 1963. *History of Thailand.* Kasembanakit, Bangkok. Danvivathana, N. 1987. *The Thai Writing System.* Helmut Buske verlag. Hamburg.

Clodd, Edward. 1904. *The story of the Alphabet.* McClure, Phillips and Co. 1904, New York. p.133.

Coblin. W. South, 2006. *Handbook of Phags-pa Chinese,* Hawaii Unive Press.

Coe, M.D. 1972. *Olmec Jaguars and Olmec Kings.* In E.P. v Benson (ed), *The Cult of the Feline.* Washington D.C.: Dumbarton Oaks.

Coe, M.D. *Mexico: 2002.From the Olmecs to the Aztecs.* London: Thames and Hudson pp. 64, 75-76.

Daniels &Bright, 1996 *The Word's Writing Systems,* :367 Avedis Sanjian, 1996. "The Armenian Alphabet". In Daniels &Bright, *The Word's Writing Systems,* 1996.

Daniels, Peter T. Bright, William. 1996. *The World's Writing Systems.* Oxford: Oxford University Press.

Driver, G. R. 1944. *Semitic Writing.* (newly revised Edition 1976 Edited by S.A. Hopkins, Oxford University Press, London, 1944.

E. A. Wallis Budge, 1989. *The Rosetta Stone* (New York: Dover Publications, reprint edition).

Erik Iversen, 1963. *The Myth of Egypt and Its Hieroglyphs in European Tradition* Copenhagen: Princeton: 1993).

Ferguson, William M., Rohn, Arthur H., 1994. *Mesoamerica's Ancient Cities,* Niwot, Colorado, University Press of Colorado, 1994

Finley, M. I. 1957. The Mycenaean tablets and economic history. *Economic History Review,* 10.

Fischer, S.R. 2001. *A history of writing.* London: Reaktion Books.

Foster, E. D. H. 1995. *The manufacture and trade of Mycenaean perfumed oil.* Ph.D. dissertation, Ann Arbor: U.M.I.

Gaur, Albertine, 1984. 강동일역: A Hostory of Writing 문자의 역사. 도서출판 새날. 1995. 서울.

Georges Jean, 1995. 이종인 옮김: 문자의 역사, 조르주 장 서울 시공디스카버리 총서.

Glassner, J-J. 2003. *The invention of cuneiform. Writing in Sumer.* Translated and edited by Zainab Bahrani and Marc van de Mieroop. Baltimore &London: The John Hopkins University Press.

Grant Foreman, 1959. *Sequoyah*(Norman, Okla.,)

Grimal, Nicolas 1988. *History of Ancient Egypt,* Blackwell

Halstead, P. 1992. The Mycenaean palatial economy: making the most of the gaps in the evidence. *Proceedings of Cambridge Philological Society,* 38:

Hayes, J.L. 2000. *A manual of Sumerian grammar and texts. Second revised and expanded edition.* Malibu: Undena Publications.

Jean Lacouture, Champollion, 1988. *Une vie de lumieres* (Grasset,).

Jean-Jacques Glassner,2003. *The Invention of Cuneiform*, English translation, Johns Hopkins University Press

John Algeo, 1982. *Problems in the Origins and Development of the English Language* Harcourt Brace Jovanovich, INC.

John K. White, 1962. "On the Revival of Printing in the Cherokee Language," *Current Anthropology*, Ⅲ

Killen, J. T. 1984. The *textile* industries at Pylos and Knossos. In T. G. Palaima and C. W. Shelmerdine (eds.) *Pylos Comes Alive*:

Killen, J. T. 1985. The Linear B tablets and the Mycenaean economy. In A. Morpurgo Davies &Y. Duhoux (eds.) *Linear B: a 1984 Survey*:

Killen, J. T. 1993. Records of sheep and goats at Mycenaean Knossos and Pylos. *Bulletin on Sumerian Agriculture*, 7:

Luckert, Karl W.1976. *Olmec Religion: A Key to Middle America and Beyond.* University of Oklahoma Press, Norman, Oklahoma,

Mason, William A. 1928: *A History of the Art of Writing.* The Macmillan company, New York.

Menu, Bernadette 1999. *Ramesses II: Greatest of the Pharaohs* Harry N. Abrams, Inc.

Michalowski, P. 2004. Sumerian. In Roger D. Woodard (ed), *The Cambridge encyclopedia of the world's ancient languages*, Cambridge: Cambridge University Press, 19-59.

Morpurgo Davies, A. 1979. Terminology of power and terminology of work in Greek and Linear B. In E. Risch and H. Mühlestein (eds.), *Colloquium mycenaeum*:

Morris, H. J. 1986. *An Economic Model of the Late Mycenaean Kingdom of Pylos.* Ph.D. dissertation, University of Minnesota, University Microfilms, Ann Arbor.

Pattamadilok, K. 1977. *The History of the Thai Language.* Chiangmai Book Center, Bangkok.

Poppe Nicholas, 1995. *Introduction to Mongolian Comparative Studies,* Helsinki.

Poppe, Nicholas. 1970. *Mongolian Language Handbook.* Center for Applied Linguistics,

Pyles. Thomas and Algeo: John, 1982. *The Origines and Development of the English Language.* Harcourt Brace Jovanovich, INC.

Quirke, Stephen 1990. *Who Were the Pharaohs? (A history of their names with a list of cartouches)* Dover Publications

Rawlinson, H.C.1853, *Archaeologia,*vol. xxxiv,

Robinson Andrew, 1995. 박재욱 옮김. *The story of Writing.* 1995.Thames and Hudson Ltd. London. 사계절, 서울. 2003.

Robinson, A. 1995. *The story of writing.* London: Thames &Hudson.

Ronald Herbert Sack, 1994. *Cuneiform Documents from the Chaldean and Persian Periods.*

Sampson, Geofftrey 1985: *Writing System.* Stanford University Press. Stanford,Ca. p.16.

Shagdarsürüng, Tseveliin. 2002. *A Study of the Relationship Between the Korean and the Mongolian Scripts.* Mongolian Studies, Journal of the Mongolia society, Vol XXV. Bloomington, Indiana: The Mongolia Society,

Shaw, Ian 2000. *History of Ancient Egypt,* 2000 Oxford University Press.

Shelmerdine, C. W. 1985. *The perfume industry of Mycenaean Pylos.* Göteborg: Åström.

Taylor, Isaac. 1898: *The History Of The Alphabet.Vol.* 1. Charles Scribner's Sons, New York.

The National Library. 1977. *The First Inscription in Sukhothai Period: Khun Ramkhamhaeng Inscription.* Krung Sayam Kanphim. Bangkok.

Thompson, R. Campbell. 1937. "The Rock of Behistun". *Wonders of the Past.* Edited by Sir J. A. Hammerton. Vol. II. New York: Wise and Co.,

Tyldesley, Joyce 2000. *Ramesses: Egypt's Greatest Pharaoh* Penguin Books.

Ventris, M. and Chadwick, J. 1956. *Documents in Mycenaean Greek.* Cambridge

Walker, C.B.F. 1987. *Cuneiform.* London: The British Museum Press.

Walker, Willard and James Sarbaugh. 1993. *The Early History of the Cherokee Syllabary.*

Weeks, Kent R. 2001. *Valley of the Kings* Friedman/Fairfax

West, Andrew. 2003. *'Phags-pa Script.*

찾아보기